Jean Paul (Johann Paul Friedrich Richter), geboren am 21. März 1763 in Wunsiedel im Fichtelgebirge, ist am 14. November 1825 in Bayreuth gestorben.

Fibels Leben ist eine ebenso zynische wie humordurchtränkte Satire auf das aufgeblähte Winkelgelehrten- und -dichtertum, mit der Jean Paul deutlich an seine satirische Jugendidylle *Schulmeisterlein Wutz* anknüpft. Den Stoff dazu mußte die Parodie des allbekannten ABC-Buches liefern. Gotthelf Fibel wächst in armen Verhältnissen auf. Nach dem Tod des eigenbrötlerischen alten Fibels rückt Gotthelf an die Stelle des Hausvaters. Ehrgeizig unterstützt und hätschelt die Mutter nun die »Forschungen« ihres Sohnes, des »Dorfgelehrten«, bis ihm der große Wurf gelingt: die ABC-»Fibel«. Fibel gründet einen Verlag, der schnell floriert, und heiratet seine geliebte Wildhüterstochter Drotta. Als der Bedarf der Schule an »Fibeln« gedeckt ist, stiftet man eine »biographische antikritische« Akademie, die den »hochverdienten« Autor in die Unsterblichkeit eingehen lassen soll.

Fibel ist »nicht Mitte, die ein Nichts scheint, sondern eher ein Nichts, das sich Mitte dünkt. Fibels falsches Großsein zuerst, sein mystisches Winzigwerden zuletzt ist beides ein weises Spiel des Geistes, aber nicht des Geistes, den Fibel hat, sondern des, der ihn schafft.«

Max Kommerell

insel taschenbuch 1170

Jean Paul

Leben Fibels

JEAN PAUL
LEBEN FIBELS

des Verfassers
der Bienrodischen Fibel

Insel Verlag

Umschlagabbildung: Carl Spitzweg,
Kunst und Wissenschaft, um 1880

insel taschenbuch 1170
Erste Auflage 1989
Insel Verlag Frankfurt am Main
Vertrieb durch den Suhrkamp Taschenbuch Verlag
Umschlag nach Entwürfen von Willy Fleckhaus
Satz: MZ-Verlagsdruckerei GmbH, Memmingen
Druck: Nomos Verlagsgesellschaft, Baden-Baden
Printed in Germany

1 2 3 4 5 6 – 94 93 92 91 90 89

LEBEN FIBELS

VORREDE

Kein Werk wurde von mir so oft – schon den 16. Nov. 1806 das erste Mal – angefangen und unterbrochen wie dieses Werkchen. Daraus sollte man (scheint es) mutmaßen, daß ich meine eignen jährlichen Veredlungen und Erhebungen im Buche von Zeit zu Zeit nachgetragen und nachgeschossen hätte; und ich hätte den Schaden, daß man vom Werklein sich etwas verspräche. Nimmt also ein irrender Leser dasselbe darum in die Hand, um sich darin auf seinem Sessel mit den größten Himmels- und Erden-Stürmern, die es je gegeben, in Bekanntschaft zu setzen – und mit Riesenkriegen gegen Riesenschlangen auf Riesengebirgen – mit reißenden Höllenflüssen der Leidenschaften – mit Nachhöllen voll Kreuzfeuer romantischer Liebes-Qualen – mit weiblichen Erzengeln und männlichen Erzteufeln – ja mit Ober-Häuptern, welche auf Staatsgebäuden als Drachen-Köpfe von Tränen-Rinnen den Regen in die Traufe verwandeln –; nimmt darum der Leser geneigt mein Buch in die Hand: so wart' er so lange, bis ers durchgelesen hat, um nach einem andern zu greifen, worin dergleichen Sachen wirklich stehen. Wahrlich in diesem steht nichts – einige wenige harmlose, schuldlose, lichtlose, glanzlose Leute mit ähnlichen Schicksalen durchleben darin ihr Oktavbändchen – das Ganze ist ein stillendes Still-Leben – eine Wiege erwachsener Leser zum Farniente – ein leises graues laues Abendregnen, unter welchem statt der Blumen etwan die unscheinbare Erde ausduftet, wozu höchstens noch ein

Fingerbreit Abendrot und drei Strahlen Abendstern kommen mochten.

Weiter gibts nichts darin, im Buch.

Wendet man sich freilich am Ufer um von diesem stillen Meerchen und blickt landeinwärts in das Treiben und Laufen jetziger Zeit und Politik samt deren darangehängten Menschen: so erstaunt man über den Unterschied und Glanz dieser Treiber und Läufer und vergleicht sie bald mit den sogenannten Bergmännlein, welche neben den Bergknappen so ausnehmend arbeiten, in Stollen fahren, Fäustel handhaben, Erz hauen, Bergzuber ausgießen, Haspel ziehen --

Freilich tun – tun die Kobolde eigentlich nichts, und die Tätigkeit bleibt mehr akustisch und optisch, während der liegende Bergknappe schönes Erz gewinnt. So haben leise Menschen tiefer, wenigstens fruchtbringender in die Zukunft hinein gehandelt als laute; den *Stillen* im Lande wurde öfters Raum und Zeit das Sprachgewölbe, das sie zu den *Lauten* außer Landes machte.

So möge denn den weißen kleinen Lämmerwolken dieser Bogen ein Durchzug am literarischen gestirnten Himmels-Gewölbe oder Laden-Gewölbe verstattet werden, obgleich Lämmerwolken weder blitzen und donnern, noch erschlagen und ersäufen. Ich für meine Person bekenne gern, daß ein solches Werkchen, wie ich eben hier der Welt darreiche, mir, wenn ichs von einem Dritten bekäme, ein gefundnes Essen wäre und Leben in mich brächte; denn ich würd' es auf die rechte Weise lesen, nämlich Ende Novembers (der wie der April und der Teufel immer schmutzig abzieht) oder auch sonst bei starkem Schneegestöber und Windspfeifen – ich würde an einem solchen Abend mehr Holz nachlegen lassen und die Stiefel ausziehen, ferner die politischen Zeitungen einen Tag zu lange liegen oder sie ungelesen fortlaufen lassen – ich würde Mitleid mit jeder Kutsche haben, die zum Tee führe, und mir bloß ein Glas und ein vernünftiges Abendbrot aus der Kindheit bestellen und für den Morgen ein halbes Lot Kaffee Überschuß, weil ich schon voraus wüßte, wie sehr ich durch ein so treffliches, ruhiges Buch (wofür dem Verfasser ewiger Dank sei!) zur Anspannung für ein eignes glänzendes ausgeholet hätte ...

So würd' ich das Werkchen lesen; aber leider hab' ich es selber vorher gemacht.

Baireuth, den 17ten Jenner 1811

Jean Paul Fr. Richter

VOR-GESCHICHTE ODER VOR-KAPITEL

»Das Zähl-Brett hält der Ziegen-Bock« sind die sieben letzten Worte, die der Verfasser der gelehrten Welt zurief;[1] er hat recht, wenn ich ihn anders hier verstehe, was ich nicht glaube.

Dieses Werk nun, das mit den Elementen aller Wissenschaften, nämlich mit dem Abcdef etc. etc. zugleich eine kurze Religionslehre, gereimte Dichtkunst, bunte Tier- und Menschenstücke und kleine Still-Leben dazu, eine flüchtige Natur- und Handwerks-Geschichte darbringt, hat gleichwohl einen Verfasser, den in der deutschen Nation kein Mensch namentlich kennt, ausgenommen ich.

1 Das Werk selber oder das Abcbuch ist hinter diesem Büchlein als Anhang beigefügt.

In ganz Sachsen, Vogtland und Franken usw. hat dieses Werk Millionen Leser nicht bloß gefunden, sondern vorher dazu gemacht; – sogar ich gehöre unter die Männer, welche demselben das erste Monds-Viertel ihrer nachherigen gelehrten Glanz-Fülle verdankten, indem ich aus ihm nicht nur Buchstaben erlernte, sondern auch mein Buchstabieren und mein noch fortdauerndes Lesen der verschiedensten Lektüre.

Desto unbegreiflicher bleibt es, daß gleichwohl so viele gelehrte Gesellschaften nebst den ungelehrten, die deutsche in Leipzig, die lateinische in Jena, die baireuthische in Baireuth, und sogar der lange Bartstern-Schwanz von so zahlreichen Universitäten und noch mehrerern Literatoren und Nekrologen – z. B. Jöcher, Jördens, Meusel etc. etc. – nicht viel mehr von ihm wissen als vom Mann im Mond, dessen Namen gleichfalls, so bedeutend dieser kinderlose Adam und Universal-Monarch eines ganzen, uns so nahen und wichtigen Nebenplaneten auch ist, noch keine Katze kennt, geschweige ein Mensch. Wenigstens in Chirographa personarum celebrium. E collectione Christ. Theoph. de *Murr*. Missus I. duodecim tabularum. Vinariae, sumptibus novi Bibliopolii *vulgo* Landes-Industrie-Comtoir dicti 1804. gr. Folio hofft' ich Sachdienliches zu finden, ging aber leer aus.

Zwar wird (mir unbegreiflich) in einem neuern Büchlein: »Enthüllung der Hieroglyphen in dem Bienrodischen Abcbuche. Arnstadt, in Kommission bei Klüger 1807« ein Konrektor Bienrod[1] in Wernigerode als Verfas-

1 Am Namen Bienrod ist wirklich etwas Wahres, aber diese Lebensbeschreibung selber wird am besten zeigen, inwiefern der ganze Irrtum, der noch fortdauert, entstanden.

ser genannt; ob der gute Konrektor existiert hat (gestorben wär' er ohnehin schon jetzt), untersuch' ich gar nicht; aber daß er das Abcbuch nicht geschrieben, dazu braucht es weiter keines andern Beweises als mein Buch, welches historisch dartut, daß *Fibel* das Werk gemacht; daher ja eben später allen Abcbüchern der Name Fibel geworden, wie man etwa raffaelische Gemälde Raffaele nennt; wiewohl leider noch ganze gelehrte Knappschaften aus Unwissenheit über den Verfasser sagen *die* Fibel und es (fast zu lächerlich) von Fibula ableiten. Einen ähnlichen Fehler begingen wir jungen Leute sonst am verdienten und verdienenden Kirchenrat *Seiler* in Erlangen. Da nämlich das markgräfliche Konsistorium – gleichsam eine Royal Jennerians Society – mehrere seiner Werke, die Katechismen, den Bischofs-Extrakt aus der Bibel, die lateinische Dogmatik, den Fürstentümern Baireuth und Anspach, nämlich den Kindern darin, eingeimpft hatte: so hielten wir Impflinge, auf welcher Schulbank wir auch saßen, immer etwas Gedrucktes in der Hand, was wir unsern »Seiler« hießen. Als wir nun einmal nach der Schule mit unsern Seilern im Bücherriemen vor dem Posthause vorübergingen und vernahmen, unser Seiler stehe darin und bestelle Postpferde: so wollt' es keiner begreifen, wie der gedruckte Seiler am Leben sein und einen Geist haben könne, so daß wir alle so lange warteten, bis der ungedruckte herauskam und wirklich einstieg.

Um nun mit einem Manne bekannt zu werden und bekannt zu machen, mit einem Fibel, den ich früher gelesen als Bibel und Homer, versucht' ich viel ohne Erfolg. Mein gelehrter Briefwechsel deshalb ließ mich so leer, als ich war – Aus den öffentlichen Büchersälen ging ich so heraus, wie ich hineingekommen – Mehrere Mädchen- und Knabenschulmeister in Sachsen, die über Fibels Buch lesen ließen, standen noch leerer vor mir als ich – Der gelehrte Nicolai sagte, er wisse alles, ausgenommen dies – Herrn von Murr hab' ich schon genannt – Lessings Bruder in Schlesien versicherte mich, er wisse nicht, was sein eigner Bruder gewußt, nämlich davon – Ja ich stattete in Leipzig sogar zwei Mitarbeitern des vorigen literarischen Anzeigers, welche ich als hohle Köpfe (der eine hatte darin gegen mich gebollen, der andere gezischt) zu kennen glaubte, einen gelehrten Besuch ab, in der Voraussetzung, daß ausgeleerte ausgeweidete Seelen oft am besten vergrabne Schätze und Namen ans Licht, so wie leere Fässer, an versunknes Schiffgut angebunden, dasselbe aus dem Meere, aufziehen. Aber die Köpfe nahmen aus Einfalt die Frage für Spaß und krumm, so daß sie mich beinahe nicht auf die hergebrachte langsame Weise wollten die Treppen hinabgelangen lassen.

Die Sache mußte anders angefangen werden, nämlich fortgesetzt.

Ich faßte den Entschluß zu meinen gelehrten Reisen – wohl mehr gelehrte Aufenthalte – und hielt mich in Hof, Leipzig, Weimar, Meiningen, Koburg und Baireuth wie andere Einwohner auf. Mein Schluß war dieser: Kaufleute sind nicht bloß die Ausschnitthändler mit *Büchern*, auch mit *Handschriften*; ihr Gewölbe ist das Invaliden-Hospital abgedruckter Bücher und der Magnetbruch von anziehenden Papieren. Der Buchhandel hat sich vielleicht nie so stark als jetzt fast mit allen Handelszweigen verflochten, indem er überall die Tara festsetzt und der gemeinen Material-Materie erst ein Kleid geben muß. Da er sich aus den schmalen Buchläden so in die stolzen Kaufgewölbe aller Art gezogen: so ists kein Wunder, daß ein Buch, das sonst, nach der Verleger Klagen, mehr Leser als Käufer fand, jetzt in zwanglosen Heften mehr gekauft wird als sogar gelesen.

So läßt denn der Handelsmann seine Ladenkunden täglich Weisheit und Kunst – oder Licht- und Wärme-Stoff – also die größten Lose ziehen, mit beigefügter Lotterie-Prämie von Magen-Ware, die mancher fast dem gedruckten Gewinste vorzieht. Der Freund des Höhern findet hier gern den Belgier, Briten und Deutschen wieder, den Völker-Drilling, welcher das Himmlische vom Irdischen gebären und alles Göttliche ein Stück Fleisch werden lässet; so hat man auch von den Alten (den Vorgängern des Drillings) im Herkulanum[1] eine Sonnenuhr gefunden, die in die Form eines Schinkens (der Schweinschwanz wies die Stunden) eingekleidet gewesen.

Nun zurück zu den Kauf-Städten, in welchen ich nach Fibels Hand- und Druckschriften forschte. In *Hof*, wo der Handel sehr blüht, hatt' ich gelehrte Ausbeute in Materialhandlungen zu finden gehofft; aber sogar in *Leipzig* traf ich leichter alles Papier, selber Wiener, an, als Fibelsches. Natürlich war in *Meiningen*, *Koburg*, *Baireuth*, wo die Handelschaft und folglich die wissenschaftliche Makulatur viel weniger florieren, noch weniger zu erbeuten, und man mußte letztere mehr bei den Buchhändlern selber suchen.

Zum Glück fuhr ich auf meinen Reisen selten vor Landschulmeistern vorbei, ohne bei ihnen einzusprechen

1 Stolbergs Reisen B. III.

(oft mühsam genug; denn einmal im Sommer jagte ich einem eine Viertelmeile weit nach, bevor ich ihn endlich unter den Schweinen fand, deren Hirt er war) – und zwar tat ichs, um mir von jedem das Abcbuch zeigen zu lassen, worüber er im Winter las. Hier fand ich nun häufig auf der innern Seite des goldnen Abcbuchs-Deckel bald das Wort *Fibel*, bald *Heiligengut* geschrieben, bald mit griechischen Buchstaben, bald mit hebräischen, syrischen; – ja in einem stand mit arabischen: Fibel, Heiligengut. Ich zitiere meine Quellen – die diese Exemplare noch traktieren mit ihren Untergebnen –, nämlich die Herren Schulmeister in Münchberg, Hof, Schleiz, Plauen, Posseck, desgleichen viele im alten Kursachsen. Ich dachte aber noch nichts, sondern stutzte.

Endlich traf sichs bei meiner Durchreise durch die Markgrafschaft *Markgrafenlust*, daß ich in der Hauptstadt gleichen Namens einem getauften Juden – der sich funfzehnmal, wiewohl ohne Erfolg, hatte taufen lassen, um durch die Menge des Taufwassers und die wiederholten Exorzismen sich reinzuwaschen – in die Hände geriet, als er eben eine verbotne Bücher-Versteigerung hielt. Sie bestand anfangs aus 135 Bänden jedes Formats und jeder Wissenschaft, aber sämtlich (zufolge des Titelblattes) von *einem* Verfasser namens Fibel geschrieben. Vierzigjährige Literatoren wie ich können nicht genug darüber erstaunen über ihre sämtliche Unkenntnis eines solchen vielbändigen Verfassers. Fast aus Zorn erstand ich, was abends noch zu haben war, was aber bloß folgendes betrug:

1) Fibels Zufällige Gedanken von dem bishero so zweifelhaften wahren Ursprung der heutigen Reichs-Ritterschaft. 1753.
2) Fibels *Alphabetische* Verzeichnus und Beschreibung der aus denen neuern Jauner-Actis und Listen gezognen Jauner, Mörder etc. Fol. Stuttgart 1746.
3) Fibelii catalogus Bibliotheca Brühlianae. Fol. Dresdae 1750.
4) Etat abrégé de la Cour de Saxe sous le Règne d'Auguste III, de Fibel. 1734.
5) Fibels Erlangische gelehrte Anzeigen, Jahrgang 1749.
6) Fibels Gründliche Ausführung derer dem Kurhause Bayern zustehenden Erbfolgs- und sonstigen Ansprüche auf Ungarn und Böhmen wie ingleichen auf das Erzherzogtum Österreich. Fol. München 1741.
7) Fibels Ruhe des jetztlebenden Europa, dargestellt in Sammlung der neuesten Europäischen Friedensschlüsse von dem Utrechtischen bis auf 1726. Coburg 1726.
8) Fibelii Nobilis territorio subjectus. Culmbach 1722.
9) Fibelii Biblia. Tondern 1737.
10) Lettres Turques de Fibel. A Amsterd. 1750.

Zwei Tage vorher hatte der Judenchrist Buchbinder bloß auf leere Bände bieten lassen, gleichsam auf ausgeleerte Pastetenrinden für neues Meßgefüllsel; einen Tag nachher wurde den Materialkrämern, denen weniger am kostbaren Marmorbande als am Inhalte (am Papier) gelegen war, dieser allein versteigert.

Der jüdische Wieder-Täufling sagte mir, er habe die Werke nicht aus der ersten Hand, sondern aus der letzten, welches ich – da die seinige die letzte war – auslegte, er habe sie durch die göttliche Hülfe des Diebs-Gottes Merkur bekommen. Er erklärte aber, er sei französischen Nachzüglern auf die Dörfer nachgezogen mit einem Packwägelchen, um in französischer Uniform – da er sein Äußeres so leicht veränderte als sein Inneres oder die Religion – den Marodeurs das, was sie weniger gebrauchen als zerstören könnten, um zivilen Militär-Preis abzukaufen. Er nannte mir unter den passiven Raubnestern zufällig *Heiligengut* mit. Himmel! Fibel und Heiligengut standen ja schon in Höfer und Schleizer Abcbüchern arabisch; und konnte nicht der Verfasser von 135 Werken auch der vom 136ten sein, vom *Abc*? – Der Jude sollte mir noch das Übrige von Fibel zeigen; er hatte aber nichts mehr davon vorzuweisen als kostbare leere Band- oder Buchschalen, die er dem Hofbuchbinder aufgehoben. Dennoch sah ich darnach; und da fand ich nicht nur im ersten Bande noch anderthalb Ruinen Blätter, sondern unter diesen zum höchsten Erstaunen folgendes Titelblatt: »Curieuse und sonderbare Lebens-Historie des berühmten Herrn Gotthelf Fibel, Verfassers des neuen Markgrafluster, Fränkischen, Voigtländischen und Kur-Sächsischen Abc-Buchs, mit sonderbarem Fleiße zusammengetragen und ans Licht gestellt von Joachim Pelz, der heil. Gottesgelahrtheit Beflissenen. Erster Tomus, so desselbigen Fata im Mutterleibe enthält.«

Seid außer euch, ihr sämtlichen Literatoren dieser Zeit! –

– Und noch ganze 39 Bände waren da, welche den Teil seines Lebens *nach* der Geburt berührten, und in welchen oft über zwei bis dritthalb Bogen stehen geblieben. »Und welcher Höker erstand das Übrige darin?« fragt' ich. »Gar keiner«, sagte der Jude. Denn ach! die Marodeurs hatten die Lebensbeschreibung, diese herrliche historische Quelle für uns alle, zerschnitten und aus dem Fenster fliegen lassen und die besten Notizen sonst schlecht gebraucht. Aber zum Glücke für uns alle lasen (nach des Juden Aussage) die guten Heiligenguter alle übriggebliebenen Quellen auf und verschnitten sie zu Papierfenstern, Feldscheuen und zu allem – Daraus war immer etwas zu machen – wenigstens *ein* Buch aus den Vierzigern, welches nicht leicht aus den 40 französischen Generalpächtern und nicht immer aus den 40 geistigen der Akademisten zu destillieren war.

Ich kaufte dem Judenchristen leicht um den Ladenpreis die Erlaubnis ab, alles Gedruckte aus den Werken auszuziehen, nämlich auszureißen, sobald ich die Einbände verschonte. So setzt' ich mich instand, in folgender Lebensbeschreibung Kapitel, die aus ausgezogenen Blättern ausgezogen waren, gleichsam wie mit Judeneiden und Urkunden zu verbriefen, indem ich über ein solches setzte: *Judas*-Kapitel. Judas nämlich nennt sich unser wiedertäuferischer Judenchrist; denn er hatte seinen frühern jüdischen Namen Judas, welchen Ischariot der Verräter geführt, vertauscht gegen den christlichen Namen Judas, welcher bekanntlich als Apostel im Neuen Testamente mit seiner sehr kurzen Epistel St. Judä steht. Indes diese Namens-Assonanz oder Milchbrüderschaft mag wohl mehr, als man denkt, dazu beigeholfen haben, daß der ehrliche Judas immer von neuem nach Taufwasser durstig wurde, weil er sogleich, wenn er aus dem Taufbecken gesprungen und kaum abgetrocknet war, sich wieder in seine Simultankirche zweier Judasse verlor und Gütergemeinschaft mit altem und neuem Bunde als ein et Compagnie machen wollte. Und so wurd' ers gar nicht satt, sich zu bekehren.

Jetzt war wohl für mich fibelschen Lebensbeschreiber nichts in der Welt wichtiger, als mit meinen Trümmern von historischen Quellen in der Tasche schleunigst nach dem Geburtsdorfe Fibels abzureisen und mich da ein wenig anzusetzen, um wenigstens noch so viele aufzutreiben, als etwa nötig wären, um aus allen biographischen Papierschnitzeln geschickt jenen Luftballon zusammenzuleimen, welcher, sobald ich mein Feuer dazufüge, aufgeblasen und rund genug wird, um den unten darangehängten Helden Fibel (in Paris stieg zuerst nur ein Hahn gleich dem bekannten *Fibelhahn* empor) von der Erde in die Höhe und in den Himmel zu tragen.

Als ich in Heiligengut abstieg, so war es von höchster Importanz, daß ich mich sogleich an die Dorfjungen wandte und namentlich an die Schwein-, Schaf- und Gäns-Hirten darunter, um durch Personen unter ihnen, welche zu Kompilatoren der im Dorfe zerstreueten Quellen tüchtig waren, mir die nötigsten einfangen zu lassen. Ich sollte auch so glücklich werden, daß ich dieses ganze streifende corps diplomatique gewann und anwarb – ein Aufwand von Düten voll Heller durfte dabei nicht geachtet werden –, so daß ich die trefflichen barfüßigen Sammler nicht wie ein Forstmann nach Fichtenraupen und Maikäfern, sondern nach Kaffee-Düten, Heringspapieren und andern guten (Heiligenguter) Papieren ausschicken konnte. In wenigen Wochen war ich vermögend, gegenwärtiges Leben oder Buch anzufangen – in so außerordentlichem Grade wurd' ich von meiner nackten Pennypost unterstützt durch Fidibus, durch Stuhlkappen, Papier-Drachen und andere *fliegende* Blätter fiblischen Lebens (und mancher Wisch ist oft ein Kapitel stark), welche mir die Knaben-Knappschaft täglich einbrachte, daß ich also sofort anfangen und nach den eingebrachten papiernen Verkröpfungen gut das Kapitel benennen konnte; so ist z. B. schon das dritte Haubenmuster-Kapitel benannt und das vierte Leibchen-Muster.

So wäre denn nun wieder durch Gesamt-Wirkung vieler das entstanden, was man ein Werk nennt, eine Lebensbeschreibung durch Jungen, zwei Beschreiber und den Helden selber. Ja vielleicht stell' ich im kleinen persönlich eine große Académie des Inscriptions vor – weil die Jungen deren korrespondierende Mitglieder sind und ich zeitiger Präsident und beständiger Sekretär oder Erzschreinhalter –; oder ich bin, will ich jenes nicht, doch jene Gesellschaft in Edimburg persönlich, welche Ossians Überbleibsel sammelt und prüft.

Das folgende Buch ist demnach der treue Auszug aus den 40 bruchstücklichen Bänden des Christen-Judas und meiner Jünger, und das Dorf Heiligengut hebt sich zu einer biographischen Schneiderhölle voll zugeworfener Papier-Abschnitzel.

Ich bekenne letzlich gern, daß ich oft unter dem Benutzen und Überfärben der köstlichsten, aber unwahrscheinlichsten (von den Knaben gelieferten) Züge, auf welche schwer ein Dichter zu fallen wagt, unmoralische Stunden hatte, worin ich es beinahe bereuete, daß ich nicht das Ganze für mein eigenes Gemächt ausgegeben; denn ich fragte mich: welcher kann mich denn einen Plagiarius (Gedanken-Dieb oder Geistes-Räuber) schelten, da kein Beiträger nicht einmal lesen kann – – geschweige schreiben, ich meine meine Jungen?

Sonst was ich noch zu sagen hätte, wüßt' ich meines Wissens nicht.

Baireuth, den 7. Juni 1808

Jean Paul Fr. Richter

1. JUDAS-KAPITEL
Geburt

Komme nur endlich herein ins Leben, lieber Fibel, so winzig und anonym du auch noch bist! Du wirst schon mit der Zeit fünfte- oder sechst-halbe Fuß hoch und bekannt und benannt genug, wie ja wir alle! Der neugeborne Zwerg bleibt stets die erste Kapsel des unsichtbaren Riesen, der später mit Bergen nach Himmel und Hölle wirft. – Mein Anruf an den ungebornen Schriftsteller, daß er endlich in die Geburt und Welt trete, kommt nur den Lesern unnütz vor, die alle nicht wissen, daß er vor dem zehnten Monate noch gar nicht geboren war.

Endlich eines Tages stand sein Vater, ein armer Vogelsteller und Invalide, eben hinter einem Finkenkloben, den er zum Fenster hinaushielt, und lauerte auf den anhüpfenden Finken, um ihn an der Fanggabel hereinzuziehen, als ihm die Wehmutter aus der Klage-Kammer die frohe Botschaft brachte, es komme ein lebendiges Kind; dies veranlaßte ihn, den Kopf langsam umzudrehen und leise zu sagen: »Still!« Aber eben da er den Finken am Fangholze hereinzog, stand die Hebamme schon mit Fibeln auf beiden Armen vor ihm und hielt ihm ihn hin; er gab (Fibel und der Finke schrien erbärmlich, und jeder anders) bloß die Worte von sich – und griff nach dem Vogel und sah den Kleinen an –: »Hab' ich *ihn*?«

2. JUDAS-KAPITEL

Jahreszeiten der Kindheit

Das goldne Jahrhundert des Menschen, nämlich die ersten Kinderjahre legten ihr Fluggold sogar noch den Spätjahren an, so gut und glanz-golden fielen sie für unsern kleinen Gotthelf aus. Gotthelf war der Taufname eines Leipziger Rektor magnifikus, eines entfernten Schwertmagens (Verwandten männlicherseits) von der Mutter, welchen der alte Vogler auf Antreiben der Kindbetterin leicht zum Gevatter bekam, weil man eine Einladung auf die Taufschüssel so wenig als eine Sarg-Rechnung abschlagen darf! Der Rektor nahm die Bitte liebreich auf und teilte jetzt so freudig sein Bestes, wie sonst jedem, der bettelte, oder der niesete, mit, seinen Christen-Namen: Gotthelf!

Der kleine Gotthelf hatte schöne Kinderjahre. In der Hoffnungs-trunknen Jahrszeit, im Frühling, nahm der alte Vogler stets ihn und einen Stechfinken mit in den helldunklen Wald, um etwas zu fangen. Während der Alte zusah, wie sein mit Leimruten bestecktes Finken-Er die eifersüchtigen Männchen auf sich lockte: so schauete der Kleine auch mit hin und lief zuerst dazu, sobald sich einer an dem singenden Häscher oder am lebendigen Schwanenhals[1] gefangen hatte; zuweilen ging er aber den hellen Waldstreifen nach und zog fußhohe Bäumchen aus, um sie einige Schritte davon wieder elend einzupflanzen zu einem Gärtchen. Bald schnitzte er dem Baum die Wurzel ab und steckte ihn als einen artigen Strauß auf seinen Wachshut, um ihn nachher der Mutter

1 Namen des Fuchseisens.

anzustecken, in Ermanglung von Blumen und Erdbeeren. Zuweilen wußt' er eine dicke Fichtenborke mit dem Einlegmesser auszubrechen und sie phelloplastisch zu behandeln, indem er bald eine Kuh, bald einen Vogel oder einen Menschen aus dem Blocke der Rinde bildete und erlösete. Mit einer vom langen Morgenlichte ganz durchleuchteten Seele folgte er voll hörbarer Selbstgespräche seinem stummen Vater nach, der unter allen Sprachen die menschliche am wenigsten verbrauchte, dafür aber selber ein organisierter Wild- und Vogelruf war; es gab wenige Vögel im Walde, mit denen er nicht in ihrer Muttersprache hätte pfeifend reden können. Überhaupt gibts viele Staats-Bürger, die lieber pfeifen als sprechen.

Vier Ackerlängen vor dem Vater voraus war Gotthelf schon am Mutterhalse mit seinen Armen und Geschenken; nun mochte *Engeltrut* (so hieß die Mutter) immerhin Kopfschmerzen oder Grillen in dem Kopfe haben, oder Arbeit in den Händen: sie behielt jederzeit eine frei, um ihm damit die Backen zu streicheln. – Eine andere Jahrszeit brachte Gotthelfen wieder andere Freuden, nämlich andere Vögel und Fang-Weisen derselben. Der Sommer hing voll Nester, welche für jeden Heinrich den Vogler indische sind, wenn er sie leeren darf; wozu noch die Wachteln stoßen, die er fängt, eh' sie nur eines machen. – Was für einen träumenden Jüngling der Ossian ist, nämlich eine magische Herbstlandschaft, das war vollends der Herbst, wie für einen Maler, so für den alten Vogler, besonders der Spätherbst, sein Nachsommer war ein Nach-Frühling und Vorsommer, ein üppiger Valetschmaus des Jahrs. Wie ein zärtlicher Schwanengesang des Lenzes fiel ihm das Kehraus-Geschrei der Zugvögel ins Ohr; – und sein Sohn stand überall dabei und trug mit nach Hause, wenn viel gefangen wurde, es sei auf Vogelherden oder an Leimbäumen.

Freilich blühte für ihn der Winter am reichsten, und jede Stunde war ihm ein Sträußer-Mädchen (bouquetière), falls nämlich die Kälte grimmig genug war, der Schnee tief und das Wetter stürmisch genug. Schon für sich ist das Leben eines guten Vogelstellers, der ruhig pfeift und fängt, voll stiller Wochen und Wiegen, ein Mondregenbogen über schlafenden Dörfern. Nimmt man nun den ruhigen Winter, diese Natur-Sieste, besonders den in des Voglers Stube dazu: so läßt sich alles begreifen. Ich denke mir ordentlich sein Haus – ich könnt' es sogar besehen, wenn ich aufstehen wollte –: das Erdenstockwerk hat *ein* Zimmer und *einen* Stall – Fußboden und Mauern sind mit Sang- und Girrvögeln bedeckt und behangen – ein ganzer Frühling schreiet durcheinander, und der Vogler singt als Gegenchor dazwischen und gibt Pfeif-Stunden – und im Schnee draußen stehen Schlagwände und Meisenkästchen offen, um das Vogel-Odeum stärker zu besetzen. Das Stricken der Wachtelnetze, das Flechten der Käfige und Kanariennester – die Stallfütterung der unkastrierten Sänger (Vater und Sohn bilden das Küchenpersonale für die Tiere, die Mutter das für die Menschen) machen die kurzen Tage kürzer. Werden nun dabei noch bald Kanarienstieglitze illuminiert und türkisch gefärbt, bald Staren prosaische Stili stica gelesen, bald Gimpeln in Konservatorien poetische Singstunden gegeben: so tut dies auf den jungen Gotthelf Wirkungen von wahren Folgen, und Folgen wirken wieder. Daher fällt man leicht Pelzen (dem ersten Lebensbeschreiber) bei, welcher fragt, ob nicht diese ersten Kinder-Freuden und poésies-fugitives des Lebens unter Vögeln die ersten Kartons und Sbozzis zu den Tierstücken des Fibelschen Abc-Buchs in der jungen Seele abgerissen, indem im letztern nur fünf Menschen – der Mönch, der Jude, der Vogelsteller und die Nonne und die Xanthippe –, aber funfzehn Tiere auftreten. Ich für mich bejahe die Sache; *ein* warmer Tropfe vermag das harte Samenkorn der Kindheit zum Schwellen und Grünen zu treiben, indes den ausgebreiteten Blätterbaum ein ganzer Regenguß nur wenig umschafft und befruchtet.

3. HAUBENMUSTER-KAPITEL

Musikalische Ehe-Ständchen

Die Ehe seiner Eltern war ein kopuliertes Ja-Nein und doch die friedlichste im Markgraftum. Der Vogler, ein alter langer hagerer Soldat – der von seinen Heerzügen nichts heimgebracht als den Abschied und eine Kugel, die noch in ihm ging –, sprach zwar zuweilen mit sich, aber selten mit andern, höchstens sinesisch, nämlich einsilbig. Wie in einem durchsichtigen Eispalast wohnhaft, sah er ruhig und kühl die äußeren Schneestürme um sich fliegen und sagte: »Es ist halt Welt«; und war durch nichts zu ändern, nicht einmal durch die Frau. Darwider hatte sie viel; sie hatte sich in den Träumen einer glücklichern Ehe versprochen, sie werde in der ihrigen, wie jede andere Gattin, ordentlich schmollen und weinen können; aber der Alte brachte sie darum und sagte zu allem Ja und machte keine Worte, sondern bloß was er wollte. »Sagst einmal wieder Ja?« fuhr sie ihn oft außer sich an; darauf nickte er Ja. Engeltrut hatte, obwohl von gemeinem Stande (aus einem Dorfe bei Dresden gebürtig), doch etwas so Feines, Zartes und Sieches in Farbe und Bau und etwas so Weich-Warmes im Herzen und Launenhaftes im Kopfe – und dieser Fall ist überhaupt öfter, als man glaubt, in den niedern Ständen –, daß Wieland sich wahrscheinlich nur auf historische Gründe stützte, da er die Xanthippe, deren Weiberruhm er ja selber herstellen helfen, aus den vornehmen abstammen lassen; denn auch das Land trägt liebenswürdige Launen, weibliche Bisarden und lebhafte sokratische Gespräche darüber.

Der Studiosus Pelz teilt im gegenwärtigen Haubenmuster eine Geschichte mit, die es wohl bestätigt. Engeltrut fuhr, als sie einmal lange mit verbundenen Kinnbacken voll Zahnschmerzen herumgegangen, und der Vogler immer dabei so gelassen geblieben war, als hätte er sie selber, endlich los und ihn an, darüber daß er wie ein Eiszapfe dabeistehe, ohne sich nur ein Gefühl wie sie oder eine Ungeduld merken zu lassen, eine Träne gar nicht. Und doch ist eine, besonders eine männliche, oft der Tropfe Wassers, womit ein jahrelange vertrocknetes Rädertierchen wieder erwacht und lustig ins Leben schnalzet. »Gedulde dich, Trut«, versetzte er, »morgen lauft der Bader durch, der zieht das Unwesen heraus.« – »Ja, ja, morgen, wenn schon alle Schmerzen längst vorbei sind – o du harter Mann!« erwiderte sie. Statt der Antwort pfiff er darauf, wie er bei halbem Zorn über ganzen Unsinn pflegte, bloß den sogenannten scharfen Weingesang des Finken, welchen das Jagd-Handwerk gemeiniglich so in Text-Worte setzt: Fritz, Fritz willst du mit zum Weine gehen? – *Siegwart* (es ist sein Taufname) wechselte indes nach den verschiedenen Anreizungen zu lachen, zu zürnen, zu schmähen, zu vergessen mit den verschiedenen Finken-Variationen, wovon wohl der Ritscher, der Groß-, der Kleinrollende, der Musketierer, der Kuhdieb und Sparbarezier die beliebtesten sein mögen, die er vorgepfiffen. Doch gabs seltne Fälle, worin er dermaßen in Zorn und außer sich geriet, daß er den Finken vergaß und die Nachtigall machte und vor kurzer Wut liebend flötete.

Engeltrut hingegen hätte gern, wie *von*, so *mit* ihm gelitten; aber er sagte und klagte kein Weh. Ihren Willen – den sie oft am wenigsten wollte – ließ er ihr auch; und so war es natürlich, daß sie klagte: »Wollte unser Herr Gott, er fiele einmal grausam grob aus und traktierte einen wie ein anderer Mann; so wüßte man doch wie und woran.« Nicht einmal mit Eifersucht, dem Fumet der Ehe, war diese schmackhaft zu machen; ob die Frau gleich, um nur etwas von der Würze dieser Blumen-Zwiebel zu genießen, zuweilen, wenn er Eier und Semmel niemand gab als seinem Gevögel, die Frage aufwarf: »Ein Star ist dir also lieber als eine Frau?« Wie gewöhnlich gab er ihr recht und nickte.

Sein Fehler war wohl – wenn wir dem Haubenmuster trauen dürfen – sein Name Siegwart, der ihn wider jedes Weinen und Jammern erbitterte; denn Siegwart kommt her von guard, werd und heißt Beschützer, daher Edward, Burckward, Siward, Weromir, Werner und (im Verkleinerungs-Sinne) Wernlein.

Er hatte für die Frau noch eine böse Sitte, daß er an den

heiligen drei Festen nie zu Hause war, sondern auf den Beinen, um Vögel abzusetzen und die Kirche zu umgehen. Zum Unglück schleppte er stets den Kleinen mit und überließ Mutter und Sohn dem gegenseitigen Sehnen nach einander.

Alle von Dorfjungen eingebrachten Haubenmuster bestätigen, daß ers getan, um ihn dazu zu machen, was er selber gewesen – zum Rekruten. Gotthelf zeigte eine so goldne Streckbarkeit des Leibes – was sucht aber ein Werber und Fürst anders als, gleich dem Magneten, die *Länge?* –, daß der langarmige Affe und der ähnliche Artaxerxes ihn in nichts erreichten als im Arme. Um ihn nun zum Soldaten, ja zum Offizier zu bilden, wollte er ihn nichts lernen lassen – verbot ihm Mutter und Kirche wie einen Hof – prügelte ihn fast zum Prügeln – forcierte ihn zu forcierten Märschen – Wett-Laufen und Steif-Stehen, Schweißtropfen und Zähne-Klappen, Auswintern und Aussömmern konnte nach ihm der Junge nicht genug haben, der doch Verfasser des künftigen sächsischen Abcbuchs werden sollte.

O wie ging es besser! Helf schrieb später das Seinige und ich hier das Meinige über jenes!

4. LEIBCHEN-MUSTER

Weihnachten

Gotthelf sollte einmal die schönsten Weihnachten der Erde erleben. Es war so:

Engeltrut kam in gesegnete Umstände, Siegwart dadurch fast in verfluchte; sie war voll Gelüste und Verabscheuungen, und die 600 Krankheiten, die nach Hippokrates die Gebärmutter erzeugt, färbten mit ihren 600 Schatten sein Leben etwas grau. Zu allererst hatte sie einen noch größern Abscheu vor dem Manne als sonst vor Wein und Sauerkraut – weil beide häufig mit fremden Füßen gestampft werden. Dann war ihr jeder Vogel horribel, den er besaß, seine Turteltauben ihre Basilisken; das Dorf war ihr eine schmutzige Untersetzschale für Vogelhäuser und eine überall offne Pandorasbüchse; sogar Gott selber sank bei ihr zuletzt – bloß Gotthelf nicht. Sie weinte einmal drei Tage lang und war, da sie keine Ursache dazu wußte, nicht zu trösten, bis glücklicherweise ihr Helf, da er auf einer Gartenmauer ritt, sich durch einen Sturz einige Glieder verstauchte; dies gab ihr wieder Leben.

Freilich hätte sie eine schwangere Nabobin oder Fürstin sein sollen: welche ganz andere Wünsche hätte sie tun können als bloß solche, einen Lerchen-Hals zu braten, eine Henne zu kochen bloß zum Essen von Eiern ohne Eiweiß und Schale und sich wie Dorfbier durch Kreide zu entsäuern! Hätte sie nicht als Fürstin verlangen können, z. B. daß man ihr eine Zaunkönigs- und Elefanten-Mark-Suppe auftrage – oder daß sie die zarten Hirschkolben auf der Geburtsstelle selber, auf dem

Hirschkopfe gereift, d.h. gebraten bekäme? – Hätte sie nicht ein Kanapee aus Barthaaren für ihre Kammerfrauen begehren können, ein Stadt-Tor als Rahmen für ihr Groß-Bild, Streuzucker statt der Streublumen für ihre Einzugs-Straße und noch stärkere Gaben, z.B. Windeln aus bloßen Palliums, Wickelbänder aus zerschnittenen Schäferkleidern, eine Toiletten-Schachtel aus Paris mit 6 Pferden zugerollt, für das Wickelkind einen Christbaum aus zerspaltenen Hoheitspfählen gezimmert und geästet und ein Christgeschenk aus Thron-Insignien? Könnte man solche Phantasien zu erschöpfen glauben: so ließen sich noch mehrere Foderungen einer gedachten *Landes-Mutter* gedenken, z.B. daß sie schlechte Dekorations- und Deckenmaler lieber selber auf einer Kochenille-Mühle zu Farbenkörnern und Farbentropfen vermahlen möchte – daß sie vornehme Gefangene mit (Zucker-) Wasser und Zucker-) Brot traktierte – daß sie ein Kollegium ins andere gösse, das der Kammer in das der Justiz etc. etc., etwa wie Wasser in Schmelz-Kupfer oder wie Öl in Wasser oder wie Wasser in brennendes Öl.

Bei mehreren Völkern legen sich daher die Väter ins Kindbette, um sich von den bisherigen Mutter- oder Vaterbeschwerungen der Schwangerschaft zu erholen. Der alte Vogler heilte sich seine Töpferkolik – eine passende Metapher, da er der Töpfer des Fötus war – bloß durch sein gewöhnliches Verreisen; ließ aber der Geplagten ihren Liebling als maître de plaisirs zurück.

Welche Weihnachten wurden im Häuschen gefeiert! Kaum war er aus dem Dorfe hinaus: so fing die mütterliche oder Oppositions-Erziehung an. Zuerst durfte Helf alle Vögel selber füttern; daher er der Heidelerche so viele Mehlwürmer vorwarf, daß sie am dritten Festtage verreckte. Darauf durfte er ihre Küchen-Soubrette sein und half für das Fest-Gebäcke viele Mandeln schneiden, die er verschluckte. Wie froh-murmelnde Frühlings-Wasser floß den ganzen heiligen Abend heiteres Geschwätz des Sohnes und der Mutter durch Stube und Stubenkammer. Sie brachte ihm Scharrfuß und Handkuß der vornehmen Herrschaften in Dresden bei; und er scharrte und küßte unaufhörlich an der Mutter. Sie stand neben ihm ihre alten Kopfschmerzen aus, aber ohne sie zu bemerken.

Der Kleine war eine personifizierte triumphierende Kirche im kleinen, ein tanzender Sitz der Seligen, bloß weil er den ganzen Tag nicht das geringste zu fürchten hatte, nichts was ihn prügelte. Den wenigen mütterlichen Schlägen lief gewöhnlich eine lange Vorerinnerung und Kriegsbefestigung voraus und er ihnen unterdessen davon; hingegen der Vogler hatte die Gewohnheit, daß er als lange Windstille dastand und als Blau-Himmel; und daß daraus die Vaterfaust unversehens wie ein Wetterstrahl auf die Achselknochen fuhr.

An diesem heiligen Abende war Helf ein verklärter Junge, Engeltrut eine verklärte überirdische Schwangere! Welches Fortgenießen! Mittags wurde gar nicht gegessen vor Back-Lust. Schon um drei Uhr war – der Geschichte zufolge – alles Scheuern abgetan, und die Fest-Kuchen dampften ausgebacken durchs Haus. Helf konnte sich vor seinen eignen Leuchter hinsetzen und fünf neue willkürliche Alphabete erfinden, womit er vieles zur Probe aufsetzte, was niemand lesen konnte, auch er nicht ohne Einsehen ins Alphabet. Abends soupierte er selig, denn es schmeckte der Mutter; dieser aber schmeckte es, weil es ihm schmeckte. Eucharistische oder sakramentalische Streitigkeiten mit ihrem Manne fielen weg; denn sie brauchte weder das Mahl anzupreisen, wär' es versalzen und verkohlt gewesen, noch es herabzusetzen, wenn nichts daran gefehlt hätte.

Kinder lieben, wie Pariser, langes Aufbleiben; die Mutter erlaubte eines, und in diesen stillen Goldstunden schrieb er fast in allen seinen Alphabeten etwas Unbedeutendes – die Mutter genoß ihren sitzenden Vorschlummer aus, obwohl ein Gift des Nachtschlafs – aus der Pfarrei funkelte das goldne Feuerwerk des Christbaums herüber (der Bauerstand bescherte sich erst am Morgen) – jeder Stern schien licht und nah, und der hohe Himmel war an das Fenster herabgerückt – Gotthelf kratzte mit der Feder sehr leise, um die Mutter nicht zu wecken – endlich legte er, matt von gelehrten Arbeiten, selber den Kopf auf den Tisch. Dann erwachte und erweckte die Mutter – erinnerte an Christkindchen und Schlafengehen – und befahl ihm, in dieser heiligen Nacht mit ihr niederzuknien und Gott um alles zu bitten, besonders daß er einmal kein Vogler werde, sondern ein Rektor magnifikus wie ihr Großvater und sein Herr Pate. Er tats gern. Ebenso ersuchte Lavater Gott, ihm das Pensum zu korrigieren, und Lichtenberg desfalls, ihm seine gelehrten Fragen auf Zettelchen zu beantworten. Recht hat hierüber jeder Beter; vor dem Unendlichen ist eine Bitte um eine Welt und die um ein Stückchen Brot in nichts verschieden als in der Eitelkeit der Beter, und er zählt entweder Sonnen und Haare, oder beide nicht.

Nach dem Gebete ließ sie ihn in ihres Mannes Bette

steigen, bloß um es am Morgen wieder zu betten; eine Freude, um die sie der alte selber bettende Siegwart täglich brachte, der ungern Weibern mehr verdankte als seine Geburt und Kinder. »Wie wird unser Vater jetzt liegen, Helfchen?« (sagte sie) »Und schließ ihn mit in dein Abendgebet ein«; worauf sie den Sohn einsegnete und seine Hände selber für die ganze Nacht faltete, gegen jedes Gespenst. – Engeltrut wünschte nie Siegwarts Gegenwart sehnlicher als in seiner Abwesenheit; so wenig tut der Liebe die Ferne auch in der Ehe Abbruch, und so sehr muß der Mann wie ein Brennspiegel erst in die Brennpunkts-Ferne von dem Gegenstande, den er schmelzen will, geschoben sein.

Am Morgen verschwand Helfen das übrige Christgeschenk vor zwei Stücken desselben, vor einem weiß-roten Büchelchen von Marzipan und einem lackierten Näh-Buch der Mutter; aus diesen an sich leeren Büchern – was sind aber die meisten Bücher anders als höhere Bücherfutterale – schöpfte er mehr geistige Nahrung als ich aus so vielen vollen.

Landweiber versäumen an ersten Feiertagen lieber die Kirche als die Küche; gleichwohl blieb er nicht bei seiner Mutter daheim, sondern verrichtete seinen vormittäglichen Gottesdienst. Sie maß dies sehr seinem Geschmack an längern Predigten zu; der Studiosus Pelz aber fügte bei, er habe sich in der Kirche immer so gesetzt, daß, wenn der sogenannte Heiligenmeister mit dem Klingelbeutel-Stabe (dem waagrechten Opferstock, der Heller-Wünschelrute, dem Queue mit Billard-Beutel) ankam, er dem Manne, weil der Stab nicht so lang war als die ganze Kirchenbank, solchen abnehmen und damit bei sich und andern das einsäckeln konnte, was gegeben wurde. Diese kirchliche Untereinnehmers-Stelle, so wie die Predigt-Disposition und die Predigt-Teile, welche er der Mutter unter dem Essen überlieferte, rissen ihn in die Kirche hinein.

Aber auch nachmittags, ob man ihn gleich da nur gratis erbaute, kam er gern mit dem schwarzen Müffchen an den Händen neben seiner Mutter wieder und schauete beim Eintritte sehr familiär im ganzen Tempel herum, um zu zeigen, daß er früher dagewesen. Wenn er schon sonst aus dem umgekehrt gehaltenen Gesangbuche stark ins große Singen hineinsang: wieviel mehr jetzt, da er das Buch richtig hielt und notdürftig las! Noch auffallender war die Schnelligkeit, womit er, sobald nur oben am Chore auf die schwarze Tafel die weiße Seiten-Zahl des Sing-Lieds aufgesteckt war, der Mutter das Gesangbuch aufschlagen konnte mit dem verlangten Liede.

Wenn er dann nach Hause kam, und die goldne Stunde der Dörfer anfing, die nach der Abendkirche, so hatt' er die schönste im Dorfe, den Pfarrer selber nicht ausgenommen. Die Herings-Papiere sind dazu da, sie uns zu malen.

5. HERINGS-PAPIERE

Die Studien

Helf las. Vor den Augen des Voglers hätte er keinen Viertels-Abend über Büchern von Makulatur sitzen dürfen; jetzt konnt' er alles lesen, was er poetisches, juristisches, chemisches Gedrucktes aus dem Gewürzladen, seiner Lese-Bibliothek vorbekam, und konnte unter dem Lesen an andere Sachen denken und in die köstlichsten Nebenträume fallen und zu jeder Seite Kuchen oder Äpfel abbeißen, gleichsam die sauber gestochnen Vignetten und Kupfer und Notenblätter seiner Makulatur. Nicht für jeden Gelehrten ist ungeachtet ihres kleinern *Laden*-Preises Makulatur eine Lektüre; aus Mangel an Titelblättern, und weil sie, wie das Epos, bald mitten, bald hinten anfängt, kann der Mann nichts daraus zitieren und saugt sich elend voll Kenntnisse, ohne instand zu sein, nur einen Tropfen wieder aus sich zu drücken mit beigefügtem Zitat; und doch bekommt er nur einen Namen durch Namen.

Hingegen floß die Makulatur so schön auf Fibels Leben ein wie eine zweite allgemeine deutsche Bibliothek und vertrat deren Stelle. Jene bildete ihn – da er vom Würzhändler Düten aus allen Fächern bekam – zu jenem Vielwisser, als welchen er sich im Abc-Buch überall durch Tierkunde, Erziehungs- und Sittenlehre, Poesie und Prose zeigt. Ebenso mögen aus Nicolais Bibliothek die jetzigen Viel- und Zuviel-Wisser hervorgegangen sein, bloß weil sie die Rezensionen aus allen und fremden Fächern nicht umsonst gekauft, sondern auch gelesen haben wollen.

Seit diesen Weihnachten aber kam Gotthelf ins Lesen

hinein und war von niemandem mehr zu halten. Es gibt glückliche Menschen – z.B. ihn selber –, welchen ein Buch mehr ein Mensch ist als ein Mensch ein Buch, und welche in der Wahrheit den Irrtum des Franzosen Mr. Martin nachtun, der in seinem Verzeichnis der Bibliothek des Mr. de Bose das Wort *gedruckt* als einen Schriftsteller unter dem Titel Mr. Gedruckt an- und fortführt. Ich kenne wenige Literatoren, für welche nicht gedachter *Herr Gedruckt* der Kreisoberste und Kreisdirektor aller Erden- und Himmelskreise wäre und der einzige Mann, mit dem zu reden ist, und der neue Adam der Welt – und das Heckmännchen aller Männer und Zeiten und das absolute Ich; ich kenne, sag' ich, wenige.

Was der angehende Gelehrte Fibel vom obigen Verfasser Gedruckt auftreiben konnte, damit verstärkte er seine Büchersammlung unter dem Dache, mit einem Korrekturbogen – mit alten Kalendern – mit einem seltenen Fingerkalender – mit einem Stück Bücherverzeichnis – mit einem halben Bogen eines Registers – mit allem. Die ersten Lettern, womit die Pfarrers-Tochter als Namen-Setzerin auf Wäsche druckte, nahm er als wahre Inkunabeln erstaunend in die Hand; und er sah lange einem durchs Dorf gehenden Drucker durstend nach, der in einer – Kattunmanufaktur arbeitete. Die Anekdote ist bekannt, daß er schon jünger, da er sich eine gelehrte Feder wünschte, weil er so oft gelesen, daß aus einer gelehrten Feder so manches Buch geflossen, in einigem Mißverständnis aus dem Schwanze eines Stars, den Siegwart für einen gelehrten und gelernten Vogel erklärt hatte, mehrere Federn ausgezogen! Darauf habe – fährt die Anekdote fort – der Vogler, als er den Wildschaden am Steiße des Stars vorgefunden, dem Sohne zum simpeln Auszug der gelehrten Niete noch eine Prämie bewilligt, die er, wie bekannt, still mit der Hand austeilte an das Gliedmaß, das er eben traf. Die Mutter legte Sauerkraut auf die Beule.

Am meisten zog ihn ein alter Markgrafen-Hof- und Staatskalender an, und er las ihn vierzigmal, wie andere den Kant viermal und Bardili fünfmal. Das regierende Haus war zwar abgerissen; aber es waren noch immer hohe Chargen, Inspektionen und Deputationen genug darin, um ihn außer sich zu setzen; am meisten erstaunte und genoß er, daß sein Dorf und der Pfarrer mit hineingedruckt waren, samt den gemeinsten umliegenden Nestern mit Namen. Und Himmel, wie bewunderte er dabei das herrlich ineinandergefügte Uhrwerk des Staats, wo für das Kleinste und Größte zusammengreifende Dienerschaft bestellt dastand, die Bonnetische tierische Stufenleiter im geistigen Sinn. Er fühlte dunkel, daß es nichts Gerechteres, Weiseres, besser Verwaltetes gebe als einen Staat. Auch Verfasser dieses erinnert sich noch mit Sehnsucht aus seinen Knabenjahren dieses süßen Gefühls.

Es ist dies eine der unerkannten Kindheitsfreuden, daß man in dem Adreßkalender – diesem geistigen Hypothekenbuch der Staatsverwaltung – die festlich und ehrwürdig einherziehende Jubelkette des Staats, die Sattel- und Geschirr-Kammer von Bärten, Perücken, Uniformen und Degen für das ansieht, was sie so schön scheint. Was geht denn dieser Jugendfreude ab, an Gehalt, außer Dauer? – Und erquickt ihre Erinnerung nicht so oft den kalten Staatsbeamten, der später den Staat für eine Schützen-Gilde zum Abschuß eines Gewinst-Adlers oder eines Rebhühner-*Volks* ansieht, oder für ein Nest von *Prozessions*-Raupen auf der Staats-Eiche? – Ja wer unbefangen genug bleibt, entdeckt sogar reifer in Staatsgliedern noch manche Bewegungen, welche gleichsam seine alte Ansicht vorspiegeln; und er vergleicht es mit jenem Tabaks-Liebhaber,[1] welcher, vom Schlagflusse getroffen, sich jede Viertelstunde regelmäßig bewegte, als nehm' er Tabak, und sich darauf ordentlich die Nase abrieb wie jeder.

6. JUDAS-KAPITEL

Der Rektor magnifikus

Als die Leidens-Woche vor Ostern erschien, ging Siegwart wieder der seinigen aus dem Wege und mit Vögeln davon, um, ungleich den Heeren, Marschtage und Ruhetage zugleich zu haben. Das Vorfest-Backen der Weiber ist nicht sowohl wie das Backen des Zwiebacks und das Verproviantieren der Festungen ein Zeichen des nahen Kriegs als eine Ursache desselben. Langen vollends die Festtage selber an, so bringen sie den Engeltruten, die stets etwas vergießen wollen, entweder Schweiß oder Tränen, statt der Arbeit die Weinerlichkeit des Ruhens mit; so wird auf Kriegsschiffen jede ausgeleerte Tonne süßes Wasser wieder mit Seewasser gefüllt, damit das Gleichgewicht bleibe. Er ließ ihr wieder Gotthelfen daheim; sie war noch in gesegneten Umständen.

Aber wie war ihr Sohn seit Weihnachten an Ruhm und

1 Reils Fieberlehre B. IV.

Ruhmbegierde gestiegen! Wie würde sie jetzt schon, hätte sie anders eine Wünschelrute seiner geistigen Gold- und Wasseradern in Händen gehabt, aus so vielen großen Zügen und Kindereien des Knaben den Fibel erraten haben, der eine sächsische Fibel schrieb! – Der störende Vogler lag auf ihm bloß als Leichenstein, der die Keimspitze nicht erdrückt, weil sie sprießend sich um ihn heraufbeugt. Wann wünschte Fibel mehr zu werden als jetzt! Sein Vater war ihm wenig, er stand nicht im Adreßkalender; mehr seine Mutter. Denn Engeltrut hatte aus dem alten Kurfürstlichen Sächsischen Hof- und Staats-Kalender aufs Jahr ihrer rosenwangigen Jugend das gedruckte Blatt gerissen und gerettet, worauf sie mit ihrem Tauf- und Geschlechts-Namen (geborne Böpple) stand, als sogenanntes »Extra-Weib bei der Hofdame«. Den Dorf-Honoratioren war das Extra-Blatt längst mitgeteilt und Siegwarten früh vorgehalten als Jugend-Patent und Frauen-Heiligenschein.

Laßt uns aber das Osterfest mitfeiern und nachschauen, was Fibel tut vor der Welt...

Durch Heiligengut lief die Landstraße und folglich viel Volk. Noch wurde von Erziehern wenig ausgerechnet, in welchem Grade eine Landstraße, die mit ihren Silberflotten der Städte ein nacktes Dörfchen durchschneidet, einen Knabenkopf anleuchte und befrachte und abschleife, der sich eben aus dem Fensterchen steckt, wenn etwas vorüberrollt – und wie dies so einfließe, daß oft vornehme *Reisende* zehnmal mehr ausbilden als Reisen – und welchen Schwung jedes rote Kutschenrad, jeder galonierte Tressenhut einem armen Dorf-Teufel erteile, der wie Fibel gern alles einmal erreichen will, was vorfährt, und gern bebändert hinter jedem Kutschenkasten stände, oder vergoldet darauf säße.

Wollen wir der Geschichte glauben – und wem wollen wir weiter über Vergangenheit glauben? –, so ritten schon vormittags am dritten Ostertage mehrere Studenten ein als Vorzeichen und saßen ab im Pfarrhofe, um dem Pfarrer den Vaters-Bruder zu verkündigen, den Rektor magnifikus der Landes-Universität. Es gibt Filial-Dörfer, die vielleicht abbrennen, ohne daß je in ihnen das lange Wort Magnifizenz ausgesprochen wurde; diesmal lief der kostbare Laut umher wie ein gemeiner Vieh-Titel; und es wurde davon geredet, wieviel ein solcher akademischer Kommandant und Kommandeur sei, wie nahe er hinter dem Regenten regiere als detto, wie Fürstensöhne selber oft diesen Posten (den einzigen Zivil-Posten) bekleideten.

Fibel stellte sich einen Rektor magnifikus ungefähr vor wie die heilige Dreifaltigkeit und voll ausgehender heiligen Geister; er dachte, ein so großer Mann komme sogleich mit Rektor-Mantel und Zepter in der Hand auf die Welt. – Die Mutter bekam einige heftige Kopfschmerzen vor Ausmalen ihres Großvaters.

Fibel war zu Einbrechen und Einsteigen entschlossen, um ein paar Blicke auf einen Mann zu werfen, von welchem er ein Sinnenbild haben mußte, wenn er nachher nach seiner Weise stundenlange träumen wollte, er selber sei es. Aber die Mutter zeigte, daß sie in Dresden gewesen und daß sie einen Großvater besessen; sie sagte zu Gotthelf, sie wolle mit ihm zu Seiner Magnifizenz gehen und ihn inskribieren lassen; »dann bist du auf einmal ein gemachter Student; so wars schon bei meinem Großvater.«

Das Schicksal wollt' es anders; ein langzöpfiger Pedell schritt ein und fragte nach dem Vogler und nach einem abgerichteten Stare für Seine Magnifizenz. Sie warf vor Freude ihre Antworten durcheinander, bat ihn, sich den Matz herauszufangen – versicherte, ihr Mann sei nicht da – sagte, sie habe ihm den Vogel eigenhändig verehren wollen – und schloß, sie ziehe sich stracks an und überreiche selben.

Nach einer kleinen Doppel-Toilette, als sie sich in ihre dicksten Kleider eingehülset und Helfen an ein langes Lederband des spanischen Rohrs befestigt hatte, trafen beide – den Star trug Fibel in einem Säckchen – in der Gaststube des Pfarrers ein.

Die Gelehrten, der Pfarrer und Rektor, fuhren noch lange in den sach- und wortreichsten Diskursen über den Psalmum abcdarium fort, ehe sie jene stehen und passen sahen – Helf übersetzte später der Mutter nach Vermögen (da er kein Latein konnte) das Gespräch, es sei über das Abcbuch und den Psalter gewesen. Aber wie erstaunte über des Rektors Erhabenheit unser Paar, das statt eines bloßen gelehrten Lichts einen herrlichen Schwanzstern anzubeten fand.

Der Rektor hatte nämlich eine dreiknotige Zipfelperücke auf.

Andere und gute Perücken, Zopf- und Beutel-Perükken, ja solche, die weit am Rückgrat hinabliefen, hatte man in Heiligengut längst gekannt, aber noch keine, welche über beide Achseln bis auf die Brustknochen herunterwuchs.

Zum Glück stellte der Star (im Sacke wurd' ihm die Zeit lang wie der Atem kurz und der Aufenthalt verdrüßlich) dem Rektor seinen Träger vor und wurde Oberzeremonienmeister, indem er im Säckchen, um seine Sprachübungen (in lauter Vokativen) zu treiben, den Rektor anredete: Spitzbube, Reckel etc. etc. – »Es sind nur die Voglers-Leute mit dem Staren«, sagte der Pfarrer und winkte ihnen zum Verehren zu.

Jetzt trat die Mutter hin und küßte freude-bebend des Rektors rechte Hand, der Sohn darauf weinend die linke und ließ, weil er den Vogel hielt, seinen spanischen Stekken fallen. »Das Männchen hier hat das Mätzchen?« fragten Magnifizenz. »O Gott, jawohl! Es ist mein Söhnchen«, versetzte die Mutter. Der gesäckte Vogel wurde frei und auf des Prorektors fette gleißende Hand gelassen; auf derselben redete ihn der Star mit seinem ganzen Laster-Sprachschatz an. »Nur jammerschade«, sagte die Mutter, »daß mein Alter nicht Zeit genug gehabt, der Matz sollte Euer Magnifizenz ganz anders schimpfen, er wollte die Sache nach den 10 Geboten vornehmen.« – »Man kann«, sagte der Musen-Weisel, »mit dem zufrieden sein, was er vorgebracht.« – »Nein,« sagte die Frau, »mein Mann nimmt eine Sünde nach der andern her und richtet ihn zu ihr ab, sie sind aber beide erst beim Huren und Stehlen.«

»Ich habe oft«, sagte der Prorektor, sich an seinen Verwandten wendend, »Gottes Weisheit in den Vögeln bewundert, welche fast allein zu sprechen scheinen unter allen Tieren, obwohlen vierfüßige, wie der Esel, uns in Gestalt und Wandel viel näher stehen mögen. Es ist mir aber aufgefallen, daß solche nichts sagen als Schimpf- und Schand-Worte; nicht etwa als ob ich nicht wüßte, daß ja Menschen ihnen dergleichen erst beibringen; sondern dieses hab' ich erwogen, daß, da doch die Lehrer der Vögel wie der Kinder unter höherer Leitung stehen, erstere immer Injurien zu ihren Vokabeln nehmen. Hier steckt eben wieder geheime Weisheit des Allwissenden: die Steine schreien, Kinder und Narren und Vögel reden die Wahrheit; und daher die wahren Schimpfworte, welche z. B. dieser Star vorhin ausgestoßen. Und ein solcher Vogel beleidigt dabei ebensowenig als ein Pfarrer, welcher Schneider oder Weber auf der Kanzel Diebe schilt,[1] oder der Esel Bileams. – Ach, Gott steckt oft das Allergrößte ins Allerkleinste! sozusagen die größte Weisheit in die größte Dummheit. Pedell, packe Er mein Microscopium aus, und bring' Ers hieher.«

Denn anfangs vorigen Jahrhunderts waren mehr Größen gemein als Vergrößerungsgläser und Größenlehren. Es war freilich nur ein bloßes einfaches Mikroskop, etwas das man jetzt Kindern beschert; aber der Rektor magnifikus machte viel daraus – und viel damit.

Je mehr er Flaschen auf das Faß seines Leibes abzog, desto mehr erhob er Gott verstärkter, indem er die verschiednen Nichtswürdigkeiten vorbrachte, womit wie mit eingeschnitztem oder untergestelltem Thronvieh bisher die Büchermacher Gottes Thron verzierten und hoben. Da er noch nicht *Derhams* Astrotheologie lesen können: so konnt' er nicht auf die gemeinern Beweise und Verherrlichungen und Wappenhalter des göttlichen Throns verfallen und nicht wie etwan mit *Menzius* auf den Frosch – mit *Meier* auf die Spinne – mit *Sloane* auf den Magen – mit *Stengel* auf die Mißgeburt – mit *Schwarz* auf

1 Die Helmstädter Fakultät erklärte eine solche Scheltung frei von Injurie. Leys. sp. 548. Med. 7.

den Teufel. – – Er verfiel auf etwas anderes, auf ein dem viergehäusigen Menschen-Ich nächstes Ich – auf die *Laus*.

Als ihm das einfache Vergrößerungsglas gebracht worden: sah er sich – wie ein Dedikator – nach dem Gegenstande zum Vergrößern um. »Mein Söhnchen«, sagt' er, »ein Pediculus, den du uns abgeben wolltest, würde für uns alle ein Lehrer sein, oder auch einige Pediculi.« Gotthelf guckte ihm ohne die geringste Anstalt zu einer Antwort ins Gesicht. »Söhnchen«, fuhr er fort, »zeige deinen Kopf!« Dieses hielt ihn vor ihm unter. »Sehr scharmant« – rief der Teleolog – »ich halte etwas fest, gleichsam die Petit Schwabacher von Gottes Schrift im Buche der Natur, einen homunculum auf dem homine, einen winzigen Fingerkalender der großen Ewigkeit.« Nun steckte er den homunculus auf eine feine Nadel vor dem Vergrößerungsglase und bat die Gesellschaft, sowohl das Tier zu betrachten als die Schlußketten, die sich aus demselben ziehen ließen – ferner ließ er bemerken, wie eben das Kleinste gleich dem Zwergbaum das größte Obst abwerfe – dann wollt' er bemerkt wissen, daß der homunculus, die Laus, durchsichtig sei und nichts Festes zeige als den Magen, der sich bald größer, bald kleiner ziehe – und endlich bat er, noch einen göttlichen Fingerzeig oder Zeigefinger nicht zu übersehen, den nämlich, daß Mohren schwarze Läuse besäßen, Brünetten brünette, Blondinen blonde; denn so sehr auch erstlich der Schöpfer durch gleichartige Farbe des Gewildes und des Bodens, z. B. bei Hasen, Raupen, Rebhühnern, für die Sicherheit durch ihre Verwechslung mit der Farbe des Bodens sorge und folglich hier auch, so sei doch, da das Wesen auf dem

Menschen selber sitze, noch mehr darüber auszudenken; denn sobald man betrachte, daß dem Menschen (wie dem Deutschen) nichts ekelhafter und abscheulicher vorkomme, als was ihm gerade am nächsten und ähnlichsten liege – (hier berief er sich auf Gerüche, Läuse, Verwandten, Affen u. s. f.) – und zwar darum, weil uns der Schöpfer auf unsere Erbärmlichkeit hinführen wollte, so sei es Wohltat des Schöpfers, daß er uns den Anblick solcher Spiegel-Dinge durch ähnliche Farbe mit unserem Kopfe erspare, und so habe Gott auch an dem vorstehenden blonden Kindeskopfe seine Güte dadurch bewiesen, daß keine brünetten Läuse darauf zu sehen, sondern leicht verwechselbare blonde.

Erst da der Star »Dieb!« sagte, kam er wieder zu sich und fragte nach dem Preise des Pasquillanten. »Ach Gott«, versetzte die Voglerin, »wenn Euer Ehren ihn nur nähmen! – – Nur für meinen Sohn da will ich mir etwas ausflehen, es möchte nämlich eine *Inskription* zu einem Studenten sein.« – Als der Rektor nach langem Mißverstehen endlich begriff, daß sie jetzt schon eine begehre: packte er in der Wein-Laune wirklich einen solchen gedruckten lateinischen Inskriptions-Bogen aus, worin dem Namen leerer Raum gelassen war, und reichte ihn Helfen mit dem Befehle, seinen hineinzuschreiben oder zu inskribieren. Fibel schrieb sich belebend zwischen gedrucktes Latein; der Rektor unterschrieb nichts, sondern ermahnte nur eifrig zu allen gelehrten Sprachen und Studien. Ja der Pfarrer las ihm das Blatt in einer guten Übersetzung vor.

Mutter und Sohn kehrten als Selbst-Ehrensäulen, als lebendige Krönungs-Kinder nach Hause, wohin sie sich sehnten, um einander an den Hals zu fallen. »Ach Gott sei Dank«, sagte die Mutter weinend, »daß ich einen Studenten geboren habe.« »O ich möchte«, rief er, »vor Freude die Abendglocke läuten, damit nur die Bauern zusammenliefen und meine Inskription durchläsen! Oder ich könnte sie auch deutsch vormachen; denn sie verstehen zu wenig von der Sache.«

»Aber die *Wildmeisterin* muß es in einer halben Stunde wissen.«

Die Sache bekommt sehr leicht Licht, wenn ich fortfahre. Nämlich im Fangwalde seines Vaters stand ein einsames Jägerhaus, worin nichts wohnte als der verwittibte Jäger mit seiner einzigen Tochter, welche man jetzt schon in ihren unreifen Jahren die Wildmeisterin nannte, weil sie dem Jagdmann Hausfrau, Haushofmeister, Ratskollegium und alles war, was er brauchte, um ruhig zu schießen und zu schnarchen. Diese Wildmeisterin – *Drotta* – hatte Helfen schon in der Kindheit, wenn sein Vater im Walde Finken durch Aneinanderleimen fing, auf schönere Weise an ihre Psyches-Flügel geleimt, weil er immer zu ihr hineinsprang. Sie hatte aber den Fehler, den sie lange fortsetzte, daß sie ihren jungen Siegwart häufig ausprügelte, eine Sache, für welche er aus Geschmack so wenig war, daß er am Ende nur auf den *Waldberg*[1] ging, von welchem aus er geradezu in die Fenster des Jägerhauses und auf den Spielplatz sehen und alles finden konnte, was einem Herzchen Flügel und Flammen gibt. Er war aber bei aller Biegsamkeit von keiner Liebe jemals abzubringen; in Buchstaben und Menschen nun

1 Soviel ich aus meinem Fenster sehe, ists ein mitten aus dem Walde aufsteigender runder Bergkopf.

hatte er sich einmal verschossen und unter letztern besonders in Drotta; kein Teufel zog ihn vom Alphabet, kein Engel oder Geliebter von der Liebe ab.

– »Ich bin ein Studiosus. Guten Abend!« rief er der im Walde und im Osterputze einsam flickenden Drotta zu und hielt ihr den Einschreibe-Bogen aufgeschlagen entgegen. Sie fand wirklich seinen geschriebenen Namen mitten im Hofzirkel gedruckter und lateinischer Buchstaben regierend und sagte: »Ei!« – »Höre Sie aber!« fuhr er fort; und verlas ihr das ganze lateinische Studier-Patent langsam ohne sonderliche Prosodie. »Schön!« sagte sie, »aber das muß doch etwas heißen?« Er verdolmetschte (linde Laute!) ihr das Latein – denn er selber konnte keines – stellen- und gedächtnisweise, nach des Pfarrers Übersetzung, zu welcher er jedesmal irgendeine lateinische Zeile des Textes beilas, nur daß zu seiner an sich richtigen Übersetzung niemals die vorgelesenen Zeilen einpaßten, sondern entweder zu früh kamen oder zu spät. Als er aber gar erklärte, daß aus einem Studenten, gleichsam als aus einem Vexier-Menschen, gewöhnlich alles Vornehme würde, was man nur wollte, was mußte da nicht erst das Mädchen sagen? – Eigentlich nichts; sie war so langsam im Glauben als schnell im Handeln. – »Wer von uns hätte gedacht, daß Er so viel würde? Vergess' Er nur Seine alten Freunde nicht darüber!« – Sie schied von ihm mit ungewöhnlichem Ernst; vielleicht auch darum, weil sie gerade diesen Abend 14¼ Jahr alt wurde.

Aber wie war nicht Fibel an diesem Osterfeste aus allen alten Gräbern auferstanden und nach mehreren Himmeln vorausgefahren! Des Pfarrers Spaßrede, er müsse nun alles lernen, war Salbe für ihn. Der Universitäts-Bogen und das Schmarotzer-Tier, das Peter Pindar[1] zum Achilles und Aeneas eines Heldengedichtes gemacht, erhoben ihn zu einem Helden. In der ersten Woche lernte er griechische Werke lesen (vom Pfarrer borgte er sich die Grammatik dazu); – im zweitem Monate lernte er das Hebräische und las das Alte Testament in der Ursprache; – im dritten das Syrische; – im vierten und fünften das Arabische. Die sämtlichen Sprachlehren waren vom spaßhaft-gefälligen Pfarrer zu verleihen. In diesen vier Sprachen konnte er zum Erstaunen des ganzen Hauses jedes Buch lesen, das man ihm vorlegte; ja einmal assekurierte der Pfarrer öffentlich die Sache. Natürlicherweise verstand er nicht ein Wort von dem, was er vorlas; aber der Stoff ging ihn, wie einen Dichter, nichts an, sondern nur die Form. Desto reicher fiel sein reiner Genuß an den orientalischen Sprachen aus, weil deren Lettern-Formen und Selbstlauter-Untersätze sie weit über alle neueren Sprachen hoben. Indes wollte er sogar in Wörter-Gelehrsamkeit nicht zurückbleiben, sondern lernte aus einem alten guten Werke, das ich selber in meiner Jugend ohne Nutzen gelesen, in sieben Wochen das mexikanische, arabische, isländische, englische, dänische, grönländische, französische Vaterunser auswendig; dann in jeder spätern Woche wieder ein fremdes, kurz ein linguistisches Paternoster; so daß er schon vor Adelung im Mithridates ganz den nämlichen Sprachforschungs-Weg betrat. Dadurch setzte er sich instand, vor dem Essen bald als Hottentott, bald als Türke, bald als Franzose seine Andacht zu verrichten; dem Himmel selber, der alle

1 In der Lousiade.

Sprachen versteht und vernimmt, konnt' es gleichgültig sein, welche er nehme. Fibel war jetzt überhaupt ein ganz anderer Mensch.

Glücklich ist der Knabe, dem früh genug der begeisternde Geist begegnet, der ihn plötzlich über die langweilige breite Wüste der Versuche hinwegwirft ans Ziel und ihm für immer nachleuchtend stehen bleibt, das wankende Jugend-Herz ausstärkend wie ein Prophet sein Volk! – Nur in der Jugend rollt das Glücksrad, später knarrt das Pflugrad, und mühsam-langsam gibt die Furche, was der Glückstopf reichlich ausgießt.

Gleichwohl schien das Schicksal jetzt noch nicht alles mit allen Gerüsten vorbereitet zu haben, um aus Fibel das zu bauen, was er nachher geworden, einen Baumeister eines neuen alphabetischen Gebäudes.

7. ZWIRNWICKLER

Der Smaragd

Der alte Vogler ließ jedem, also auch dem Sohne seinen Lauf und Flug; man kann, sagt' er, nichts anders werden, als was man ist, und wens treibt, der heckt, und da mag er von seinen Eiern leben. Auch hatt' er, wie jeder gemeine Mann, eine anbetende Hochachtung für Geschriebenes, vorzüglich Unlesbares. – »Und es schadet ja einem Soldaten nichts, wenn er auch noch so viel weiß und sein tartarisches Vaterunser versteht.«

Dafür aber hatt' er eine andere Sorge. Da seine Frau bisher dem Erstgebornen immer einen stärkern Nachtrab von Verwandten nachgeboren, die ohne Namen die

Welt verließen, weil sie ohne Leben auf sie kamen; und da sie einmal Zwillinge, dann einmal Drillinge geboren und begraben, so machte Siegwart, besonders nach den jetzigen Schwangerschafts-Nöten, sich auf nichts gefaßt als auf Vierlinge – vier letzte Dinge auf einmal, auf einen Postzug, der ihn leichter in die Tiefe als in die Höhe zog. Ein schwacher Ersatz war es, daß sie nicht getauft wurden; sie mußten doch immer so gut begraben werden wie der echteste Christ.

In der Tat ists auf der einen Seite hart, daß gerade die Armen – nach allen Bemerkungen der Ärzte und Naturforscher – die meisten Kinder nicht nur nacheinander, sondern auch auf einmal bekommen – zumal wenn man die dürftige Wiege, die Wickelschnur und die Brust und die Kasse berechnet, die nun wider Erwarten sich in vier Teile und Zöglinge zerteilt. Aber auf der andern Seite ists eben trefflich, daß gerade hier das Gesetz sich *menschlich* wiederholt, welchem zufolge im Reiche der Tiere die verfolgten und furchtsamsten, z.B. Fische und Hasen, die fruchtbarsten sind, so daß sich ebenso im menschlichen Reiche die Untertanen mehr vermehren als die Oberherrn.

Als das Entbinden Engeltrutens anfing, ersah Siegwart schon aus zwei toten Zwillingen wie an Vorläufern, was nachkomme; und ging den kleinen Leichen aus dem Wege und in den Wald, seine Seelen-Freistatt, und überlegte die Stol-Gebühren.

– – Ständ's nicht im *Zwirnwickler* beglaubigt: so müßt' ich mich schämen, der Welt die Seltsamkeit zu berichten; aber diesmal gleicht das Wickelpapier, um welches eine Frau ihre Garnkugel aufgezwirnt hat, dem naturphilosophischen Schreibpapier, welches die Schreiber zum Granitkern der Weltkugel machen. Die Sache ist wahr:

Als nämlich der arme Vogler, der bisher nichts Außerordentliches erlebt hatte, als was er selber gezeugt, sinnend saß: hört' er sich oben im Blau mit menschlichen, obwohl ausländischen Worten anreden: filou, bourreau, diable sacre etc.; und zu gleicher Zeit fiel ein goldner Ring vor seine Füße nieder. Er hob ihn auf und sah in die Höhe; – ein grüner Vogel, so groß wie ein Papagei (wahrscheinlich auch einer), flog über ihn hin und nahm mit dem Antritts-Gruße filou Abschied. Aber vermutlich war der Vogel selber, so wie die Elstern, Dohlen und andere sprachkundige Vögel, welche gern zwei benachbarte Gebote, das 8te und das 7te, zugleich übertreten, der Haus-Dieb des Ringes gewesen. Gott weiß aber wo. Als Siegwart den Ring näher besah, fand er etwas in ihm, was er zum Zauber-Ring und Fischer-Ring seiner ausgeleerten Zukunft machen konnte, nämlich einen in kleine Brillanten gefaßten unschätzbaren Smaragd, wiewohl freilich der im Kloster Reichenau von 28¾ Pfund größer ist.[1] Vor Überraschung verhörte er, was der Vogel noch pfiff; im ganzen schiens ein sehr unregelmäßiges springendes Durcheinanderpfeifen der verschiedensten Vogelweisen.

Mit diesem grünen Stein der Weisen ging er eine Viertelstunde im Walde auf und ab, um sich einen Gebrauchszettel desselben zu entwerfen. Dieser lief auf einen Nicht-Gebrauchszettel hinaus; er wollte der Frau kein Wort davon sagen – Fibeln ohne Golddünger aufschießen lassen zum Rekruten oder auch zum Schreiber

1 Von Karl V. geschenkt. Keyßlers Reisen.

und nach nichts in der Welt mehr fragen als nach seinen Vögeln. Nur einen Aufwand wollt' er machen, sich einen Papagei kaufen, als den Chorführer oder schottischen Meister und Lehrer der untern Klassen des Sprachgevögels.

Ruhig trug er seine Theaterkasse künftiger Spiele in seinem Pfeifenkopfe mit Deckel nach Hause. Doch da das Feuer seiner Augen graue Asche geworden war – bei ihm ein Zeichen entweder der Entrüstung oder der Entzündung –: so erriet ihn doch die matte Mutter von vier Leichen und fragte, was ihm fehle. – »Nichts«, sagt' er.

Ich wollte, man könnte öfter so wie wir Lebensbeschreiber den Menschen in der ersten Stunde beschleichen, wo er in die Goldgrube einer goldenen Zukunft fällt. Großes Glück ist die Feuerprobe des Menschen, großes Unglück nur die Wasserprobe; denn jenes schließt die Zukunft auf, dieses nur zu; und folglich zeigt nur jenes das keckere Herz in mehreren und freieren Bewegungen.

Als Siegwart ruhig die quadrinomische Wurzel in die Erde gesenkt (die Leichen-Vierlinge), gleichsam die vier Ahnen, die man in Adelsbriefen einem Bürgerlichen unterbettet: untersuchte er den goldnen Ring genauer; die Jahrszahl 1666 konnt' er lesen, aber nicht die Zuschrift: pour l'amour de mon Dieu et de ma Déesse Ph. Ch. Th. Er brach nun das Gestein aus dem Golde (wie Bergleute Gold aus dem Gestein), weil er den Juwel wollte schätzen lassen, ohne die Ringschrift irgendeinem Spitzbuben zu zeigen, der zum ganzen Eigentum sich als Eigner angetragen hätte. Nach mehreren Wochen trug – als er nur allein zu Hause war – ein Kleiderjude den Handelsack seiner Trödelbude in sein Haus, um einige Lumpen zu erhandeln. Siegwart führte ihn ins zweite Stockwerk und erschreckte den Handelsmann ordentlich mit dem Frühlingsglanze des Steins. Da der Jude verhoffte, er habe ihn gestohlen, so wünschte er am Diebstahle teilzunehmen und bot zwei Taler – dann sogleich das Doppelte, weil Siegwart lachte – dann das Dreifache und schwur, er tue es bloß, weil er den Stein als Arznei gegen einen eingeseßnen Magenkrampf einzunehmen vorhabe. »Noch einen, den letzten Taler!« rief er und verschluckte vor dem angaffenden Vogler den Stein.

Siegwart faßte vor der Hand erst des Juden Rechte und Linke und sah ihn mit erloschenem grauen Blick ins spitz-eckige Gesicht. Dann drückte er ihm die Gurgel zu und sagte, während der Patient schwarz anlief wie eine Trauerschnalle, er werde ihn entweder erdrosseln oder das Genicke brechen, sobald er rufe und nicht stillhalte, bis er den Stein wieder aus ihm herausgeholt. Der stumme Jude bot alles, was er von Professor Engels Mimik besaß, auf, um Ja zu sagen. Darauf nahm Siegwart aus dem Gesangbuch seiner Frau eine schöne Pfauenfeder – wie auch auf großen Tafeln Pfauenfedern mit Silber-Griffe zu gleichem Gebrauche bereit liegen –, spannete ihm den Mund stark über die natürlichen Schranken auseinander und scheuerte und krauete mit der weichen Feder linde die Zungenwärzchen, den Kehldeckel und Schlundkopf des Schnurrjuden, um dessen Magen zu umgekehrten Bewegungen und zur Edition eines so wichtigen Dokuments anzuspornen. Der Jude bewegte sich zwar heftig, doch kam nichts, sein Magen hatte so gut wie ein Ring den Stein gefaßt, und der Smaragd wurde ein Ladenhüter, der nicht abgehen wollte. Endlich sagte der

Jude, wie wär' es auch anders möglich, da er seit gestern keinen Bissen über die Zunge gebracht und nichts im Magen habe als das Steinchen. Hierauf reichte der Vogler ihm den nächsten Stettinerapfel, der auf dem Kleiderschrank stand, und einen Schluck reines Wasser, worin sich die schönsten Blumen schon wochenlange erhalten hatten. Sobald der Steinfresser die Henkers-Mahlzeit hinunterhatte, setzte der Vogler seine Feder wieder an, um jene wieder emporzuheben und damit den wichtigsten Impost des Hafens. Endlich gelang es der Feder, wie einer diplomatischen, dem Raubnest des Magens einen Zessionstraktat abzupressen. Mit weißen Farben und kühlen Schweißen und Magenkrämpfen zog der Jude von dannen.

8. JUDAS-KAPITEL

Der Markgraf

Jeder danke Gott, der den großen Diamant Pitt nicht in der Tasche hat oder im Ohrläppchen oder am Ringfinger; weil ein Leben, worin man jede Minute fürchten müßte, ein Königreich aus der Tasche oder aus dem Ohr zu verlieren, wohl ein wahres Galgenleiter-Leben wäre. Der Schnurrjude hetzte dem Vogler die benachbarte Judenschaft auf den Hals, deren Prozession der Hofjude unter dem Deckmantel eines Wachtel-Kaufs beschloß. Da Neuigkeiten leichter als Klagen, weil diese eben selten jene sind, zu Fürsten-Ohren auffliegen: so vernahms auch der Markgraf. Er ließ den Vogler holen. Engeltrut glaubte, man rädere ihn am Hofe, Gotthelf aber, man adele ihn wohl; nur Siegwart vermutete, man wolle den Stein, und nahm ihn mit. Er hatte Mut vor Land- und Reichsgrafen; ein Markgraf, sagte er, führt so gut seinen Steiß bei sich als ich selber. – Aber nach den neuern Logikern zieht er daraus eine Fehl-Schluß-Kette. – – Ich will hier niemand unterbrochen haben, wenn ich bloß sage, daß es mit dem Anwuchse der Zeit weniger Irrtum und mehr Irrtümer, weniger Fehlschlüsse als Fehl-Schluß-Ketten geben müsse.

Der Markgraf war ein lustiger junger Herr. »Nun, mein lieber Kriegskamerad, wie ich höre, so . . .« Sogleich zog dieser ohne weiteres den Ring heraus und sagte: »Da ist er, der Ring!« Den Fürsten erfreute die Krieger-Keckheit und die Entfernung von den kleinlichen Sargdeckeln, hinter welchen die Lebendig-toten erst die Sachen abwarten wollen. »Ihr, lieber Korporal, könnt den Juwel zu nichts gebrauchen, ich entdecke vielleicht an Höfen den Besitzer; wieviel wollt Ihr mit *einem* Wort?« – »Ich bitte um so viel Souverains, als Tage im Jahr sind«, sagte Siegwart, »nämlich um *halbe*, denn ich weiß wohl Tag *von* Nacht zu unterscheiden.« – »Doch viel!« sagte der Fürst. – »Ich habe nämlich« (sagte der Mann) »366 Tage nach dem Schaltjahre gemeint, weil man doch nicht wissen kann, wann eines einfällt.«

Der Fürst holte und legte lachend ihm selber den Goldhügel von 366 halben Souverains in die Hand und wünschte den Vogler bald wieder zu sehen.

Dieser nahm unterwegs bloß den halben Schalttags-Souverain heraus, um ihn zu Hause vorzuweisen als Fürsten-don gratuit und damit den Schatz und Gang zu verstecken. – Im Dorfe selber halfs ihm wenig; in den höchsten Häusern, von Sakristei und Turm bis zum Hirtenhaus, wurde wochenlang davon gesprochen, daß der Markgraf ihm das Leben und einen halben Souverain geschenkt.

9. PFEFFER-DÜTE

Der alte Siegwart

Will etwan das Schicksal allegorisch mit mir spielen, daß es mir des Voglers Gold-Grund gerade in Pfeffer-Düten zuschickt? Denn was können die Dorfjungen dafür?

In der Tat nistete er jetzt in einer Laube von Pfefferstrauch. Seine Goldgrube von 365 halben Souverains hatt' er selber wieder eingegraben; was damit anzufangen und auszumachen sei, dies konnt' ihm nicht einmal ein Freihafen beantworten, der ein Marktplatz der seltensten Vögel ist; denn nach diesen und ihren Verkaufs-Preisen fragt' er jetzt als Reicher weniger.

Am Ende wurd' er, nach gemeinem Ausdrucke, melancholisch; ihm preßte die metallische Einspritzung mit Gold die lebendigen Adern auseinander. Er setzte sich aus dem alten Siegwart fast in einen gedruckten Roman-Siegwart von 1775 um. – Er hatte jetzt Tage, wo er so viel sprach wie einer seiner besten Vögel, und wo er einem mexikanischen Vaterunser Gotthelfs zuhörte. – Er besuchte an heiligen Tagen statt der Dörfer die Kirche, wo er sehr schlief. – Seinen Sohn stempelte er nicht mehr zum Soldaten, sondern er sagte: der Balg mag werden, was er will. Kurz die alte Bleikugel, die ihm seit dem Kriegs-Abschied im Leibe herumzog, wurde vom Goldklumpen, der ihm im Kopf herumging, spezifisch überwogen. Die Bleikolik schneller Armut frißt nicht so viele Kräfte weg als die Goldkolik schnellen Reichtums. Aus solchen Veränderungen – denen gleich, die ein Geizhals erlebt, wenn er zu schenken anfängt, oder ein Wahnsinniger, wenn er wieder zu seinen Sinnen kommt – konnte die Welt schließen, sein Tod sei nahe. Seltsam ists, daß der ausländische Engel, der uns Irdischen die Erdentracht abzieht oder abbricht, schon von ferne durch sein Annahen sogar am innern Menschen verändert; wie mag er erst einreißen und umformen, wenn er dicht am Sterbebette steht, und nachher!

Man weiß nicht bestimmt, wem er den Traum – denn seine Frau wußte ihn nicht – erzählt hat, den er am Abend gehabt, als er mit dem Golde des Fürsten heimkam: »Ein schwarzer Papagei flog mit dem Ring im Schnabel auf ihn zu; und fragte: kennst du mich? Ich bin der Totenvogel. Du lebst noch so viele Tage, als ich dir neulich Goldstücke vom Fürsten gebracht: bestelle dein Haus!«

Er bestellte nichts, er sagte: jeder sorge für sich, kanns der Ratgeber, so kanns ein anderer Narr auch. Es dauerte aber nicht die 365 halben Souverains oder Tage hindurch, so warf ihn ein schnelles Ermatten auf das vorletzte Kopfkissen.

Nach einer siechen Nacht raffte er sich wild, aber leichenweiß wieder auf und wankte in den alten Fangwald hinaus, wahrscheinlich um die untergeackerten Souverains zu befreien. Dies wird noch dadurch viel glaublicher, daß er im Dorfe umherschlich und alle zum Begraben nötige Dienerschaft vom Pfarrer bis zu den Trägern voraus besoldete, damit nachher seinen beiden Leuten durch keine Unruhe das Trauer- und Familienfest verkümmert würde.

Darauf bestellt' er sich auf Abend einen Sarg, bloß mit Bretterfarbe, ohne darangepinselte Lebens-Schlußvignetten und Nachtstücke; er wolle, sagt' er, lieber in einem liegen als einen riechen. Er kam so matt nach Hause, daß er kaum einen Rosenstock aus dem zweiten Stockwerk in ein Wandschränkchen seiner Schlafkammer hinuntertragen konnte. Bald darauf kam der bestellte Schulmeister als Notar mit Testaments-Zeugen nach, vor welchen er testierte und schwur, sie hätten für das erste nichts aufzuzeichnen – denn alles, wie es gehe und stehe, gehöre seiner Frau –, sondern sie hätten bloß das Wandschränkchen mit gutem gerichtlichen Siegellack zu verpetschieren. – Darauf befahl er, als sie es tun wollten, der wieder hereingerufenen Frau, dem armen Rosenstocke vorher so viel Wasser zu geben, daß es oben und unten wieder herausliefe, was sie denn ganz vollzog mit einem Überschuß von warmen Tränen. Endlich aber ließ er ein geschriebenes Testament aufsetzen, das nicht früher als das Wandschränkchen zu erbrechen sei, nämlich erst wenn Gotthelf sechzehn Jahre (heute noch nicht funfzehn) alt geworden.

Nach Abgang der Todessiegel-Bewahrer griff der Vogler in die Tasche und zog 7 (halbe) Souverains heraus und gab sie wie 7 Brote dem Familienpaare mit der Bemerkung, daß man damit schon, wenn man arbeite, auslangte bis zu Eröffnung des Wandschränkchens; wobei er noch dem stumm-zerfloßnen Sohne das Versprechen, ein *Skribent* zu werden wegen seiner netten Hand, abnahm, das Gotthelf vielleicht auch ohne Verwechslung eines

Schreibers mit einem Schriftsteller gegeben hätte; denn der Mensch verspricht aufrichtiger den Scheidenden – sie mögen nun in die Erde oder um diese reisen – als dem eingewurzelten Nachbar! Und dies nicht etwan in Hoffnung, daß die Abwesenden nichts fodern und rügen, sondern weil man vor ihren verklärten Bildern desto mehr von sich selber in ihrem Namen fodert.

Jetzt schon weinte Engeltrut wie eine Regenwolke; dann aber gar wie ein Wolkenbruch, als der Tischler der Menschen kleinstes Haus brachte – worin man jedoch, wie ein Emporkömmling, täglich ein größeres macht, weil man es täglich durch verkleinerndes Einstäuben geräumiger einrichtet für einen neuen Gast von Wurm. – Der Vogler dingte dem Tischler ein Drittel des Sargpreises – des Preises für die nicht-gemalten Gemälde – zum Erstaunen des Tischlers und aller ab, wiewohl sich noch untersuchen läßt, ob nicht eben ein *lebendiger* Sarg-Sasse und Konklavist etwas herunterbieten könne. Er ließ sich seine Montur anziehen und damit in den viel zu schmalen und kurzen Sarg (der tischlerische Dieb hatte auf einen Mann ohne alles Gefühl gezählt) einschachteln; geschworen mußte ihm dabei werden, daß keine Totenfrau ihn anrühre oder gar wasche für ein paar Würmer, die selber nicht reinlich leben. Verfasser dieses muß schon irgendwo anders die Abneigung bemerkt haben, welche die meisten Männer gegen Totenfrauen (Leichenweiber) und Wehmütter hegen, vielleicht weil sie dem Zwischenreiche der beiden in das Leben und aus dem Leben führenden Frauen ungern ihre männliche Machtvollkommenheit unterordnen; denn gegen Leichenbesorger und Geburtshelfer hätten sie wohl weniger.

So sehr das Volk auch Abendmahl, wie Testament, für eine Selbstverschreibung an den Tod ansieht: so konnte seine zerronnene Frau ihn doch nicht in dieser *freien* Wohnung liegen sehen, ohne ihn zu *freier* Kost zu bereden, zum Abendmahl. Er wollte aber lange nicht, bis er endlich sagte: der Pfarrer möge kommen, wenn man ihn vorher eine halbe Stunde allein gelassen, damit er sein letztes Haus-, Heil- und Stärkungsmittel versuche.

Engeltrut sah und hörte ihm unter dem Gebrauche dieses Mittels heimlich zu durchs Schlüsselloch ...

– Die sächsische Zensur könnte – so liberal sie auch gegen das sei, was Meß-Fuhrleute bei schlechtem Wetter auf dem Wege sagen – letztern nicht erlauben, mein Buch auf eine Messe zu fahren, wenn ich auch nur *eine* Seite mit den Flüchen anfüllte, welche der Vogler ausstieß im Sarg. Er stellte sichs so lebhaft vor, er stehe in voller Blüte auf keinem engern Felde als dem Schlachtfelde, und zwar als Korporal vor seinen Leuten, daß er unter dem Schwunge der längsten Arme und dem Ballen der magersten Fäuste entsetzlich fluchte und sakramentierte. Der Fluch-Orkan sollte ihn etwas stärken, hatt' er gehofft. Aber der alte heiße, sonst eisenhaltige Sprudel überlegte ihn diesmal bloß mit einigem Mattgold nachglänzender Zeit, und er sank kränker ins enge Haus zurück. Er fühlte, im Krieg sei mehr Geselligkeit; gemeinschaftliches Kämpfen – Siegen – Sterben und geselliges Übereinanderfaulen.

Engeltrut holte den durch sein Sakramentieren desto nötigern Beichtvater samt dem Sakrament. – Nach dem Abendmahl sagt' er: »In dieser Nacht fahr' ich ab, und eßt vorher.« – »Ach Vater!« sagte Helf. – »Nun so leistet mir noch einen christlichen Liebesdienst!« sagt' er. Er ließ sich seinen Leibvogel (bloß ein Kanarienmännchen) auf die Brust setzen – dann sollte die Frau entweder ein weltliches Schlemper- oder ein geistliches Kirchenlied singen, und der Sohn zuweilen auf eine Soldatentrommel klopfen, damit alle seine Vögel auf einmal anfingen zu pfeifen. Nach der Bitte zog er selber mühsam seine Mütze über die Augen herein bis an den Mund und sagte: »Adje!«

Als der Sohn auf die Trommel schlug, und die Mutter ein Kirchenlied sang: legten die Sangvögel ihren ganzen Ton-Markt aus, die Sprach-Vögel warfen ins harmonische Wettrennen alle Schimpfworte der Menschen, und der Kanarienvogel sprang auf der untergehenden Brust umher. »Es ist halt Welt«, murmelte Siegwart unter der Mütze. Die Mutter sang fort, ergriff aber damit sich selber hart, und sie mußte noch die väterliche Hand dem Sohne ins Gesicht fest drücken, der seine Hände für die Trommel-Klöppel brauchte. »Es ist halt Welt«, sagte der Vogler, aber mit viel anderem Tone als vorher. Die Wogen rauschten ihm lauter, womit der Raubfisch ankommt, welcher den Menschen verschlingt. Aber der Traum seiner Kriegs-Jugend erleuchtete das Totenmeer mit seinem Glanz, und er rief: »Drauf und dran!« und drückte den Kanarienvogel auf der Brust entzwei. »Sie pfeift!« sagt' er endlich, und dieses war sein letztes Wort; – aber niemand weiß, ob er damit seine Nachtigall oder eine Schlachtfelds-Kugel gemeint. Kurz darauf wurd' er still und war tot.

Die Frau bemerkte es zuerst und fuhr über ihn her mit schreienden Schmerzen. Der Sohn trommelte fort, weil er ihn wegen der offenen Augen noch für lebendig ansah.

Seine Mutter drückte sie zu und ging zur Finsternis in ihr Kämmerchen zum Weinen. Jetzt durfte Gotthelf dem stillgemachten Krieger, ders sonst nie litt, die aufgesparten Sehnsuchts-Küsse vieler Jahre geben; und eine unersättliche Liebe küßte zum letzten Male. Darauf ging er – weil der Vater der Mutter befohlen hatte, zu essen – in die Küche, schürte das mit dem Sterben ausgegangne Feuer wieder an und kochte unter solchen Umständen das Ei (es war das Abendessen) gut genug, wenn man bedenkt, daß in der Stube des tauben Voglers alle seine Leib-Vögel munter forttrompeteten und ihre Maie, Junis und Julis sangen, und daß dem Kinde das Herz zerrann.

So wenig der alte Soldat uns sonst anging – z. B. in der Fensterscheibe –, so ists doch, als nähmen wir jetzt Anteil an ihm. Wie kurz ist das Sterben gegen das Leben! Aber eben die Kürze gibt das Gewicht. Zweimal zeichnet sich jeder Erdensohn vor allen Zuschauern aus, 1) wenn er hier ankommt, 2) wenn er fortgeht. Auch gibts noch keine Mode zu sterben, jeder stirbt originell.

Doch nunmehr lasse der Alte sich zudecken von Holz und Gras. Es gefällt mir sehr, daß zufällig eine Rotte singender Soldaten durchs Dorf zog und so etwas von militärischem Begräbnis ihm nachwarf.

Als der Vater einige Fuß tief als ein ganz unbekannter Mann in die Erde einsank und der Sohn bedachte, daß dies so viel sei, als habe man den Mann durch die halbe Erdkugel durchgesenkt, besonders da er auf deren Rinde keinen eingeschnittenen Namen nachgelassen, nämlich im Heiligenguter Adreßkalender keinen: so war es ihm, als habe alle Welt, nicht bloß er, einen Vater auf immer verloren, und es quälte ihn sehr; und er schwur am vollen

Grabe noch einmal den Testaments-Schwur, den freilich Siegwart anders gemeint: »bei Gott, er werde ein *Skribent*« und schreibe, damit nur durch seine gelehrte Feder sein armer Vater weit und breit bekannt werde, bei Gelegenheit seiner selber.

10. JUDAS-KAPITEL
Still-Leben

– Und hätte eine Familie ein Dutzend Tränenkrüge voll geweint: stets wird, wenn ein Hausvater, der über sie einen etwas dicken und langen Zepter hingehalten, aus ihr scheidet, sogleich nach den ersten Tagen ein eigenes Wohlbehagen den Trauerbund umfließen, weil der Bund jetzt selber mit dem zurückgebliebenen Zepter in der Hand herumgehen kann; bei jedem Schritte stößt er auf Lust, nämlich auf einen nicht mehr verbotenen Schritt.

Durch das ganze Siegwartische Haus fächelte dieses frische Mai-Wehen.

Die halben Souverains freilich gaben dem durchziehenden Zephyr viel ausländische Blütendüfte mit. – Hier aber sei mir vom guten Leser eine kleine Bequemlichkeit vergönnt, daß ich nämlich, da ich sonst das Wort in so vielen Kapiteln zu oft schreiben müßte zu meiner unsäglichen Langeweile, künftig überall in jedem Kapitel, wenn ich hinsetze Souverain, darunter nur stets einen *halben* verstehen dürfe. Hat doch Thümmel sogar den *lebendigen* Souverains ähnliche Titulatur-Abkürzungen vorgeschlagen zum Vorteil ihrer Kanzellisten!

Sogleich nach der Leichenbestattung mußte in der

Haushaltung, wie in jeder, jemand da sein, der den ordentlichen Hausvater und Ehemann vorstellte; Helf versprach, dergleichen vorzustellen, doch ohne Nachteil seiner Studien. Deshalb setzt' er sehr bald die Siegwartsche Ledermütze auf als Hauskrone, hackte das Holz – und kleiner dazu als der Vogler –, holte jeden Abend aus dem Miet-Beete Souper-Kartoffeln und stellte sich abends häufig unter die Haustüre und sah ernst ins Dorf hinein. Jeden Abend besah er mit der Mutter das Wandschränkchen und dessen Papier-Riegel und Siegel-Schloß aus Vorsicht. Da er als Hausvater immer – oder er war ein Mensch ohne Erziehung – den nötigen Taler Geld in die Haushaltung zu schaffen denken mußte, so ging er von Zeit zu Zeit in die Stadt, um den Souverain umzuwechseln, der eben nach Abgang des alten die Regierung antrat. Den neuen verwahrte er gut in seiner Schweinsblase – die auf dem Lande der Beutel der Männer ist, wie ein hölzernes Schraub-Büchschen der Beutel der Weiber –; er zersetzte in der Stadt bei dem Schnurrjuden Judas – eben dem Patienten, der den Smaragd als krampfstillendes Mittel gebrauchen wollte – das Gold ins kleinste Silbergeld, das ihm Judas mit Freuden gab, da er sah, wie gern der junge Mensch einen recht vollen Beutel mitnahm; und jener lösete freiwillig *einen* volksrepräsentierenden Souverain in den vielzähligen Münzen-Pöbel auf. – Zu Hause schüttete Helf aus der Blase einen hohen Kreuzer-Berg – Kein Fürst weiß, wieviel 4 Tlr., 4½ Gr., 3 Pf. sind, aber wohl ein Heiligenguter, nämlich fast eine unermeßliche Summe. In die ersten Tage nach dem Regierungs-Antritt eines Goldstücks fiel ein goldnes Zeitalter;

dann kündigte ein silbernes, eisernes, papiernes das Versilbern eines neuen Souverains an. Nur Weiblichkeit und Jugend erklären durch ihre Hoffnungs-Kraft ein solches in den Tag Hineinleben, das sich unter der allmählich aussterbenden Heptarchie (Sieben-Herrschaft) der sieben Souverains auf die ihnen noch unbekannte Ausbeute des Wandschränkchens verließ. Es sei ihnen vergönnt!

Sein 15tes Wiegenfest fiel zum Glück gerade gegen die Zeit, wo sie vom verwechselten Souverain nichts mehr hatten. Geburtstage waren wichtig – da an seinem 16ten das Guckkästchen ihrer Zukunft, das Wandschränkchen, sollte geöffnet werden –; daher ging er am Tage vorher mit dem Goldstücke und mit dem Auftrage in die Stadt, sich ein Angebinde und sich und der Mutter den Wiegenfestbraten zu kaufen. »Auf dem Lande«, sagte die Mutter, »haben die Bauern gar keinen Geburtstag, weil sie nicht dressiert sind; aber du glaubst nicht, wie in Dresden am Hofe jeder einen der prächtigsten Geburtstage hat, die man sich denken kann.«

In der Stadt' wurd' er auf einmal drei- oder viermal selig. Der Jude Judas band ihn an mit einem Paar abgeschabten Plüschhosen, besetzt mit den bekannten zwei Vorder- und einer Hinter-Glatze und (damals ein Meerwunder) mit zwei Uhrtaschen, wollte aber kein Geld, sagte keinen Preis, bevor Helf sie bis zum nächsten Geburtstage abgetragen hätte.

Bekanntlich weiß ein Jude mehr vom Innern einer Stadt auswendig als selber der Polizeileutenant, so wie Hebammen die Zukunft der weiblichen Hälfte; die gegen schwaches Beichtgeld beichtsitzende Judenschaft ist die eigentliche Observationsarmee aller Haushaltungen, sie sind lauter Lafontaines voll Familiengeschichten, nie aber um solche auszutragen, sondern die Stadt- und Lands-Geschichtforscher wollen bloß pragmatisch und praktisch sein. Das Borgen der Hosen ließ dem seligen Helf Geld zu einem Selbst-Angebinde, zum Ankaufe eines schönen Werks, des sogenannten »Neu geöffneten *Ritterplatzes*« in drei Duodezbänden, worin er sich in allen Wissenschaften umsehen konnte, weil er noch immer zweifelhaft war, in welcher er ein Skribent werden wollte.

Er sollte noch das Glück haben, daß die Markgräfin-Mutter den Tag vor ihrem Geburtstage vom Schlagfluß getroffen wurde, so daß die eingefallene Hoftrauer das halbgebackne und -gebratene Hof-Souper an den Pöbel zu versteigern nötigte. Jeder Taglöhner, der tafelunfähigste Tischler konnte erstehen, was er bezahlte. Helf hatte für die Gerichte seines eigenen Geburtstages das schon mitgebracht, was, bis jetzt unerklärt, in allen Sprachen mit demselben Worte benannt wird, also auch in der deutschen, nämlich einen – Sack; in diesen ging viel. Er ließ sich, aber mehr für die Mutter als sich – was fragen Menschen mit Ritterplätzen in der Tasche mehr nach Kost aus der Hofküche –, ein schönes souper fin zuschlagen, nämlich einige Plätzchen sogenannten krachenden Rahm – Prinzesse-Pastete und Hasenkuchen ein paar Schnittchen – einen Wiener Spieß-Krapfen – ein Galanterie-Küchlein – und ein Marzipan auf herzogliche Art.[1]

Allem setzte er die Spitze durch ein Arzneigläschen

1 Wer dergleichen aus eigner Küche verlangt, findet die Anweisungen

auf, das er sich für seine liebe Seele im Walde, für Drotta, mit dem feinsten Stachelbeeren-Eise stopfen ließ und das er sauber in türkisches Papier einwickelte.

Seiner Mutter, einem Dresdner Extraweibe, eine halbe Hofküche in der Tasche zuzutragen, war ein so froh aufwehender Gedanke, daß ihm wirklich war, als blase ihn in Träumen der starke Rückenwind über die Fluren weg – den Stock hielt er waagrecht (in der Stadt steilrecht), und nicht einmal im Ritterplatze las er, bloß um recht zu fliegen.

»Denkst denn du«, – sagte die Mutter, als er ausgepackt – »dies ist mir etwas Neues? Sieh, dies da heißt krachender Rahm, dies Marzipan auf herzogliche Art; aber alles ist herrlich.« Jetzt wies er sein Arzneiglas voll Eis für die Geliebte vor; aber es war zu Wasser erwärmt; – »So kann ichs ihr gar nicht zu essen, sondern nur zu trinken geben, wenn sie es nicht bis in den Frost aufhebt«, merkt' er an.

Beide sprachen sich abends fast halbtot über die Stadt, dennoch schauete der erhitzte Helf im Ritterplatz von den meisten Wissenschaften, z. B. der Astronomie, Reitkunst etc. etc., ein Blatt an, ohne es zu lesen; und vergaß auch nicht, der schlafenden Mutter die Pantoffeln so vom Bette abzukehren, daß sie am Morgen bloß die Fußzehen hineinzustoßen brauchte.

Der hellste Morgen erschien! Er betete diesmal sein Vaterunser bloß in der Muttersprache. Die Mutter segnete ihn ein, als er noch im Bette aufrecht saß, und nannte ihn ihren Stecken und Stab – sie las mit dunkeln

in dem »Neuen lehrreichen Magazin vor junges Frauenzimmer, die ganze Kochkunst etc. etc.« Carlsruhe 1770 bei Maklot, 2 Bände.

Augen die ausgeschlüpften Federchen seines Bettes zum Nachfüllen auf, während sie Nachtträume vortrug, die ein gutes Jahr bedeuteten.

Der Tagsheld tat nach frischer Morgenluft einen Gang durch das Dorf mit zwei Händen in Uhrtaschen und zwei Schenkeln im Plüsch und grüßte jedes Kind, und einige Leute von hinten, die zu sehr ins Feld eilten. Daheim fand er schon alles weggekehrt und hergeputzt zum Studieren – die Mutter in einem statt der Schürze vorgebundnen weißen Schnupftuch wirtschaftend und lange warme Lichtstreifen von der Novembersonne in die nette Stube gezogen. An diesem Tage sollte er, verlangte die Mutter, keinen Finger rühren, sondern wie Neapel den Beinamen des Müßigen tragen und in einem fort an seinem Tische sitzen. Er kam auch aus dem neueröffneten Ritterplatze nicht heraus, Himmel! er schlug sich darin an diesem Morgen zu einem heraldischen Ritter, zu einem numismatischen, zu einem geschichtlichen, zu einer ganzen gelehrten Ritterschaft und zu mehr, was er las. Aber ein Umstand, der bisher ihm – sonst beschlagen fast in allen Wissenschaften durch die ganzen Bücher des Pfarrers und durch die halben des Krämers – erhitzt im Zeugungsalter der Bücher und kein Kind mehr – gespornt durch Testament und Trieb – und schon ein alter Autodidaktos (Selbstgelehrter) – ein Umstand, sag' ich, der immer die Hand ihm hielt, wenn er mit seiner Feder seinen literarischen Prachtkegel (noch lag der Obelisk) vor der Welt ganz aufrichten wollte, dieser böse Umstand war der, daß, er mochte die Feder an welche Wissenschaft er wollte setzen, er sogleich mit zwei oder drei Bogen fertig war und abfahren mußte und seine Meinung wider Willen schon vollständig und gut herausgesagt und herausgeschrieben hatte – die Sache war erschöpft, oder er – das Buch selber sah nach nichts aus – ebensogut hätt' er einen Kometenschwanz auskämmen können, als etwan einen halben Bogen noch zuschießen; – und doch stand zu seiner Scham die Welt umher voll Folianten über alles geschrieben.

Aber Fibel blieb getrost, er wußte, der Parnaß will wie Wien[1] erwartet sein, ja noch länger, da dieses selber noch auf jenen wartet; ja hatt' er nicht vom Pfarrer Gelehrte unter den Händen gehabt, welche ihren literarischen Eierstock länger im Bauche als auf dem Neste ausbrüteten, so daß sie erst bei grauen Haaren aus dem Legdarm etwas Langes, einen Folianten zogen? »Eh' ich vielleicht mein Winterholz kleingehackt«, sagt' er, die Hände reibend, »hab' ich was Langes beim Schwanz; aber dann arbeit' ich wie ein Pferd und bring' es fertig.«

Hier ist ein Punkt, wo alte Schriftsteller jungen nachahmen sollten; nämlich sie sollten sich nur halb so viel Mühe geben, ihren Ruhm zu erhalten (statt daß er sie erhalten muß), als jene sich geben, einen zu erwerben; denn nur wenige junge bedienen sich ihres Privilegiums, anfangs bloß schlecht und für das Volk zu schreiben, so wie etwan auf einem gut geschärften Mühlsteine zuerst (wegen des abfallenden Sandes) nur für das Vieh gemahlen wird, erst später für uns!

Aus dem neugeöffneten Ritterplatze hatte Helf nur einen Schritt zum Eßtisch, wo der krachende Rahm, das Marzipan auf herzogliche Art und der Hasen- und Galanteriekuchen, d.h. der Nachtisch als Vor-Tisch ver-

1 Vienna vult expectari.

speiset wurden. Es war mehr eine Seelen- als Magen-Mahlzeit. – Die Mutter geriet dadurch nach Dresden an den Hof und in ihre schöne alte Zeit – der alte Siegwart schritt frisch als Liebhaber mit dem Rekrutenhute vor sie und führte sie an den honnetesten Ort und rauchte. »Ein solcher Mann lebt gar nicht mehr wie Er!« sagte sie. Ich weiß nicht, werfen mehr die Brautfackeln oder die Leichenfackeln das schönste Licht auf ein Ehe-Gesicht; indes der längste Tetzelsche Ablaßkrämer auf Jahrzehende bleibt dennoch der Tod, und das Grab der Traualtar einer innern Silberhochzeit. Der Vogler hatte dem gedachten Tetzel so gute Ablaßzettel zu danken, daß Mutter und Sohn weinten aus Zärtlichkeit gegen ihn, gegen einander und gegen den Tag voll stiller Lust.

Unter dem Tischgebet kam es der Mutter, als sie im Spiegel den langen betenden Gotthelf sah, deutlich vor, als stehe der alte Vater darin, und ihr wurde wunderlich zumute. Als sie es aber dem von so vielerlei angeregten Sohne sagte, so hob sich dieser wie begeistert auf den Zehen empor und faßte ihre beiden Hände mit den Worten: »Mutter, Mutter, Ihr sollt an mir einen Versorger in Euern alten Tagen haben, so gut als wenn mein sel. Vater noch lebte – das Gesicht im Spiegel bedeutet viel an einem Geburtstage; denn ich weiß es recht gut.« Er meinte aber seine Feder-Saaten.

Plötzlich tat er einen Sprung aus dem mütterlichen Romane und aus allen Rührungen in seinen eignen und sagte: »abends geh' er zur Wildmeisterin«. So schnell nach andern an sich zu denken, scheint kühn; aber beneidet Kinder, Wilde und gemeine Stände, welche unbefangen das Herz, das noch am alten Liebes-Pfeile steckt, doch von einer andern Seite auftun und welche schnell von eigner und fremder Rührung auf das Gleichgültigste springen. In uns verfeinerten Ständen hingegen muß (es schickt sich durchaus nicht anders) die Hungerquelle der Rührung nur allmählich versickern. Gewisse Respekt- oder Respitminuten sind nach warmen Worten herkömmlich, bevor man ein kälteres gut anbringt. Oft vexiert es aber äußerst. Ich erinnere mich noch gut, daß ich einmal mit einem empfindsamen philosophischen Adjunkt, Namens *Mitreiter*, dem später im Reichs-Anzeiger sieben unbezahlte Hauswirte nachsetzten, im Leipziger Rosental fühlend lustwandelte, nachdem wir uns vorher, weil ich ihn einen unsittlichen Schleicher mit Unrecht (nämlich um ein Jahr zu früh) gescholten hatte, seitwärts im Gebüsche gerührt entladen, ausgesöhnt und umhalset hatten. Mitreiter, mit seiner Hand in meinem Arm liegend, drückte und schwieg in einem fort; die Baßsaite der Empfindung sollte sich langsam auszuschwingen scheinen. Ich mußte (schicklicherweise, besonders als Beleidiger) auch zart fühlen und mit ihm im langsamen Ausschwingen wettrennen, ein elendes Spiel, ähnlich dem Spiele der Knaben, welche wetten, wessen Spinnenbein, das sie der Läuferspinne ausgerissen, am längsten zapple. Gleichwohl war es Tatsache, daß seine Hand auf meinem Arme sämtliche Drucke der Empfindung erschöpft hatte und nicht mehr wußte, was sie auf ihm, ihrer Gefühls-Tastatur, anfangen sollte. Mich vollends hungerte nach etwas Festem von Diskurs. Jetzt schäme ich mich freilich vor Höfen und Lesewelten zu bekennen, daß ich in der Desperation über die Herzens-Strapazen nach einer kindischen Knabenkunst griff, nämlich daß ich wie ein Fallgatter plötzlich (als wär' ich angestoßen) niederfiel auf den Steiß und aufsaß und heraufächelte. Mitreiter hatte mich kaum aufgezogen, als schon die lebhaftesten Gespräche regierten. –

Wollen wir wieder Helfens Stubentüre aufmachen! Er gehe abends zur Wildmeisterin, hatt' er frei gesagt. So sehr er und diese in ihren Naturen abwichen; so deutlich die Sechzehnjährige in diesem ihren Bücher-Helden den Haushaltungs-Zwerg nisten sah; so wenig sogar Helfen der Unterschied zwischen dieser ewig fliegenden und bauenden Arbeitsbiene und zwischen seiner kränklich-zarten und mehr für Finger- als Arm-Arbeiten zugespitzten Mutter entging: so vermochte doch dies alles nichts gegen das, was ich eben zu berichten habe, daß eine Art Zuneigung beide so langsam und doch so steigend anflog, wie etwa die Morgenröte mitten unter dem Anschauen unmerklich und doch glühender die fernsten grauen Wölkchen überfließet. Aber die Sonne, woraus sich alles erklärt, stand für beide noch tief unter dem Gesichtskreise.

Seine Mutter machte oft, wenn sie den Sohn tief in den Musenberg hineinfahren sah, heimlich, und ohne ein Wort zu sagen, sich einen Weg zur einsamen Wildmeisterin, bloß um Helfen abends unerwartet von ihr zu erzählen. Engeltrut war gezwungen, jede Seele zu lieben, die ihre Geliebten liebten; so wie jedem teuren Herzen alles zu sagen, was es für dasselbe und in ihrem Frohes gab. Daher hatte sie oft mehrmals vor Drotta, wie vor Gotthelf, ihres so weit aufgetan (ein Mittel, das fremde zuzudrücken), daß sie herausstieß: »Ach ich tue oft vor dem Wandschränkchen meines Seligen wie vor einer heiligen

Bundeslade mein Gebet. Beschert uns der gütige Gott etwas darin: o liebe Jungfer Wildmeisterin! Sie weiß, wie mein Sohn denkt und ich; aber es sei alles Gott anheimgestellt.« – Dabei senkte Drotta ohne alles Erröten bloß die Augenlider ein wenig. Sie wußte aber, daß ihr Vater, der nichts besaß als Büchsen und Hunde, ihre leere Hand nur einer vollen lasse.

Gotthelf versaß seinen Geburts-Nachmittag so zufrieden-windstill, als stände gar keine Himmelfahrt in den Wald bevor. Um sich sah er die Mutter in Ruhestand mit einem Strange am Halse, woraus sie die Fäden zum Nähen zieht, und die Orts-Schulmeisterin, die schneller spinnt als spricht, beide mit ihren Kaffeeschalen in der Hand; denn jeder Prorektorats- oder Souverains-Wechsel wurde mit *einem* Lote Kaffee gefeiert, was anfangs des vorigen Jahrhunderts vielleicht kein kleinerer Aufwand war als anfangs des jetzigen. Helf selber las leise seinen griechischen Autor herunter, wobei nur schade, daß er nicht auch die Vokabeln verstand. Die Schulmeisterin fand es, obwohl Gast, ganz billig, daß die Mutter für den »Studenten« die Haut der Sahne abfischte. Die drei Köpfe heizten sich immer wärmer; der Kaffee macht Araber, der Tee nur Sineser, sagt' ich einmal, und in des ersten schwarzer Stunde widerscheint wie im schwarzen Spiegel alles lebendiger als in des andern farblosem. Helf übersetzte, nach dem Walde schmachtend, noch feurig einen deutschen Bogen in hebräische Buchstaben; oft schrieb er lange fort, ohne aufs Papier zu sehen, nicht um Geschicklichkeit zu zeigen, sondern um eine zu haben, falls er einmal im Finstern zu arbeiten hätte.

Endlich schied der Gelehrte aus dem Flachs-Kreise; es war, als ob man eine Universität aus einer Stadt versetzte.

11. JUDAS-KAPITEL

Wald-Gang

Unbeschreiblich mit sich und dem Leben zufrieden, sich und die Landschaft beschauend und über keinen Zaun und Hügel verdrießlich, kam er, mit den statt der Uhren pulsierenden Fingern in den Uhrtaschen, vor dem bekannten Jägerhause an, dessen echte Geweih-Kronen auf den hölzernen Hirschköpfen er bis auf jedes Ende auswendig wußte. Alles war offen, aber niemand zu Hause als ein paar Hunde, welche bloß wedelten, ohne aufzustehen. Auch die Leerheit war ihm etwas Altes. Der alte Wildmeister, am Tage mit der Büchse belastet, abends mit dem Kruge, überließ der Tochter – die er deshalb so hoch schätzte wie den besten Hühnerhund – das Haus und den Tag. Oft saß sie in langen Winterabenden, nur vom finstern Sturme und vom krachenden Walde umgeben, unter Tieren allein und zog sich nur durch Vorarbeiten des Morgens in die schwarze Nacht einen kleinen lichten Raum. Schnaubte freilich ihr Vater frostrot und trinkrot endlich ein, so kam Lenz und Morgenrot in die Stube, und alle Hunde sprangen. Jeder Bericht von ihm war ihr ein Roman aus der Leihbibliothek, und jedes Zankwort bloß ein Vexierzug, der ihr Instrument stumm machte. Wie sanft tut einer Einsamen abends ein Mensch, wenn sie den ganzen Tag keine menschliche Stimme gehört als ihre singende, und kein Gesicht gesehen als ihres! – Ists daher ein

Wunder, daß wir uns untereinander nicht viel inniger lieben als Wölfe und Spinnen, wenn man bedenkt, daß wir alle ganz verschwenderisch mit Menschen übersättigt werden, daß der eine in der Mittelstadt 10 000 Menschen zu lieben vorbekommt, der andere in der Residenzstadt gar 50 000, und vollends ein Kerl in Paris? Werft aber einen Pariser Egoisten nur ein Vierteljahr in einen einsamen Hunger- oder nur Leuchtturm und seht dann nach, wenn ihr ihm wieder aufmacht, ob er nicht als weicher Menschenfreund heraufkommt.

Als der wartende Gotthelf am offnen Fenster saß und die Hunde bewirtete, ergriff ihn eine Hand von draußen an den Haaren – die vollrosige Drotta guckte unter ihren großen Augenbraunen herein und sagte: »Will Er mit einbeeren? – Guten Abend!« und hob eine Hand voll Vogelbeeren für die Drosseln-Schneuß empor.

Er war sogleich dabei und draußen. Er ließ sie raten, was heute für ein Tag sei. »Peters-Tag«, sagte sie. »Noch ein anderer«, sagte er. Er bat sie, seinen grünen Plüsch zu betrachten – er gab ihr 1 Lot gemahlnen Kaffee – sie erriet nichts. Er ließ sie das Beeren-Eis trinken, sie wurde nicht klüger. Endlich sagte er: 1, 2, 3, und zählte bis 15. »Was denn?« versetzte sie – »Wenn Er aber etwa seinen Geburtstag meint: so hat mir ihn die Mutter schon vorgestern gesagt, und unser Herr Gott wird gewiß für ihn sorgen, nicht allein dieses Jahr, sondern auch die folgenden, was ich von Herzen wünsche.« – Sie gab ihm hastig das Vogelbeer-Drittel mit der Bitte zu eilen, damit sie sich zu Hause vernünftig setzen könnten und ein Wort reden. Auf daß er sich nicht im Walde verlaufe, schlug sie ein geistliches Lied zu singen vor, sie einen Vers, dann er einen. Sie wählte das Abendlied: »Der lieben Sonne Licht und Pracht.« Aber sie sangen sich bald auseinander, weil er die Gegensängerin näher glaubte, da er (vielleicht aus Einfalt) nicht wie sie seine Stimme zugleich mit der Ferne verdoppelte. Die Finken, welche in ein wärmeres Land gerade in dem Monate abfliegen, wo er selber im kältern angekommen war und wo der sel. Siegwart am Geburtstage einen als Geisel gefangen hatte, schlugen oder schrieen schon durch den sonst herbststummen Wald; dasselbe taten die Kreuzschnäbel, wie er in diesem Monat eben angekommen; und es war überhaupt im ganzen Wald viel lebendiger Ton, und man dachte mehr an Lenze als an sonst was. Endlich legte gar die Abendsonne an mehreren Stellen einen kleinen Waldbrand an, und viele Stämme flammten von der Wurzel bis an die Gipfel.

Ihm wurde das Innere süß-schwer, er wußte nicht wie – und gleich dem Wasser in einem unsichtbar-lecken Schiffe stieg es ihm die Brust immer voller hinan; die meisten Beeren legte er während Drottas Singen außerhalb der Schlinge. Sie kam wieder und hatte zwanzig Fallen mehr eingeködert und verbesserte kopfschüttelnd die seinigen.

Er sah einige Tropfen auf ihrem Gesicht für Arbeits-Regnen an; sie sagte, sie habe weinen müssen, weil sein Singen in der Ferne wie das ihrer seligen Mutter gelautet: »Ach Gotthelf«, setzte sie hinzu, »wohl dem, der noch eine hat!« Hier floß er ganz ins Lob der seinigen auseinander, die jeden Menschen so pflege und warte. »Nun«, sagte sie, »das täte noch lieber eine Tochter an ihr, und es schickte sich auch nicht anders.« Er wußte aber, von der

Liebe zart gemacht, kein Mittel, der Haupt-Sache näher zu kommen und etwa damit herauszufahren, daß sie und seine Mutter einander unendlich beglücken würden. Gerührt und verwirrt war er ohnehin von Drottas Versicherung seiner Echo-Stimme aus dem mütterlichen Grabe und überhaupt vom ganzen Gespräch über zwei gute Mütter zugleich – denn das männliche Geschlecht hat eine besondere Achtung für Liebe gegen Mütter –; er faßte ihre Hand. »Was Er für eine weiche Hand hat gegen meine!« sagte sie. »Vom Studieren«, sagte er; »mich sticht alles.«

Während sie in der Zimmer-Finsternis Licht anschlug, trieb ers so weit, daß er seufzete: »Ich wollte, ich wäre sechzehn Jahre alt!« – Sogleich hielt ihn wieder das ferne Gebetläuten aus seinem Dorfe auf, währenddessen beide die Hände schweigend falteten und laut sagten: »Amen!« Leichter wurde ihm sein Redefaden unter ihrer Arbeit zu spinnen und zu zwirnen, als sie Abendbrot für Hund und Wildmeister einschnitt und den Kaffee für sich und Helf abkochte. Er holte die neueste Zeitung zur Welt – übrigens sogar für die lesende Welt und Nachwelt die älteste –: jetzt dauer' es nur noch sein Jährchen, so werde das Schränkchen aufgemacht. – »Wenn nun aber nichts drinnen wäre?« sagte sie. »Nun, so wär' ich ein geschlagner Mann«, versetzte er. »Ernähren will ich mich und die Mutter wohl mit meiner bloßen Feder, nach dem Beispiel der allergrößten Gelehrten, die ich im Drucke kenne; aber damit allein ist mir und der Mutter schlecht geholfen!« – Leider Gottes!« sagte sie traurig. Nach diesem Wörtchen war es ihm nicht möglich, aus der Kaffee-Schüssel mit eingebrocktem Brote mitzuessen, so sehr sie ihm auch die Tasse, nämlich einen Löffel aufzwang. Er hatte nachzusinnen. So ist der Mensch; hundert Zweifel an seinem Glücke durchfliegen wie Wölkchen ohne Schatten seine Seele, er merkt es kaum vor Sonnenschein. Jetzt sprech' aber ein anderer von den nämlichen Zweifeln einige aus, sofort ist sein Himmel bedeckt.

»Iß Er!« – sagte sie – »was hilft alles? Er kennt meinen Vater. Dieses Jahr lang dürfen wir einander nicht gut sein und an nichts denken.« Er sah die Hirschgeweihe an den Wänden an, und sie kamen den feuchten Augen rege und stechend vor. Sie trocknete ihre eigenen und streichelte zärtlich von seiner Achsel bis zur Schreibhand herab und fügte bei: »Schick' Er nur die Mutter immerfort! – Ein Jahr ist bald vorbei.«

Diese warme Gegenwart siegte über die kalten Bilder der Zweifel; aus dem Kaffee-Satze waren anmutigere Prophezeiungen zu holen. Auf welchen Sonnenstäubchen fliegt oft dem Menschen eine kleine Sonne, ein Himmelsgarten an und wurzelt ein! Ein solches flatterndes Stäubchen bewohnt' er jetzt und sah davon herab.

Das Stäubchen wurde viel breiter, als sie das Licht ausschneuzte und sagte, sie wolle ihn ein wenig begleiten und durch den dunkeln Wald auf den kürzern Holzwegen führen. Sie zog ihn im Finstern an seiner Hand und befühlte einen weichen Finger nach dem andern. Als beide endlich aus dem Walde kamen und vor die hinabliegende, im Monde gleißende Landschaft traten, an deren Abhang unten sein lichtervolles Dörfchen lag: begleitete sie ihn wieder über nächste Raine und Fußsteige. Die Nacht war vielleicht die letzte schöne laue des Novembers, der einen verkürzten Nachsommer des Nachsommers mitbringt; der Mond war nach seiner Herbst-Sitte unerwartet früher im Himmel erschienen – das Saatgrün des künftigen Frühlings und die rote Blätterglut des Laubholzes färbten die bleiche Nacht und Jahreszeit lebendiger – rufend kamen im Himmel Winter-Vögel an, und Sommer-Vögel zogen ab, und auf den silbernen Gebirgen aus Gewölk, dachte man, müßten die Sommer-Gäste ausruhen und in die künftigen Länder schauen – und die ganze hinabglänzende Abdachung der Landschaft nach dem noch erleuchteten Dörfchen hin füllte die Seele mit Wunsch und Glück.

Lange sah Drotta den im Mondlicht blinkenden niedrigen Kirchturm an. Dann sagte sie hastig: »Gute Nacht«, behielt aber seine Hand. Er sagt' es auch und faßte ihre zweite.

»Ich habe schon gute Nacht gesagt, lieber Helf!« sagte sie mit anderer Stimme, und der Mond schien auf sie und zeigte den Liebesglanz ihrer Augen und alle offnen Rosen ihres Angesichts. »Auf ein ganzes Jahr gute Nacht?« fragte er und konnte seiner Tränen sich nicht enthalten. Und sie sanken einander in den ersten Kuß, ohne zu wissen wie. Alle Glut und Kraft und Kühnheit ihres Wesens wollten Drottas Lippen gleichsam in seine eindrücken, und die Küssende unterschied sich wild von der Sprechenden. »Schick' Er morgen die Mutter!« sagte sie und entlief.

Er sah ihr wenig sehend nach, bis sie der Wald verschlungen hatte. Dann sprang er mit Schwingen am Rücken den Abhang hinab. – Jeden Graben und Zaun überflog er leicht treffend. – Im Dorfe und in seinem Häuschen verwunderte er sich über die vielen Lichter, als wäre er so gar lange weggewesen. – Die zu einer schmerzhaften Lage herniedergeschlummerte Mutter weckt' er gelinde und führte die Schlaftrunkne an ihr Bette und sagte ihr, er wolle schlafen, und morgen erzähl' er schon alles.

Er sah aber vorher lange in den Mondschein hinaus – Landschaft und Seele verwebten sich ineinander seltsam und süß – er floß mit dem Schimmer in die Auen hin, und der Schimmer zog wieder in sein Herz und glänzte auf allen Gedanken. Und als er endlich die Augen schloß, hörte er nur *eine*, *eine* Stimme unaufhörlich, und die Liebesträne quoll davon heiß aus den geschloßnen Augenlidern.

O gönnt Jugend und Traum den Sterblichen! Sie gleichen den Blumen zu sehr, welche nur so lange schlafen, als sie blühen; sind sie abgeblüht, so stehen sie aufgetan der kalten nassen langen Nacht. Jünglinge und Jungfrauen schlummern, und daher träumen sie; raubt ihr den Schlaf, so raubt ihr den Traum und den zarten Keimen der Zukunft den Schirm!

12. KAFFEE-DÜTEN

Nach-Freuden statt der Nach-Wehen

Da die Liebe in der dürftigen Zeit mehr darreicht als die Ehe in der reichen, ähnlich den Vögeln, welche auf den unbelaubten Zweigen schlagen, aber im Herbst auf den fruchttragenden verstummen: so hatte Gotthelf ein Jahr voll froher Jahrzehende vor sich; denn den herrlichen Kuß konnt' ihm niemand nehmen; und das goldne Ophir und Peru, aus welchem seine Eheringe geholt und geschmiedet werden konnten, lag ihm im Wandschränkchen sicher verwahrt. Er wunderte sich daher, wie er bei Drotta ein- oder ein paarmal habe ins Lamentieren geraten können; aber die vielen Rührungen durch das Wiegenfest erklären es jedem. Jetzt lebte und zehrte er von dem besten Kusse, den es unter den vier Arten und Jahreszeiten der Küsse gibt, nämlich vom Frühlingskusse, recht gemächlich.

Ich weiß nicht, ob allen Lesern die Einteilung so bekannt ist als mir; die Sache selber ist etwas Altes, und ich wundere mich über Unwissende; um aber diesen auch zu helfen, verschwend' ich ein paar Worte.

Mit dem besten, dem Abschieds- oder Valet- oder Schluß-Kuß – denn jeder kann ihn anders nennen –, fängt jeder an, so wie Fibel; ein blutjunger Mann hat nämlich lange und weich-warm gesprochen, getraut sich aber nicht – und er triffts auch –, seine Lippen anders anzuwenden. Beim Abschiede springt er davon, nachdem er vorher den Dixi-Kuß für notwendig und nicht für zu kühn gefunden. Ein Schulmann von mehr Witz als Geschmack würde dies die erste *Konjugation* von vieren nennen.

Unter dem zweiten oder Mittel- oder Orientier-Kuß kann man nie etwas anders meinen als den ohne Stock und Hut; den nämlich, den sich junge Leute in einer Rede geben, die sie fortsetzen, wenn sie können vor Liebe; aber freilich wird oft länger jener als diese fortgesetzt.

Zum dritten – hier sei einmal kein Einfall – greift das Brautpaar; er wird beim Eintritte unter vier oder vierzig Augen ohne Bedenken gereicht. Er präludiert schon sehr dem vierten Kusse vor und ist dessen augenscheinlicher Vorläufer.

Von diesem vierten oder der kalten Jahreszeit aus dem Quartett wüßt' ich nichts zu sagen – er seines Orts kann überall gegeben werden, es sei vor oder nach dem Zanken, oder nach der Ehescheidung.

Aber durch welche Mittel ertrug Gotthelf eine durch die feste Drotta ausgesprochne jahreslange Ehescheidung vor der Ehe? Denn der Winter male der Liebe immerhin den Frühling voraus, und der Frühling ihr das Paradies, und dieses spiegle sie selber zurück: man hat nicht daran genug, man will einander ins Auge fassen und bei der Hand. Auch die Mutter konnte nicht ganz die Stellvertreterin oder den Widerschein der Geliebten vorstellen (ob sie gleich, als ein Weberschiffchen zwischen beiden hin- und herschießend, sie noch fester ineinanderwebte, indem sie zu Hause die Geliebte erhob und im Walde den Sohn und beider Tugenden ab- und zutrug); denn auch das stärkste Erregen der Sehnsucht trägt wenig zum Stillen derselben bei. War Helf aber nicht so glücklich – könnte ein Mann sagen, der im Dorfe die kleinsten Kindereien seines Nächsten wüßte –, die Wildmeisterin gerade am Sonntage in der Kirche und im Kirchenputze zu sehen? Und macht nicht die Sonntags-Glasur und Lasur des mittlern und tiefern Standes, den man sechs Tage lang im abgerissenen Einbande gesehen, einen tiefern Eindruck als alle Parade-Farben einer Dame, welche man nie ungefärbt erblickt, und die sich nur für fremde Augen, nicht für eigne Hände kleidet? Und ist es denn so unbekannt – könnte der Mann fortfahren –, daß sich Helf am zweiten Pfingsttage auf dem Chore hinter eine Birke stellte und unaufhörlich der zu einer Goldschleie aufgeschmückten Drotta – da auf dem Lande am zweiten Feiertag die Kleider-Ausstellung des jungen Volks ist – unaufhörlich und ungesehen ins andächtige Gesicht sah, so daß er sich teils durch den Maienduft der grünenden Kirche, teils durch die Augen einen Doppel-Rausch zuzog? Endlich – beschließt der Mann aus dem Dorfe – kann er ja bekanntlich das frohe Ereignis nicht leugnen, daß ein lungensüchtiger Anverwandter des Wildmeisters und des Vogelstellers begraben wurde, und Helf mit Drotta den Leichentrunk einnahm, nach dörflicher Sitte, und er sie, wie den Abendstern der Liebe, in der schönen Nacht des Trauerkleids erblickte, ja sie über den Tisch hinüber hörte; wie oft aber auf dem Lande der Genius des Todes sich bloß die Augen zubinde, um als ein Amor herumzufliegen, ist wirklich stadtkundig.

Aber was auch der Heiligenguter sage: wem einmal ein Frühlingskuß auf den Lippen sitzt wie Helfen, der würde, von der teuren Geberin abgeschieden, nicht zu bleiben wissen – er würde, mit den feurigen Naphthaquellen in der Brust, in der ein Jahr langen Wüstenei desto leichter verdursten – er würde stark sich Werthern nähern, folglich dem Pulver, das die Mühle selber, worin es bereitet wird, in die Luft sprengt – dies würde er so gewiß tun, als ich hier erst das 12te Kapitel schreibe, sobald sich nicht aus den Wolken selber ein Arm ausstreckte mit dem besten Arzneifinger an der Hand – sobald es daraus nicht plötzlich Brandsalben oder Balsam auf dergleichen Schmerzen regnete und gösse – sobald der Mann nicht unerwartet in einen zweiten Glückshafen oder Glückstopf einliefe – sobald das Schicksal nicht einen ganz unerwarteten Mardi gras an seine Fasttage stellte. – – – Aber Helf überkam den gedachten Finger – gedachten Balsam – Hafen – Topf – und mardi; – und von wem?

Von sich; er erfand das alte sächsische oder Bienrodische Abcbuch.

13. PAPIERDRACHE

Erfindung und Erschaffung des sächsischen Abc's

Leidenschaftlicher sah wohl niemand aus als ich in der ersten Stunde, wo ich das 13te Kapitel aus dem Juden-Buche ausgerissen fand, man müßte denn mich selber in der zweiten ausnehmen, wo ich die Sache dennoch bekam, als eine spielende Knapp- oder Knabschaft (es war nicht meine biographische) das Kapitel an mein Fenster steigen ließ, als Papierdrachen. Ein artiger Schicksals-Wink! Er will damit wohl sagen: so heben wir Autoren auf Papier uns sämtlich hoch genug (höher vielleicht, als unsere Bescheidenheit anerkennen will); Wind (er bedeutet das Publikum) trägt auf- und fortwärts; an der Schnur hält den Drachen ein Knabe (er soll den Kunstrichter vorstellen), welcher durch sein Leitseil dem Flugtiere die ästhetische Höhe vorschreibt.

Bei solchen Erfindungen wie die eines ganz neuen Abcbuchs für ganze Länder, die es lesen, sind auch Kleinigkeiten, welche um deren Geburt umher waren gleichsam als Mütter und Wehmütter, in hohem Grade wichtig. Das Schicksal wollte nämlich haben, daß Fibel eines Abends vor der zerbrochenen Fensterscheibe des

Schulmeisters vorbeiging, und daß darein statt des Glases der sogenannte Abc-Hahn eingeklebt war, dessen Tierstück die ältern Abcbücher mit einem Prügel in der Kralle abschließt. Aber dieser Scheiben-Hahn wird noch viel wichtiger durch einen Traum, womit er Fibels ersten Schlummer schwängerte, und welcher nachher so gewaltig alle Schulbänke und Abcschützen erschütterte.

Alle Vögel seines Vaters – träumte er – flatterten und stießen gegeneinander, pfropften sich ineinander und wuchsen endlich zu *einem* Hahne ein. Der Hahn fuhr mit dem Kopfe zwischen Fibels Schenkel, und dieser mußte auf dessen Halse davonreiten, mit dem Gesichte gegen den Schwanz gekehrt. Hinter ihm krähete das Tier unaufhörlich zurück, als würd' es von einem Petrus geritten; und er hatte lange Mühe, das Hahnen-Deutsch in Menschen-Deutsch zu übersetzen, bis er endlich herausbrachte, es klinge ha, ha. Es sollte damit weniger – sah er schon im Schlafe ein – der Name des Hahns ausgesprochen (das n fehlte), noch weniger ein Lachen oder gar jener Verwunderungs-Ausbruch vor den damals noch unerfundnen Park-Graben angedeutet werden, sondern als bloßes ha des Alphabets, welches h freilich der Hahn ebensogut he betiteln konnte, wie b be, oder hu, wie q ku, oder hau, wie v vau, oder ih, wie x ix. Fibel hörte hinter sich über funfzehn Schulbänke das Abc aufsagen, aber jedesmal das h überhüpfen; endlich fuhr der Reithahn unter sie, und sie riefen einhellig: ha, ha etc. etc., ohne zu lachen. Und Helf konnte jetzt sehen, daß jede Bank ein Abcbuch voll eingeschnitzter Bilder war – z B. bei A einen Hintern, bei B eine Birkenrute für jenen –, aber nur um H war nichts gemalt, bis der Hahn leibhaftig den Buchstaben vorstellte so wie Hennen die en.

Da rief Helfen eine Stimme mehr aus dem Himmel als aus der Hahn-Gurgel zu: »Sitze ab, Student, und ziehe aus eine Schwanzfeder dem Hahn und setze damit auf das Buch der Bücher, voll aller matres et patres lectionis, das Werk, das der größte Geist studieren muß, schon eh' er nur fünf Jahre alt wird, kurz das tüchtigste Werk mit dem längsten Titel, das so viele Menschen aus Kürze bloß das Abc-Buch nennen, da sie es das Abecedeeefgehaikaelemenopequereßestheteuvauweixypsilonzet-Buch nennen könnten; schreibe dergleichen, *mein* Fibel, und die Welt liest.«

Darüber wurd' er – was wohl jeder angehende Schriftsteller würde – wach und setzte sich im Bette auf; der Traum war heiß in seine Brust gefahren und bestellte darin ein ganz neues Leben voraus. Helf konnte gar nicht genug mit sich sprechen aus der Sache. Er müsse gar erstaunen – so übersetz' ich ungefähr sein Selbstgespräch –, daß er, der bisher so viel in ausländischen Alphabeten gearbeitet, noch nicht das geringste in seinem eignen Alphabet für Abc's getan, ordentlich als hab' ihn die Sucht, den glänzenden Vielwisser zu spielen, verblendet. – Er habe Gewalt und Zeit genug gehabt, das alte Abc durch ein neues aus dem Weg zu räumen, bloß schon dadurch, daß er neben jeden schwarzen Buchstaben einen roten gemalet hätte, ein rouge et noir-Spiel, bei welchem jeder alte Abcdarius nur verlieren könne. – Könn' ers nicht viel weiter treiben und jeden Buchstaben mit einem kleinen Gedicht von zwei Reimen versehen und ihn so in die Gehirnrinde einschneiden? – Und könn' er nicht sogar mit ganzen Tieren und Werkzeugen *einen* und denselben Buchstaben benamen und anfangen, z. B. das E mit Esel und Elle oder F mit Frosch und Flegel? – Ja könnt' er nicht (denn das entwerfende Feuer eines Autors wächst fürchterlich) sogar die Holzschnitte der Sachen eindrukken lassen über den Reimen? Himmel! wären sie nicht vollends zu illuminieren? –

Aber man sieht hier, wie ungeheuer in einem Autor alles aufwächst, und wie ein Würmchen, kaum federlang, noch ehe er vom Sessel aufsteht, sich zum Lindwurm[1] ausstreckt und verdickt. Dem Muhammed diktierte die Taube in *einer* Minute 180000 Offenbarungen;[2] aber diese Taube sitzt auf jeder Schulter, über welcher ein Kopf ein Buch entwirft, nur sagt sie mehr ins anstoßende Ohr.

Fibel sprang aus dem Bette, das Zudeckküssen über den Bett-Stollen hinausstoßend. Er erlebte die schönste Dämmerung, in welche ein Mensch schauen kann; denn in einem Buche, dessen Schöpfung man sich eben vorsetzt, steckt ein halbes Leben und Gott weiß wie viel Zukunft dazu; Verbesserungen, Erweiterungen regneten in seinen Kopf hinein, indem er leise auf und ab ging aus Mangel an Licht; denn es war den 6ten Dezember oder Maria-Empfängnis-Tag. Auch Verfasser dieses bekennt hier, er nähme selber mit einem Vorhimmel vorlieb, dessen Seligkeit darin bestände, daß er jeden Tag auf den Plan eines neuen Buchs verfiele, so wie mit einer verdammten Vorhölle, wo er zur Strafe bloß einzupacken

1 Dieser besteht nach der Naturgeschichte aus vereinigten Würmer-Marschsäulen.

2 Siehe Düvals Leben.

vorbekäme, Bücher in Packpapier, Briefe in Umschläge, alles in Reisekästen.

Jetzt, da wir freilich das fertige Abc vor uns liegen haben,[1] denken wir es uns schon so fertig gelegen auch in Fibels Gehirn, daß er es aus diesem nur bei dem Kopfe herauszuziehen brauchte; aber könnte man nur in eines Autors Gehirn-Uterus nachsehen, welche Menge zurückgebliebener Glieder, ja ganze Halbzwillinge des Buchs würde man darin aufgespeichert finden!

Am Morgen schüttete er vor der Mutter seinen Nachtfang aus, aber unter dem Ausschütten schnalzte immer mehr nach. Er konnte es kaum erwarten, daß er anfing und die Feder nahm.

Schon die erste Blatt-Seite – sonst eben kein Spielplatz und Lustlager für den Autor, sondern ein Exerzier- und Kampfplatz, weil er nur mit den besten Ideen anfangen will, und folglich ein Richtplatz so vieler Gedanken, die er ausstreicht – schon die erste Seite war ein schönes Tuskulanum und Utopien für Helf; er schrieb das kleine Abc in schöner Kanzleischrift, ohne einen Buchstaben auszustreichen, geschweige ein Wort, lustig und ungestört herab. Zwischen alle schwarze Buchstaben steckte er rote auf, um allgemeine Aufmerksamkeit zu erregen; daher die meisten Kinder Deutschlands sich noch der Freude entsinnen, mit welcher sie aus den schwarzen die rot gekochten wie gare Krebse herausfischten und genossen.

Ein Mann, der ohnehin schon längst mit Rot schrieb – denn Fibel triebs sogar zu Blau und Grün –, muß allerdings bei dem Rot-Auflegen auf das Antlitz seines Werks rot-froher dagestanden sein als die letzten römischen

1 Siehe Anhang.

Kaiser, die sich allein mit roter Dinte zu schreiben vorbehielten, wiewohl sie damit fast nur Staatsschnitzer, wie jetzt die Schullehrer Donat-Verbrechen, zeichneten.

Menschen überhaupt, welche mit mehr als *einer* Dinte schreiben, sind heimlich-selige Käuze und finden bei jeder Einkehr in sich schon den Tisch gedeckt und lustige Gesellschaft; Fibel war von der Zahl der Käuze. Sobald er mit roter Dinte Drucksachen schrieb, so ging er fast in Reih und Glied mit den alten Rubrikatoren, welche sonst die Buchstaben rot anstrichen und überhaupt in alles Schwarze ihr Rot einschwärzten.

Den Genuß des reinen Alphabets oder der ersten Seite tischte er sich und andern oben über der Druckerlinie auf jeder spätern Seite immer wieder auf,[1] ohne daß die Abc-Schützen-Gesellschaft besondern neuen Nutzen davon ziehen könnte; denn Buchstaben gabs ja im Werke ohnehin wie in jedem andern genug.

Aber er konnte eben solcher Buchstaben über der Linie[2] nicht satt werden, welche in der feinsten Ordnung in Reih und Glied, nämlich alphabetisch dastanden, noch nicht in einzelne Worte versprengt und verrückt; unter der Linie sah er nur die *angewandte* Buchstaben-Mathesis, oben aber die *reine.*

Himmel aber! zu welch einem Himmelsbürger hätte ein Erdenbürger geboren werden können – zu einem wenigstens, der in Ambrosia und in Nektar ersoffen wäre –,

1 Ich verweise auf das Werk selber, das als die erste literarische Amme wohl in keiner Bibliothek fehlen sollte, so wie auch Griechen und Orientaler stets ihre physischen Ammen in der Familie fortbehielten. Ich hab' es daher diesem Buche beigedruckt; und beziehe mich stets darauf.
2 Siehe Anhang.

wenn der Himmel einen Fibel hätte wollen unter den Chinesern aufgrünen lassen, welche achtzigtausend Sprachzeichen besitzen und welchen mithin ein Abc-Buch von einigen Folianten zu geben wäre. O Himmel! So etwas – Nur aber wär' er unter solchem Honig erstickt, und wir hätten nichts. Von desto mehr Gewicht mußten ihm die wenigen Buchstaben sein, die wir besitzen, und 24 bleierne konnten ihm wohl ein so großes haben, als jene 23 goldene waren, jeder einen Zentner schwer, von welchen ich, Gott weiß in welchem Reisebeschreiber, einmal Meldung gefunden.

Es muß zu seinem Freudenhimmel noch eingerechnet werden, daß er nicht nur mit Fraktur und Kanzleischrift – die so nahe an Druckschrift grenzt –, sondern auch mit Dinte schrieb, welche Gutenberg anfangs (nach Schröckh) gebrauchte statt der Druckerschwärze. Helf sah sich schon halb gedruckt; sah er sich um, so war er ganz gedruckt, falls im Wandschränkchen etwas war.

Er ging nun – mit dem Gefolge seiner unzähligen Abcschützen hinter sich – ins Ab-Eb-Ib- hinein; eine Buchstabier-Methode, von welcher ihn durch das ganze Buch hindurch nichts abbrachte, auch keine neuere blendendste nach seinem Tode. Er tat auf dem Papier keinen Schritt, ohne von einer Silbe zur andern auf zwei übereinander liegenden Teilungs-Strichen (z. B. Stri-che)[1] wie auf einer Brücke überzugehen; aber auf diese Weise eben schließt er sich an das lange Narren- und Weisen-Seil der Erfinder an, nämlich als der Erfinder der – Gedanken*striche*, welche im jetzigen Surrogaten-Jahrzehend so bewährteste Gedanken-Surrogate geworden. Die neuern

1 Siehe Anhang.

Nießhaber dieser Erfindung setzen freilich die parallelen Striche nebeneinander, ja oft drei, bloß um vielleicht – – – mehr Raum auf dem Papier zu leeren und in dem Beutel zu füllen.

Es ist kein Wunder daher, daß ein solcher Mann und Buchstabierer späterhin so bittere Feinde fand; und daß ein Heinicke seiner Buchstabier-Methode so viel Unheil zuschrieb als Malthus der Übervölkerung. Ich weiß, sie hätten ihn, hätten sie ihn über der Arbeit ertappt, den Schreibarm abgesägt.

Er setzte bloß die geistlichsten Sachen, z. B. das Vaterunser, den Morgen- und Abendsegen, zum Buchstabieren in Bewegung – so wie die Deutschen anfangs Bibeln, die Welschen aber nur Klassiker druckten –; nur schwankt' er anfangs am Schreibtisch bei sich, ob er z. B. das Vaterunser und die beiden Segen zugleich mitzubeten hätte, wenn er sie silbenweise hinschriebe – was sehr ins Verdrüßliche und Langweilige fiel – oder ob er die Andacht auf die schicklichern Zeiten versparte, wo es schneller zuging. Letzteres wählt' er um so lieber, da es doch nicht geklungen hätte, wenn er im Abendsegen, den er am hellen Tage abschrieb, hätte ordentlich andächtig verfahren und halblächerlich für das Verleben eines Tages danken wollen, der noch tageshell dastand. Himmel! wie muß ein Mann den Dampf und Rauch des Lebens durch seine Schreibspule von sich weggeblasen haben, wenn er nicht nur[1] nach dem Morgensegen hinschreibt: »Und als-denn mit Freu-den an dein Werk ge-gan-gen und et-wa ein Lied ge-sun-gen, als die Ze-hen Ge-bot, o-der was sonst dei-ne An-dacht gie-bet« – sondern wenn

1 Siehe Anhang.

er auch dem Abendsegen die Zeile ansetzt: »Und alsdann flugs und fröh-lich ein-ge-schla-fen.«

Sogar das Körperliche bei seinem geistigen Erzeugen kehrte sich zu seinen Freuden um, z. B. er schnitt in ruhigen Muße-Stunden mehrere Federn voraus, um sie im Feuer bei der Hand zu haben – er deckte Dintenfaß und Dintentopf vor allem Staube zu, was so viele von uns versäumen, so wie das Abwischen der Federn nach dem Schreiben! – Ja war er nicht sein eigner Dinten-Koch (und dadurch hofft' er, nicht mit Unrecht, sein Goldkoch zu werden) und setzte, sobald es regnete oder schneite, die beste Dinte im Dorfe an und prüfte die Schwärze von Stunde zu Stunde, um leserlicher aufzutreten? – Und bracht' er nicht unter dem letzten Souverains-Wechsel eine Feder, so teuer als ein ganzer Flügel oder Flederwisch ist, nach Hause und gestand der Mutter frei, diese Seefeder – zwar bekanntlich ein Seetier, er wollte aber sagen ein Seekiel – sei wohlfeiler gar nicht zu haben als um einen Batzen der Kiel? –

»Jetzt aber«, fügt' er entschlossen bei, »jetzt gehts auch an die hochtrabendsten Reime, die es nur gibt, und da gehören die wackersten Seefedern dazu; Reime, wie nur im Gesangbuche stehen, müssen vorkommen und alles sehr schön ausfallen!« Er fing denn das Reimen an und folgte seinem Rufe, dem Hahnenrufe.

Bekanntlich stellt' er in seinem Werke immer neben etwas Lebendiges etwas Totes, eine Frucht oder ein Werkzeug, z. B. neben die Gans die Gabel, neben die Sau den Szepter, neben den Affen den Apfel; ein schöner Wechsel, welchen später die Franzosen zu ihrem revolutionären Kalender entlehnten und glücklich nachahmten, um die Tage statt nach Schutzheiligen lieber nach Schutztieren und Schutz-Gerätschaften zu benennen.

Dreierlei macht aber den Autoren das Leben sauer, erstlich der Anfang, weil sie gleich auf der Schwelle mit Wolken und Juwelen vor den Lesern blitzen wollen; – zweitens die Wahl unter der Fülle, wenn sie über eine ganze halbe Welt zu reden und zu gebieten haben, z. B. ein Beschreiber der gräßlichsten Vorfälle jetziger Zeit; – drittens die Wahl, wenn wenig oder gar nichts da ist; z. B. wenn einer ein Namens-Lexikon der jetzt in Paris kursierenden Mystiker und ersten Christen schreiben wollte, wovon er (ungleich dem dasigen Atheisten-Lexikographen) schwerlich für jeden Diphthong einen Mann finden würde.

Diese drei Torturen oder Teile der Buße stand auch Fibel aus. Die erste Seite, worauf bekanntlich der Affe und der Apfel stehen, hatt' er als die Fassade so festlich als möglich mit Raffaels-Tapeten vollzuhängen, um dem Leser oder dem Buchstabierer gleich vornen einen Vorschmack zu geben, auf was er drinnen im Lehr- und Bildersaale sich zu freuen habe. Noch dazu mußte die erste Seite, da sie allein stand – neben jeder folgenden schlug sich (die letzte ausgenommen) immer die Nebenseite auf – und da sie also den Vorteil des Kontraposts entbehrte, sich mit eigentümlichen Schönheiten waffnen, um ihre Stelle würdig zu behaupten. Auch mußte die Welt – ließ sich ohne Scharfsicht voraussehen – ihr Auge zu allererst auf die erste Seite mit drei Haupt- und drei Bei-Figuren richten, weil die Anfangs-Buchstaben ihrer Namen zugleich die Anfangs-Buchstaben des Titels seiner Schrift, nämlich das Abc waren.

Es gehört unter die vielen Autorfreuden, welche ich unter dem Schreiben dieser Lebens-Beschreibung genieße, daß ich die ganz unbekannte Anekdote – sie wäre denn der göttingschen Bibliothek bekannt – aus meinen Dorf-Papieren geben kann, daß Fibel auf folgende Weise anfing:

Der *Adam* gar possierlich ist,
Zumal wenn er vom Apfel frißt.

Mehrere Deutsche meiner Bekanntschaft wünschen, er hätt' es stehen lassen, daß sein Vorbertuchs-Bilderbuch wie das Menschengeschlecht anfing, mit dem A Adams. Das Schicksal und er selber wollten es anders. Der nackte Adam, der wohl nach, aber nicht unter dem Apfel-Biß in Pelze zu kleiden war, wollt' ihm nicht als der anständigste Großzeremonienmeister vorkommen, der nackend sowohl Abc-Bilder als die langen Menschenreihen anführte. Dabei blieben noch dazu Be und Ce unbesetzt.

Auch, wie gesagt, das Schicksal wollte ein anders, indem es ihn durch einen *A*ffen, *B*ären und ein *C*amel aus dem elenden Eismeer herausfahren ließ ans Ufer; nämlich ein Bärenführer tat ihm diese Vorspann-Dienste dadurch, daß er mit ihnen für Geld durch das Dorf zog und gleichsam ihren farbigen Schatten für ewige Zeiten auf die erste Seite warf. So ritt denn unser Fibel auf dem dreileibigen Geryon ins Holzschnitt-Werk hinein, wozu ihm bald ein Quintett von vaterländischen, aber dummen Tieren stößt, Dachs, Esel, Frosch, Gans und Hase.

Am meisten sind wir Menschen dem Bärenführer Dank für das repräsentative System schuldig, daß durch seinen Durchzug unser alter Stammvater und Stammhalter Adam sich, unserer anständiger, in den Stief- und Zerr-Menschen, den Affen, verwandelte. Letzterer homme postiche kann nach einem umgekehrten Anthropomorphismus in so viele Äpfel beißen, als er will. Dabei ist er, wie Adam erst *nach* dem Falle, schon von Natur in Tierfelle anständig gekleidet; und es ist überhaupt zu einem gesandtlichen Repräsentanten Adams, des wahren Menschenkönigs, indem ein Stellvertreter doch nicht alle Vorzüge seines Fürsten haben kann, recht gut der Affe gebrauchbar und zuschickbar, da dieser, kann er auch nicht alle höhern Eigenheiten seines Repräsentandus darstellen, doch die andern niedrigern an seiner Natur wie durch ein Kreditiv erträglich aufweiset, unter welchen er tückische Laune, Wollust, Possierlichkeit, Unbezähmbarkeit wohl ohne Eitelkeit anführen darf.

Die zweite obgedachte Not, die ein Autor hat, nämlich die Wahl unter dem Überflusse, erlitt Fibel an dem Buchstaben S, dem bekannten Lexikons-Riesen, ja Riesengebirge, das mit seiner Länge kaum aufhören will und sich daher flegelhaft über einen Bogen nach dem andern legt, indes sich X und Z kaum sehen lassen. Der vom Wörter-Zufluge gestochene Fibel wurde noch mehr verfolgt vom Lexikon, worin er gewöhnlich die Substantiven jedes Artikels, als z. B. des S (schon hier bei mir sitzt S an S), nachschlug; und er hätte vor so vielen S- oder Es-Tieren sich gar nicht zu retten gewußt, wäre nicht sein Landesherr auf einer Saujagd mit Hülfstruppen zu ihm gestoßen. Sofort hatt' er dieses Gedicht:

S s Sau – – S s Scepter.

Die Sau im Koth sich wälzet sehr,
Das Scepter bringet Ruhm und Ehr.

Er wurde mit S gleichsam überregnet, denn er konnte sogar den Scepter in einen Sau-Spiess (worin allein 4 S nisten) umschmieden. Ein feiner Takt riet ihm, das S-chwein, das seinem Ohre so nahe und seinem Gaumen noch näher kam, nicht aufzunehmen, sondern die Sau aus der höhern Jagd, das sogenannte ritterliche Tier, das sich mit seinen Hauern viel näher an Thron und Scepter schließt.

Die dritte Not, die einen Autor befällt, ist die: wenn er nicht weiß, was er sagen soll. Sie traf Helfen sehr hart vor den Buchstaben qu, x, y, z; solche undeutsche Buchstaben legten einem ehrlichen echtdeutschen Schreiber Schreibdaumenschrauben an; es sollte sein und es war von solchen Ausländern schlechter Dank für seine Gastfreundschaft, daß sie ihn nötigten, sich halb verdreht zu zeigen. Wahrlich es kommen künftige Kapitel in dieser Geschichte, wo man über diese Buchstaben mehr hören wird.

So versah nun Fibel mit unendlicher Mühe und Freude alle 24 Buchstaben mit kleinen Sinn-Gedichten, welche bis auf diese Stunde im Maule der Nation fortdauern. Sein feilendes Ausbessern war gewaltig; er hatte alle Hände voll Arm- und Schlichtfeilen – voll Jätemesser – Stimmhämmer – Erd-Siebe – Schwingfutter – und Poliermühlen. Daraus läßt es sich freilich erklären, daß er uns Füße und Reime von einer Reinheit geschenkt, welche sich jetzt selten macht; z. B. Reime wie ist, frißt – Bär, her – Last, Gast – Hund, kund – Säck, weg (wäck) – Nacht, macht etc. etc.; – wozu aber noch kommt, daß er, anstatt wie Büffon (nach Mad. Necker) vormittags die Substantiva und nachmittags die Adjektiva zu Papier zu bringen, es gerade umkehrte und am Morgen nur die Beiwörter und erst nachmittags und abends, wo er mehr Zeit hatte, die viel wichtigern Hauptwörter aussann und hinsetzte; so wie es ein späterer Kunstgriff war, daß er den frühern Kunstgriff Boileaus, stets den zweiten Vers früher als den ersten zu fertigen, gleichfalls geschickt umkehrte und jedesmal den ersten zuerst machte, und den andern aus der Zukunft abholte. Dies gibt aber auch seinen Gedichten eine Nette und eine solche Säuberung von allen minnesängerischen Flicklauten der Neuern – z.B. von *sehre*, *deme*, *Zoren* etc. etc. –, daß ich mich gar nicht verwundere, wenn unsere größten deutschen Dichter ihn früher lasen und studierten als irgendeinen andern Poeten, den Homerus selber nicht ausgenommen.

Gleichwohl wär' es unbillig, eine solche ausgefeilte Vollendung von unsern neuesten Dichtern zu begehren, da es genug ist, wenn sie diesem Polyklets-Kanon von weitem nacharbeiten.

Fibelische Musterhaftigkeit im Abcbuche, kann ein Sonettist sagen, ist wohl in Gesängen von zwei Zeilen und *einem* Reime zu erreichen; aber ein Mann versuche einmal, nach ihr in einem großen Werke von vielen Reimen in *einem* Sonett zu ringen: er wird bald eine tödliche Verse-Ferse eines Achilles und Herkules an mehr als einem Fuße vorzeigen.

Selber jenen demant-dichten und demant-hellen Sinn und Inhalt der Fibelschen Gedichte[1] möcht ich nicht zu

1 Z.B. Das Fleisch der Gänse schmecket wohl,
Die Gabel es vorlegen soll.
Oder: Gebratne Hasen sind nicht bös etc. etc.
Und so sind fast alle mehr oder weniger griechisch-plastisch und realklar.

strenge unsern Dichtern zumuten. Vielmehr ists eben bei ihnen das Zeichen, daß sie vom Phöbus (wie wir den Apollo heißen, und Franzosen schwülstigen Unsinn) nicht weit mehr entfernt sind; so wie auch bei den Kometen das Zeichen der Sonnen-Nähe ist, wenn sie, wie diese, den Kern rein verflüchtigen und durchsichtig werden und ganz zu Schwanz, der hier Assonanz und Reim bedeuten mag.

Dennoch bleibt den Dichtern des letzten Jahrzwanzigs genug übrig, worin sie sich mutig mit Fibeln messen dürfen – auch wär's unbegreiflich, wenn so ein doch weniger von der Kunst als vom Genie begünstigter Voglers-Junge allein ganze mystische und romantische Schulen überwöge und niederzöge –; ich meine aber besonders eine gewisse, in Fibeln sehr vertrocknete Wässerigkeit im edeln Sinn. Diese weisen wir aber auf, und wir können, wie Juweliere ihre Edelsteine, so mehrere unserer poetischen Edelsteine nach ihrem hellen weißen Wasser schätzen und ausbieten. Wir besitzen Dichter vom ersten Wasser, vom zweiten, vom dritten; und in Roßdorfs Dichtergarten spiegeln und wallen Dichter vom zehnten Wasser.

14. JUDAS-KAPITEL

Fibels Einschiebessen, bis zum Aufdecken des Wandschränkchens

Das Werk war auf- und ausgebauet, und die Kranzrede auf dem Dachsattel hatte Fibel schon seit der ersten Mauer mehrmals an sich gehalten; – bekam es vollends noch Drucklettern und illuminiertes Vieh dazu, so war etwas in Heiligengut fertig errichtet, was man, seit der Kirchturm stand, niemals da gesehen. Im ganzen Dorfe lief das Gerücht um, daß der Student ein neues Abc-Buch für alle Kinder, auch die ausländischen, verfertigt; – ein Unternehmen, das freilich der Ortsschulmeister, der so lange Fibelhahn auf dem Mist und im Korbe war, für windig und absurd erklärte.

Der junge Autor – froh, schon Geld noch unter der Regierung des letzten Halbsouverains erschrieben zu haben – trug seine Abcfiguren, womit er, wie mit Schachfiguren, König und Königin, sich und Mutter decken wollte, in die Buchdruckerei der Stadt und zeigte dem Druckerherrn sein Papier vor und fragte sanft an: »Wieviel bekommt man dafür?« Fibel meinte damit, wieviel er selber für das Gedruckte werde erhalten; der Druckerherr aber verstand natürlich, wieviel er ihm für seine eigene Schwärze und Arbeit zahle, und versetzte daher: »Je mehr Exemplare, desto mehr wird ausgebatzt.« – »Nu«, sagte Gotthelf, »so will ich eine unglaubliche Menge haben und will das Geld gleich mitnehmen.« Sogar die letzte Wendung zog den Druckerherrn noch nicht aus dem Labyrinth; bis er endlich aus diesem durch einen neuen Antrag Fibels in ein unbändiges Lachen geriet, wozu sich Gesellen und Jungen gesellten. Jetzt wurde dem Schriftsteller das Wesen der Buchhändler auseinandergesetzt, wobei er freilich aussah und zuhorchte wie eine sprachunkundige Mutter, welche ihres Sohnes wegen mitten in den lateinischen Reden einer Gymnasiums-Feierlichkeit sitzt.

So trug er denn seinen Verlags-Artikel zum Verleger der Stadt und wollt' ihn losschlagen für Geld. Aber der

Mann schlug den Artikel aus; und es ist wahre Schonung, daß ich den Namen eines Buchhändlers verschweige, der ein Werk fahren ließ, wovon nachher so viele tausend Buchbinder in Sachsen und Franken sich bekleideten und beköstigten. Noch schwerer wird mir das Verschweigen, wenn ich weiter erzähle, daß er fast hämisch dem jungen Schriftsteller zu Selbstverlag und Selbstdruck riet und ihm den Kauf einer kleinen Handbuchdruckerei, die er ihm vorzeigte, antrug; »mit diesen Lettern«, setzt' er hinzu, »getrau' er sich Werke von jedwedem Fache, sogar die allerexzellentesten zu drucken.« Helf schlug ein und fleht' ihn bloß um Gottes willen halb kniefällig an, ihm die Buchdruckerei nur so lange aufzuheben, bis er seine Erbschaft gewonnen, bis in den tiefen November. Es wurd' ihm zugesagt.

Er ging so froh nach Hause, als hätt' er in der Tasche eine der besten Taschendruckereien mitzubringen; indes glaubte die Mutter, seinen Hoffnungen mitten in der Not schon darum, weil er ihr niemals widersprach. So lebten nun beide sich in den November hinein. Wenn man bloß daran zu denken gewohnt ist, wie viel Große brauchen, um ihr schales Leben einigermaßen abzusüßen – Lumpenzucker, halbe Bastern, Großmelis, Kleinmelis, feinfein Raffinade, Kandis, Rosenzucker und Bleizucker –: so erstaunt man freilich, wie unser Paar mit dem matten Zuckerwasser auskam, welchem es täglich so viel Wasser nachgoß, daß das Gesöff wie gutes Wasser nach nichts schmeckte. Es finden sich Belege in beider Geschichte, daß sie einmal abends nichts als einen einzigen Kartoffel verspeisten, aber einen so ungeheuern und diesen so freudig und satt, daß ihnen dazu nichts zu wünschen übrig blieb als ein Gast. Aber was machte jede Entbehrung so leicht? – das Wandschränkchen. Mit Freuden darbt, hungert, dürstet jeder vor der Tür einer Silberkammer, wenn er weiß, sie tut sich ihm auf nach wenigen Tagen. – Und – wenn wir die tierdumme Furcht wegwerfen – sitzt nicht jeder von uns an der Tür einer solchen Kammer?

Fibel gehörte überhaupt unter die wenigen Menschen, die sich von den vielen unterscheiden, welche dem Hunde ähnlichen: man streiche diesem irgend etwas ihm Abscheuliches auf Nase und Schnauze, so leckt er gleichwohl an demselben, wie sonst am Wohlschmeckenden, so lange bis ers hinein und rein aufgenossen hat; gleichermaßen wiederkäuen die meisten Menschen lieber das aufgelegte Widrige als Süße und saugen es stückweise in sich, bis sie endlich unter lauter Fluchen über den bittern Nachgeschmack ihn erschöpfen. Aber der leichtsinnige Fibel hielt nur den Honiggeschmack im Munde fest, und ließ das Übrige aus dem Magen gehen, wohin es konnte. Möchte doch jeder ein Register, eine Spieltabelle über Hoffnungen und Befürchtungen halten und Ende Jahrs nachlesen, wie unendlich viele – Befürchtungen gar nicht eingetroffen sind! Aber der Mensch vergißt leichter altes Fürchten als altes Hoffen, denn er setzt eben nicht das Drohen, sondern das Versprechen der Zukunft, d. h. des Weltgeistes voraus.

Sogar Fibels Mutter, welche kein Ehe-Krieg mehr überzog, ängstigte sich nicht darüber, daß der Magen des Sohnes mit den Jahren größer wurde; indes andere Mütter schwache Freude über die Menge und Tätigkeit der kindlichen Zähne bezeigen, so großes Vergnügen ihnen auch früher das erste Erscheinen jedes einzelnen Zahnes gemacht – Und dafür, alte Mutter Engeltrut, dafür, daß du deinem Sohne das schreibende und hoffende Leben nicht durch unnützes Zagen verkümmertest, sei dir noch auf deinem Grabhügel Dank gebracht!

Allerdings lagen um Fibels Haus noch ganz andere Paradiesgärtlein. Es wird hier nicht sowohl die Mutter-Post gemeint – die wöchentlich persönlich mit jedem neuen Reim und Tier, aus der Eierschale gebrütet, zur Wildmeisterin abging und ihr einmal gar das Jägerhorn und den Reim mitbrachte: »Das Jägerhorn macht Lust und Freud« – als der Tubus und Berg. Vielen ist aus einem frühern Kapitel dieses Werks der Waldberg bekannt, von dessen Abendseite man gerade in die Fenster des Jägerhauses schauen konnte. Vom Pfarrer bekam er gern ein altes Fernrohr geliehen, »weil er«, sagte der Pfarrer, »das Wort Teleskop aussprechen konnte, was bei uns der Schulmeister selber nicht vermag, geschweige der Bauer.« Diese Himmelsleiter holte er sich nun an grimmigen pfeifenden Wintertagen und setzte sie ans Auge, wenn die Abendsonne den Berg mit Glanzrot überlegte. Da hing der ferne kalt-windige Gipfel dicht an seiner Nase vor dem Fenster, und er, mit dem ganzen Leibe im warmen Stuben-Bade, lagerte sich bequem auf den fernen Schnee hin und konnte nun die wärmsten Blicke aufs grüne Jäger-Haus herabwerfen, worin er bald Drotta allein antraf, bald seine Mutter dazu, welches letztere leicht vorauszuwissen war.

Verschieden von diesen Winterlustbarkeiten sind die Sommerbelustigungen des optischen Älplers, wenn er abends ganz spät – sein langes ziehbares Schnecken-Füllhorn in der Hand und am Auge – den sonnenroten Berg mitten ins Dorf mit seinem optischen Zauberstabe versetzte, und wenn er dann auf diesem Verklärungs-Tabor sich niederließ auf das von ihm selber früher zu einer Bank zusammengetragne Steinhäufchen und er keck herunter thronte und fort schauete – wenn darauf die Sonne den Berg wie einen heitern Greis mit ihren letzten Rosen überkränzte und endlich ihn stehen ließ und unterging, statt ihrer aber die schönste Abenddämmerung zum Vergolden nachschickte; und wenn dann in der Stube Fibel oben mitten auf dem fernen Gipfel saß und unter dem Gebetläuten herabsah in die Wildmeisterei und jeden Waldvogel und Drottas Abendgesang vernahm durch den Tubus und dabei ohnehin oben genau zusah, wie die Einsame das Haus verwaltete und herumarbeitete: – – in solchen Umständen war es freilich kein Wunder, wenn er das Tubusglas ohne Nutzen abwischte, weil er fälschlich dachte, der Tubus sei naß, aber nicht sein Auge. –

Kenner des menschlichen Herzens müssen es halb und halb, also ganz erklären können, daß er, sobald sein Abc-Werk fast ins reine gebracht und geschrieben war, seine Liebe gegen die vom Walde verhüllte Braut fast wie einen halben Schmerz empfand und sich kaum zu helfen wußte; und ich bin auf der Seite der gedachten Kenner, wenn sie z. B. bemerken, daß eben jedes Blatt voll Reime und Tiere gleichsam als ein guter dicker Ofenschirm und Sonnenschirm sich unter dem Ausarbeiten vor die Gestalt gestellt, die seinem kindischen Herzen so warm gemacht. Vollends war nun der Monat der großen Entscheidung über das Schicksal seines Abc, seiner Mutter, seiner Liebe so nahe herangedrungen, der Windmonat oder November, worin das Wandschränkchen, wie bekannt, testatorisch geöffnet werden mußte. Allerdings konnte vielleicht sich kein Batzen im Schränkchen zeigen, sondern etwan irgendein Spaß; daher auch dem Helden der Geschichte nicht zu verargen ist; daß er in der Nähe des so großen Tags – der im nächsten Kapitel aufgeht – seinen Tubus, bisher die Saftröhre und Brunnenröhre seines fast ausgetrockneten Lebens oder die Balancierstange seines schwankenden, nun nicht mehr an Aug' und in Hand nimmt, sondern lieber ohne alle Hoffnungen erwartet, was sogleich kommt in der folgenden.

15. VOGELSCHEUCHE

Eröffnung des Schränkchens und des Testaments

Ich wollte, es wäre nicht so vieles in diesem dünnen Leben wichtig, sondern man hätte aus einer oder ein paar Millionen Dinge sich wenig zu machen und könnte ruhig sich aufs Ohr legen. Aber Himmel! welche schwere eingreifende Minuten, die oft das Geh- und Schlaggewicht ganzer Jahrhunderte aufziehen oder abschneiden, haben nicht die größten Königreiche z. B. an einem Schlachttage auszuhalten! Und so geht es bis zum Einzelnen herab, der oft Stunden hat, wo für ihn ein Urteil – ein Examen – ein Landtag – eine Tapetentür – sein eigner Leib eröffnet wird – oder ein Testament.

Und im letztern Falle sind wir alle jetzt durch Fibel, dem man das väterliche aufmacht. Wahrlich ein Autor, dem das funfzehnte, so lange als Vogelscheuche aufgehangene und jeden Schnabel abtreibende Kapitel endlich von Heiligenguter Jungen eingeliefert wird, dem wird leicht der Inhalt so scheuchend, als das Papier auf dem Felde war. Schon der Anfang setzt in Angst:

Die Mutter nämlich hatte für diesen zu wichtigen Tag, zugleich Sohnes-Geburts- und ihr Erbschafts-Tag, nicht nur Kammer, Küche und Treppe gescheuert, sondern auch viel Eß- und Trinkware hingesetzt für die drei Herrn Aufschließer; – hatte nun der Vogler im Wandschrank nichts hinterlassen; so blieb, nach dem Abzuge der drei Aufmacher, die blanke Stube so wie das ganze hoffnungsleere wüste Häuschen als eine widerwärtige Hinterlassenschaft der so hoffnungsreichen Vergangenheit zurück. Inzwischen soll dieser Eingang auch nicht dem ärmsten Leser einer Lesebibliothek ohne Not das Leben sauer machen, sondern es soll gesetzt fortgefahren werden.

Es erschien denn der Schulmeister *Flegler* als Dorfs-Notar samt zwei Zeugen, da kein Jurist noch Unglück allein kommt, ja Fakultäten die Urteilsverfasser mehrfach aufeinander sitzend versenden, wie oft in der Paarzeit vier Frösche aufeinander sitzen oder wie man Schnecken gepaart verschickt. Flegler sagte, heute erscheine der Tag, wo er komme und an woselbem er nach der Bevollmächtigung des sel. Erblassers als Executor testamenti wirklich auftrete mit allen gehörigen gewöhnlichen Zeugen. Sowohl dieses als sein Dasein bracht' er darauf gehörig zu Papier.

Engeltrut weinte, weil sich vor ihr der verklärte Vogler gleichsam halb im Sarge, obwohl stäubend aufrichtete und ihr in dieser halben Auferstehung ordentlich die Hand reichte, als sei er da drunten freundlich geworden.

Sein Sohn paßte scharf auf alles auf und dachte am meisten an die Mutter und an das Abc.

»Von höchster Importanz ists endlich«, – sagte Flegler – »daß man allerseits von Gerichts wegen sich zum Besichtigen und Erbrechen des Wandschrankes erhebet und den Schrank zur Erbschaftsmasse schlägt, wenn auch kein Geld oder Geldeswert darinnen ist; – denn das Protokoll vom heutigen dato muß ordentlich geschlossen werden.« Die Fünfer verfügten sich ordentlich in die Kammer – der Schulmeister sah erst diese, dann noch genauer die Siegel an – dann die Papierstreifen als Eisenbänder über der Türe, ob nicht gar darauf geschrieben sei – dann schnitt er behutsam die Streifen vom Siegel los – endlich sperrt' er auf.

Der verwelkte Rosenstock in seinem Topfe stand darin. Sonst wars leer; – und als die Zeugen alles untersuchten, bliebs leer.

»Dennochen«, sagte der Schulmeister, »muß der Topf ins Protokoll eingetragen werden, mein liebes Studentchen«, und schlug Helfen auf die Achsel, schnell hintereinander Kopf nickend. Er gehörte unter die willigen Menschen, welche gern einem andern, wie Simeon dem Erlöser, das Kreuz nachtragen, wenn sie wissen, daß er daran geschlagen werde.

Flegler verfügte sich in der Stube an den Protokolltisch, gebot aber sogleich in die Kammer hinein, den Topf neben das gerichtliche Protokoll hinzustellen. Die halb erstarrte Mutter war nicht vermögend, ihre erfrornen Hände zu rühren; der Student aber ergriff den Topf und ließ – weil dieser zu schwer war, oder sein Herz – ihn aus den Schreibfingern gleiten, und die Blumenscherbe zersprang in hundert Scherben.

Indes kam aus der Erde – und woraus denn überhaupt sonst? – Gold heraus; an 300 Souverains (halbe) hatte der Münzmeister Gotthelf durch einen leichten Handgriff ausgeprägt. Die Kammer (nämlich die vier Fakultäten darin) schrie vor Lust über den Aufgang des goldnen Sternen-Gewimmels: »Die Erbschaft ist da, die Erbschaft ist da!« Der im Niederschreiben unterbrochne Flegler fuhr in die Kammer und tat im ersten dummen Schrecken die zornige Frage: »Wer von euch da hat das Gold eingeschwärzt?« – Man reiset jetzt durch wenige Länder, welche eine solche Frage nicht gerne hätten oder einen goldeinschwärzenden Taschenspieler. Der Schulmeister half sich sogleich aus dem Dummsein dadurch, daß er bestimmt erklärte, nicht das geringste Goldstück dürfe der Erbschafts-Massa unterschlagen werden, weil er diese zu Protokoll zu nehmen habe; freilich da niemand ihre Größe kannte, war jede sichtbare die ganze. Es gibt ebensooft einen diabolus ex machina als einen deus ex machina; Flegler wäre gern jener auf Fibels Lebenstheater gewesen; so aber arbeitete er unter dem Golde verdrießlich fort, wie ein Goldarbeiter in seiner Werkstatt, über welchen eben ein die Metalle suchendes Gewitter zieht.

Er gehe! –

Aber ich wünschte, auch andere und anders teilnehmende Heiligenguter überließen Frau und Sohn ihrer gegenseitigen Seligsprechung und ihrem Weinen vor Lust und Dank. Engeltrut wurde an diesem Tage zum zweiten Male Siegwarts Braut und Preis-Gattin, und ihr Lebenstheater drehte sich wie ein römisches Amphitheater auf

Angeln um, und sie wurde aus der Zukunft zugekehrt der Vergangenheit. Helf aber saß seines Orts tief bis über die Ohren und Augen in lauter Zukunft; er sah nur Abc und die Braut. Erst später, als ihre Glückwünscher und Glückverwünscher über Schwelle und Dächlein hinaus waren, fiel der Mutter der Geburtstag Gotthelfs fast wie etwas Neues wieder ein, und sie sagte, er müsse nun mit ihr hinknien und Gott für alles danken. Er tat es mit Freuden und kniete neben sie hin und sagte Gott Dank, doch aber mehr dafür, daß er Erbe, als daß er Mensch geworden, indes die Mutter mehr an sein Gebären als an sein Erben dachte.

Jetzt war es nun Zeit für die Mutter, sich aufzumachen und die Sache der Welt zu berichten. Großen Schmerz steckt man leichter ins tiefe Herz zurück als große Freude – obgleich die Äußern, die Menschen, an jenem den größern Anteil nehmen –; aber man plaudert aus hundert Gründen: z.B. weil man doch mehr die Teilnahme voraussetzt und wieder nach ihrer Entbehrung weniger fragt – weil man in der *Freiheit* der Freude losgebunden alles liebt – weil sogar ein fremdes kaltes Ohr und Herz die Glut der eignen Entzückung nicht löscht – weil zwar Überschmerz das Herz langsam zerläßt, aber Überfreude es gewaltsam zersprengt, auch schon, weil man sich unbesorgter den reißenden Paradiesesflüssen der Entwürfe als den zurückgehenden Höllen-Strömen der Fehlschlagungen übergibt, und weil man daher bei großen Freuden-Stürmen zuerst dem Herzen Luft zu machen hat durch die Lungen, d.h. durch Sprechen – und endlich, weil Engeltrut zuvörderst zur Wildmeisterin ging.

Gotthelf hingegen ließ seine Freude am Schreibpapier aus und feilte aus den Reimen das Dümmste lustig weg. Denn nun rückte ja die Zeit – die Goldscheiben lagen als Räder zum literarischen Siegswägelchen schon da und brauchten nur eingebohrt und angeschraubt zu werden – immer näher mit dem Wägelchen an, wo er sich aufsetzen und auf ihm hinausfahren konnte in die Welt und Unsterblichkeit. Er hatte die Taschendruckerei schon so gut als in der Tasche; durch das güldne Abc des Testaments war das bleierne des Buchs zu kaufen und zu setzen. So sehr ist sogar der größte Schriftsteller, gleichsam wie jetzt Europa, zu den Metallen verurteilt, wie ein Römer-Knecht, dieser Silberdiener und Goldsohn der metallischen Verhältnisse, obwohl in einem andern Sinn als der Silberdiener einer fürstlichen Silberkammer oder der Goldsohn einer mütterlichen Herzenskammer. Und so schrieb denn Fibel frohsam weiter und gebar selig Reime, welche die Welt kennt, aber nie kennen würde ohne den Druck.

Er siebte und filtrierte fürchterlich an seinen Abc-Gedichten, aber ohne viel Glück; denn im Haarsieb und Filtrum oder Philtrum saß immer die Wildmeisterin und verstopfte die kritischen Löcher. Zuletzt ging er, da er müde war, spazieren, fast bis an Drottas Gehege, um seine Mutter und von ihr die Nachricht früher zu haben, was das Wandschränkchen für Wirkung im Walde getan. Er selber hatte unmöglich der erste Reichtums-Bote bei der Geliebten sein können, um ihr Ja oder Nein fast herauszufodern – entweder sie rot, oder sich blaß zu machen, dies überstieg die Kräfte seines Herzens.

Die Mutter überbrachte mit mehr Freude, als ich Ursache dazu finde (denn ich höre noch nichts Bestimmtes von Einwilligung des Vaters), die Nachricht, daß der alte Jäger schon zu Hause gewesen und in zehn kurzen Flüchen seine Entzückung über den Verstand seines seligen Duzbruders ausgedrückt; – und daß die Wildmeisterin sogleich höchst gescheut mit ihr die Anlegung und Sicherheit eines solchen Kapitals besprochen. »Mutter«, rief Helf, »jetzt kommt Leben ins Haus! Und Ihr sollt recht in Euerer Kommodität sein.« Natürlicherweise sprach er dann von leichten Verlobungen und von Taschendruckereien und Autorschaften deutlicher als je.

NICHT DAS 16., SONDERN DAS 17. KRIMINAL-KAPITEL

Der Maienbaum im Paradies

Ich stelle das ganze Dorf zum Zeugen auf, daß ich das 16te Kapitel vermittelst aller Jungen desselben nicht aufzujagen vermocht. Ja die Welt kann sich glücklich preisen, daß ich wenigstens das unschätzbare 17te Kapitel, worin so viel von Liebe vorkommt, an einer alten Halsgerichtsordnung Karls des Fünften als Einkleidung oder Umschlag angetroffen. So zieht sich doch immer genug Zusammenhang mit dem Vorigen fort. Ich finde Helfen im Kapitel, das ich eben schreibe, schon im Mai ansässig und noch unverheiratet, aber voll Liebeserklärung; ferner find' ich Winke in dem, was ich schreiben werde, daß er die Taschendruckerei zwar gekauft, aber noch nicht (vielleicht aus Unkunde des Druckens) für Abc und Welt verwandt; endlich erseh' ich aus dem, was ich sogleich erzähle, leicht, daß Sohn und Mutter manches ausgestanden, manchen kotigen Schnee durchwatet, bis sie da angelangt, wo wir fortfahren.

Wollt' ich sonst die Lücke, welche über einen ganzen Winter hinausreicht, bloß mit Dichtungen zufüllen: so könnt' ichs wohl; oder ich müßte in meinem Leben nicht gelebt oder gelesen haben, um nicht sogleich so viel Jammer und Not bei der Hand zu haben, um zwei sorg- und schuldlose Menschen auf eine Folterleiter zu spannen, die sich vom November bis zum Johannistag hinüberlegt. Himmel! wie leicht wäre nicht beider gewonnenes Hirtenländchen von Doppellust sogar durch den frostigsten Autor dick zu überschneien! – Und wenn dem Leser so sehr an Tränen liegt und er sich aus dem Tränen-Gefäß oder Lakrymatorium eines Paares nicht satt schöpfen kann, so liegt ja noch immer das Heidelberger Tränenfaß des Krieges vor ihm, woraus er mit einem Stechheber sich so viel Jammer holen kann, als er nur Lust hat.

Inzwischen bei dieser Gelegenheit rühr' ich mich selber und jeden andern. Wünschen wir uns lieber Glück zum Verluste des sechzehnten Hiobs-Kapitel! Zu erraten ists ja von selber aus allen Winken, die ich sogleich hie und da einstreuen will, daß der alte Forstmann sich als Hemmkette und Hemmschuh aus Starrsinn dem Brautwagen beider Liebenden anschnallte. Auch sagt' ich es sogleich zu mir, als man das breite grüne Paradies aller dieser Leute aus dem Wandschränkchen zog: »So kann es nicht bleiben; ein paar finstere Wolkenschatten, ja einige Hände voll Hagel wirft der Himmel wahrscheinlich darauf.« – Und o wie ists eingetroffen! Sechs Sprossen, d.h. sechs Monate, sind der vor die Nasen der Helden und der Leser hingestellten Himmelsleiter ausgebrochen.

Die Sache ist diese:

Der Wildmeister war wie alle Einsame oder Waldmenschen – denn ein Wald ist noch weniger volkreich als ein Dorf – unter die Schaumünzen von Selbst-Gepräge gehörig, unter die sogenannten Festhasen, die man für das Fest mitten aus dem Jagdverbot herausschießt. Er hielt sich für klüger als alle Hasen, Rehe, Sauen und Jägers-Pursche, folglich für klüger als die ganze Welt, denn diese bestand bei ihm nur aus jenen. Personen nun von solchem höchsten Verstande, wofür der Forstmann sich galt, nehmen jedes Dekret – sobald sich ihm nur niemand mit Gründen widersetzt – leicht zurück, weil sie den Selbst-Löseschlüssel den ganzen Tag in der Tasche tragen und sie wenigstens bei sich recht haben, wenn sie Nein nach dem Ja sagen und umgekehrt. Gleichwohl waren seine Wald-Kabinettsordres, seine pragmaticae sanctiones, seine Kreisdirektorialkonklusa, seine edicta perpetua so unwandelbar und ehern, daß sie niemand ändern konnte als er selber, was er eben darum, mehr sich als andern zu Gefallen, unaufhörlich tat. – So kam er denn nun einst kurz vor dem Johannisfeste halb freude-, halb bier-trunken nach Hause und sagte ungewöhnlich-freundliche Worte zur Tochter, woraus diese indes auf nichts schloß als auf Schüsse.

Endlich zerriß ihm das Herz, und dabei zeigte er eines, und er hob an: »Den Tannenbaum für Johannis (zum Maienbaum) habe ich prächtig losgeschlagen, um drei Taler zu teuer; besonders muß ich dir sagen, du sollst endlich einmal deinen Studenten heiraten, so gewiß die Pursche den Maienbaum aufrichten.« – Die Tochter fing an: »Herzallerliebster Vater, und wenn Ihr meine leibliche Mutter wäret, so könntet Ihr nicht mehr an mir tun, daß Ihr so« … Er aber fuhr unbekümmert um ihre Antwort fort: »Denn ich habe mirs bei mir wohl überlegt, wenn ich einen einzigen Jägers-Purschen zu Hause lasse, so ist mir das so gut, als wenn du da bist. Ich will dich an deinem Glück gar nicht hindern, da dein Kerl einmal die Jagdkugel[1] im Maule hat.«

Aber er erklärte fest, daß sie »ihrem Patrone« nicht eher die Heirat antragen dürfe als am Johannis-Vorabend, wenn der Maienbaum aufgerichtet würde, und zwar nicht eher als im Augenblick, wo er aus dem Wirtshause mit dem Hifthorne dreimal hintereinander herausstoße und beide »jagdgerecht« blase. Am Morgen darauf sagt' er: »Ich weiß, was ich gestern gesagt, aber es bleibt dabei.«

Wir müßten das untergegangne Kapitel gelesen haben, um recht in Drottas freudig aufgestürmtes Herz hineinzukommen. Sie muß viel gelitten und wenig gesprochen haben; es muß ihr der Aufschub ihrer Liebe, den sie vor dem Reichtums-Tage so leicht ertrug, nach der Ankündigung desselben sehr hart auszuhalten vorgekommen sein. Sie sah bleich aus, so stark und arbeitsam sie war. Aber der Schmerz der Liebe zernagt Geister und Körper, männliche und weibliche Kraft; und der Schmerz frißt heißer weiter, weil der Mensch zu niemand wie bei

1 Eine Kugel so groß wie ein Ei, aus vielen nahrhaften Bestandteilen gebacken, womit Jäger und Pferde sich lange gegen den Hunger wehren können.

andern Leiden sagen darf: ich leide, denn er könnt' es nur zur zweiten Seele sagen, mit der er nicht reden darf oder die mit ihm leidet.

Nachmittags vor Johannis kam sie mit dem Vater im Wirtshaus in Heiligengut an, als die jungen Pursche, mit Bändern um den Hut, mit langen bunten Seidentüchern um den Hals, etwas Ähnliches für die rote Fahne des Maienbaumes einsammelten. Drotta gab – sie hatte nichts anders – eine ganze eben gekaufte Rolle rotes Taftband dem Baume zur langen Siegesflagge her, welcher der Segelbaum einer neuen Zukunft, die Siegessäule ihrer Wünsche geworden. Endlich wurde der weiß-glatte voll geschmückte Freiheitsbaum dieses Freuden-Abends in die Erde eingetrieben, und Hebstangen und Haltstricke der Dorfjugend hoben ihn unter Lust- und Lenk-Geschrei in den abendroten Himmel hinein, und sein vielfarbiger Gipfel-Schmuck flatterte auf, und das lange rote Band hing spielend den halben Baum herab.

Auch Gotthelf hob in Feierkleidern mit, aber ganz schlecht und sah nach dem Wirtshaus. Von einem Manne, der zehnmal mehr Souverains vorspannen konnte als Sesostris Fürsten, galts im Dorfe schon viel, wenn er nur anfaßte; auch war er der Student. Kaum war der Lustbaum eingekeilt, so fingen Geigen und Tänzer an. Die Nachtkühle lud zum Tanze – ein Tanz am hellen Mittag ist Tarantelstich –; die gelassensten Pursche wollten einen Vorschmack und Imbiß vom morgendlichen Johannistage nehmen; und tatens. Die Wildmeisterin näherte – Freundinnen waren die Sprossen der Jakobsleiter – sich dem scheuen Helf, der ihr bisher mit nichts nachgegangen war als mit Blicken. Ihre offene Freundlichkeit, sogar in der väterlichen Nachbarschaft, setzte ihn nicht in nachsinnende Verlegenheit, sondern in trunknes Entzücken. Ein so schneller Zug aus dem Freuden-Becher oder Tummler stieg ihm in den Kopf, daß er alles sich drehen sah und sich selber zu drehen entschloß. Er fragte sogleich nach nichts, und wenn hundert Väter Drottas im Wirtshause säßen, sondern ergriff ihre Hand und fuhr ins umlaufende Weltkörper-System hinein mit allen Schraubengängen älterer astronomischer Systeme oder seines eignen Körpers. Die Geigenwirbel wurden ihm kartesische Wirbel – auf der Geliebten blassem Angesicht schlugen gar zu anmutig rote Blüten aus – ihm war bei dem Niederschlagen ihrer Augen, als sei sie ordentlich zu vornehm für die Baum-Ronde – aber die kleinen Drucker ihrer Hände gaben dem Gemälde seines Glücks gewaltiges Licht – weit flatterte das rote Band in den Himmel und über die Tänzer, wie eine Freiheitsflagge des Lebens, wie ein all-verknüpfendes Liebes-Band – Gotthelf wurde ein völliger geschwungner Brand im Feuerrad, das den Baum umlief – zum ersten Male ermüdete ein Tänzer eine Tänzerin.

Das Abc hatte sich tief in seinem Kopfe zurückgezogen; er war selber ein Abc-Hahn mit geschwungenen majestätischen Flügeln.

Sie bat endlich um einen Sitz. Am Wirtshause stand ein Kirschbaum mit einer schlechten Laube, in welcher man auf einem hölzernen Bänkchen gut verdeckt und ungesehen ins Fest-Gewühl einschauen konnte. In Dörfern dürfen ein Paar warme Menschen sich schon hinsetzen und hinbegeben, wohin sie wollen; kein Argwohn verbietet oder verbittert die Unsichtbarkeit. In Städten freilich erscheint jede Entfernung von den Zuschauern als eine von der Tugend, und kein kostbares weibliches Herz wird allda in Wäldern und Feldern oder in Zimmern gesichert und gedeckt genug geglaubt ohne eine *Ehren*-Wache von hundert Hoch- und Nachtwächtern mit Schnarren, von Addisons spectators und Schirmgöttinnen u. s. w., so daß weibliche Herzen von Stand und überhaupt städtische Damen wegen ihrer Zartheit und Reinheit zu einem so außerordentlichen Werte geschätzt werden, daß man sie gänzlich Kunstwerken, z. B. Cassanovas und anderer guten Künstler fürstlichen Bildsäulen gleichstellt, vor welche man gegen Verletzungen Tag- und Nacht-Wachen ausstellt.

Anfangs saßen beide Liebende dem fernen Rund-Getümmel mit Wonne gegenüber; die Kinder wurden wach und liefen heraus und wiegten sich im Hemde auf Wagendeichseln, die Männer kamen aus dem Wirtshause, die Weiber aus den Stuben, und alles freuete sich ineinander. »Mir ist heute so tanzerlich zumute, Jungfer Wildmeisterin«, sagte Helf; »ich könnte fast von einem Stern auf den andern springen, und wohl darüber weg, da sie einander so nahe hocken. Und ach, Sie ist wohl so gar sehr gut gegen mich, allerliebste Wildmeisterin.« – Sie drückte ihm die Hand ungemein zärtlich und scharf; was aber wohl kein Unparteiischer für einen Bund-Bruch gegen ihren Vater erklärt, insoferne er bedenkt, daß der Forstmann außer der Zungen- und Büchsensprache gar keine andere kennt und voraussetzt, mithin keine Finger- oder Augen- oder gar Herzens-Sprache.

Aber dieses Anwehen der nahen Liebe bei dem Anblicke des hüpfenden Menschenspiels kehrte auf einmal den nahen Fibel um, er saß als der leibhaftige Gott der Sehnsucht da, er sagte und klagte, wie wenig ihn jetzt die ganze Erbschaft erfreue und das Abcbuch, sobald er gegen den Waldberg hinschaue. Sie bat ihn aber mit frohem Tone nur um ein kurzes Gedulden; und es sei gar kein halbjähriges. Dieses goß schon wieder so viel Labsal in den Gott der Sehnsucht, daß er ganz froh ausrief: »Wie doch heute die Kirschen so schön blühen und riechen!« Drotta fing zu lachen an, weil er den mit atmenden Blüten hinaufsteigenden Jelängerjelieber für Kirschblüten genommen.

So saßen sich beide weit in die Nachmitternacht hinein. Der alte Jäger vergaß das Hifthorn über das Trinkhorn. Um den lustigen Maienbaum wurd' es leer und leerer, und Liebende nach Liebenden gingen selig nach Hause. Das lang in den Himmel hineinflatternde Purpurband des Mädchens und der Waldberg voll Mondsschnee und die aus den festen Sternen herabschießenden Erden-Sterne und das Herüberglänzen weißblühender Schotenfelder und ein langer dicker weißer Raubvogel, der gar nicht von der Turmfahne wegwollte, und das zärtliche Neigen der Gipfel eines Wäldchens gegeneinander – – – dies machte ihn und zuletzt auch das Mädchen immer wehmütiger; es war für ihn hart, so vor dem Glücke als Verarmter zu sitzen, und für sie noch härter, einen teuern Trostlosen neben sich zu sehen, dem sie den nahen Trost vorenthalten mußte.

Zuletzt, als ers nicht mehr aushalten konnte, stand er auf und sagte: »Nun gut! so ergeb' ich mich denn in Gottes Willen! Lebe Sie immerdar recht herzvergnügt, Jungfer Wildmeisterin! Und ich und meine Mutter werden wohl von nun an ewiglich allein beisammen bleiben.« Er nahm und drückte ihre Hand und wollte sie fahren lassen ... – – als auf einmal der heitere Forstmann lustig mit dem Hifthorn aus einem Wirtsfenster herausblies und der Tochter das Zeichen der Einwilligung gab.

Aber Drotta konnte vor Herzensfülle nicht reden, hielt nur seine Hand fester, mit der andern aufs Fenster zeigend, und fing zu weinen an. Er fing auch an. Jetzt war ihr vollends die Erklärung des herausgeblasenen Vaters-Ja unmöglich. Sie rief daher bänglich: »Vater! Vater!« – Er kam mit dem Horne heraus, sie fiel ihm an die Brust und sagte: »Ich hab' ihm noch nichts gesagt, sag' Ers!« – »Nun, mein gelehrter lieber Student«, hob er an, »in acht Tagen ist Er mein Schwiegersohn« und zog ihn bei den Haaren an seinen Kußmund.

– – Es gibt viele Entzückungen in der Welt – viele herrliche Nachmitternächte und Waldberge – viele rote Bänder, die ausgewickelt im Morgenrote flattern – viele Wildmeister und Studenten – Aber diese Nachmitternacht und allen Zubehör behält der Student allein; er sank in einen unauflöslichen Kuß der Geliebten hinein, und der Jäger blies wieder das alte Lied, um nur etwas zu tun und zu begleiten. Wie glänzten jetzt die Sterne anders und der Blütenschnee der Erbsenfelder – wie wollte das Band gleichsam von Osten herüber nach Westen flattern, und wie spielten mit allen farbigen Tüchern und Bändern des Freuden-Baumes die duftenden Frühlingswinde! Und wie waren zwei Menschen so froh! –

Es war gut, daß sie dem Vater in das Wirtshaus folgen mußten; denn ein Jahrzehend vergeudet ein Mensch in einem solchen Minutenzehend, und es ist daher gut, zwischen solchen Minuten einige Stunden und Tage einzuschalten.

Der Jäger wollte sogleich mit dem Himmel des Paars in die Schlafkammer der Mutter einbrechen; aber die Tochter bereitete ihm im Kruge seinen Wärmtrunk zu, weil er die Nachmitternacht noch mit Jagen verbringen wollte. Sie wußte geschickt so lange daran zu kochen, daß der Vater die sieche Schwiegermutter nicht aus dem schönsten Morgenschlafe jagen konnte. Alsdann zogen alle – der Vater auf dem Hifthorne voranjubelnd – die Morgenröte gerade im Angesicht – Lerchen über dem Kopfe – frischer Morgenluft entgegen – ins Mutter-Häuschen ein; und Drotta weckte gelind.

Die Mutter, bei welcher sonst das Weinen der Tau war, der den Kelch der Freudenblume glänzend anzeigt und füllt, stand anfangs bei dem Empfange trocken da und sah lächelnd und wie verworren umher; ihre Freude war zu groß und zu weit.

Der Jäger zog nach den nötigsten Anreden bald seinen Tieren nach. Drotta blieb auf ihre Bitte an den Vater den ganzen Tag im Häuschen zurück, um, wie sie sagte, der Mutter die Einrichtung ein wenig abzulernen. Sie wurde im Hause halb Braut, halb Frau. Die Mutter verrichtete vor lauter halb weinendem, halb lächelndem Zuschauen fast gar nichts. Die Sonne und der Frühlingsduft füllten die offne Stube. Fibel an sich wankte ohne bedeutenden Verstand im Hause herum; denn die Nacht läßt sich wohl den Schlaf, aber nicht den Traum entwenden, sondern schickt diesen als Nachregenten, als letztes Mondsviertel in den ganzen hellen Tag.

Er wollte ein wenig feilen am Hochzeits-Kranze, am Jägerhorn[1] und sonst, aber er hätte ebensogut die Turmfahne polieren können; es wurde nichts vor Lust. Er machte daher mit seinen seligen Nachträumen einen Spaziergang in die Küche, dann gar eine Reise ins Dorf bis zum Pfarrhaus und trat schleunig die Rückreise wieder an, um zu sehen, was sich zu Hause nach einigen – – Minuten etwa Neues zugetragen. Darauf konnt' er sich leichter zu einer längern Reise durch Heiligengut entschließen. Er trat sie an. Das ganze Dorf schien ihm neu umgebauet zu sein und zu lächeln, um in seine Feier zu stimmen. Johannisfest war ohnehin. – Stolz und sieghaft und die gerötelte Fahne voll Bänder herumwerfend, stand der Maienbaum als Siegespalme und Ehrensäule seines Lebens im Dorf. Alles war schon im voraus so lustig, daß mehrere Mädchen die Gänse im Sonntags-Anzuge auf dem Gemeinde-Anger weideten. Ihm gefiel viel, sogar der Bogen, den der Mäher machte, und darauf die nett hingelegten Beete Heu. Er sagte zum Schulmeister Flegler: »Gehorsamster Diener«, und dieser versetzte: »Schönen Dank«, aber er war ganz zufrieden damit. Am Pfarrhause leerte sich eine ganze Kutsche voll vornehmer Herren und Damen aus, und er grüßte die Fremden sämtlich und wurde noch besonders hingerissen von einem unbeschreiblich rosenrot-blühenden Damengesicht, weil er nicht erriet, daß bloß der rote Fächer es mit Purpur-Widerschein bezog; – und zum Freudenglanze des gastlichen Pfarrhauses, der sonst alle seine Wünsche überstieg und verdunkelte, gab er gern sein stilles Ja, weil

1 Nämlich in der Zeile: »Das Cränzlein ziert den Hochzeitsgast« – und »Das Jägerhorn macht Lust und Freud«.

er zu Hause die Wiederholung bereitstehen wußte. – Und endlich sangen noch ein paar mit eingefahrne Stadt-Kinder, weil es Kindern an Text fehlt, das A B C D u.s.w. lustig vor, und er hörte seine Zukunft voraus.

Er ging nach Hause und brachte an den Mittagstisch eine ganze Brust voll hellen Tagsschein, mit heiteren Gestalten bevölkert, mit. Unter dem Gastmahl ging sein Auge von der Geliebten zur Mutter, von dieser zu jener; Drotta allein schien am gefaßtesten und männlichsten, nur ein besonderer Zug einer ihr seltenen Rührung ging durch das ganze Gesicht, der aber auf diesem das fremde Herz mächtiger angriff als ein ganzes Auge voll Wasser. Sie war weit mehr für die Mutter tätig und vorsorgend als für den Sohn; aber ihm war gerade dieses Schwiegertöchterliche ungemein erfreuend, denn er konnte vor Liebe beben und hineinlieben, wenn er jemand seine Mutter recht herzlich lieben sah. Gleichwohl hatt' er nicht den Mut, die Braut vor den Augen der Mutter zu küssen, sondern er versparte es, bis diese hinausging.

Falls auf der Erde es kurz vor den schweren Gold- und den Silberhochzeiten eine Äther-Hochzeit gibt: so war an diesem Tage Fibel gewiß ein Äther-Hochzeitgast auf der letztern; aber man dankt ordentlich dem Schicksal dafür, das ihn sonst in manchen Punkten nicht am reichsten ausgesteuert, ausgenommen etwan sein bißchen Unsterblichkeit und sein *Zufriedensein.* Letzteres herrschte fast zu stark in ihm, den Ruprecht des Lebens verheiratete er mit Christkindlein; für die Ährenlese der Freude sah er schon Strohlese an, und so war ihm ein leeres geschwärztes Buch schon ein Buch geschlagnen Goldes. Das Schicksal mochte ihm Hübsches reichen, was es wollte: er hatte stets einen guten Vergrößerungsspiegel im Auge angebracht und dadurch leicht die Kirsche zum Pfirsich geschwellt und die Beere zum Apfel.

Bloß anlangend seine Unsterblichkeit, übertrieb er nichts, sondern versprach sich eine so weit ausgestreckte, als die Homerische ist, welche wie seine bloß bis an den heutigen Tag langt; denn den morgenden haben ja die selber noch nicht erlebt, welche sie weiter breiten, z. B. wir.

Ich errate leicht mit Vergnügen, wie sehr die gefühlvolle Welt sich auf einen Hochzeittag freuet und spitzt, dem eine solche Vigilie vorgeflogen und von welchem sie (so sagt sie mit Recht) schwer glauben könne, wie er nur zu erreichen sei, geschweige zu übertreffen.

18. JUDAS-KAPITEL

Hochzeit – und Pelz

In Warschau werden wöchentlich drei Sonntage hintereinander gefeiert: der Jude feiert seinen vor dem christlichen, der Türke seinen vor dem jüdischen, am Freitage, und nur der Christ verschiebt seinen bis Anfang der Woche.

Fibel hatte seinen Sonntag vor dem Sonnabend gefeiert, den Himmel vor dem Vorhimmel; kurz sein Hochzeittag tat – wenn er auch alt-fürstlichen Beilagern nach Verhältnis nicht nachstand, wo man die Lämmer nach Herden und die Gewürze nach Zentnern und die Flaschen nach Fässern verschluckte – es doch dem vergangnen Verlobungstage nicht gleich, wo die Stubenluft ordentlich himmelblauer Äther wurde und die Sonnenstäubchen als Sonnen darin spielten, und den ich hier gern zum zweiten Male beschriebe, wenn ich Käufer dazu fände.

Kurz im Heumonat wurd' er kopuliert, wechselte seinen Ring, und Drotta ihren Namen.

Den ganzen Tag begriff er nicht, wie eines einzelnen Menschen wegen, wie er, so vieles in Bewegung gesetzt wurde, Pfarrer – Schulmeister – Glocken – Orgel – mitsingende Leute – der Schwiegervater – Gäste; und er sah ebenso demütig als geputzt darein. Aber Himmel, wenn er erst noch höher sich hätte müssen erheben lassen und etwa eine schwere Ordenskette und ein schweres Großkreuz noch dazu auf der Brust hätte zu schleppen bekommen! Dennoch halte ich diese Schwäche einem Mann zugute, von dem so selten (heute zum ersten Male) ein ganzes Dorf auf einmal Notiz nahm. Daher bilde ein anderer, in Auszeichnungen aufgewachsener Glückssohn sich nicht so viel darauf ein, daß er sich kein besonderes Verdienst der Bescheidenheit daraus macht (was auch Verfasser dieses immer tat), wenn er gleich den größten Fürsten sich fähig fühlt, so leicht und unbeschwert einen Krönungs-Anzug, so schwer wie einen alten Panzer, Kardinalshüte mit drei Kronen oben darauf zu tragen – dabei einen Zepter, schwerer als Ehrensäbel – große Paris-Äpfel statt Rockknöpfe – einen Hosenband-Bandorden als Bruchband vornen und auf dem Hintern hinten eine breiteste Medaille. Freilich Fürsten, schon in der Wiege bloß von Huldigungen eingesungen und mit Vivats aufgeweckt, ertragen gar noch mehr; sie halten gleich Taschenspielern die Brust als Amboß unter, wo auf das schwere Land gut geschmiedet wird; und wie Luftspringer auf ihren Händen Gruppen tragen, so balancieren sie auf ihren Zeptern Völker. Ja sogar berühmte Autoren härten sich zusehends so kräftig gegen Auszeichnung ab, daß sie zuletzt das größte Lob viel leichter ertragen als den kleinsten Tadel. --

Der Bräutigam Fibel sollte in sein Hochzeithaus noch eine andere Glücksgöttin und maitresse de plaisirs hineinbekommen, als er schon darin hatte an seiner Braut. Ein Extraposthorn wurde geblasen. Nach einer Stunde meldete der Wirtssohn einen wildfremden Herrn Magister *Pelz* an, welcher, sagt' er, den Krug voll Bauern ganz außer sich setze, weil er ihnen die kleinsten Punkte ihrer Prozesse auswendig vorsage. Sogleich trat Pelz selber herein, noch ein frischer Jüngling nach römischem Sprachgebrauch, nämlich 45 Jahre alt, mit langem Raufer und Hut, großen Hiebschmarren auf einem entschiedenen Gesichte und einer überlangen, aber schief geschneuzten Nase, und fragte nach Herrn Fibel; »er sei«, sagt' er, »der Vetter des Buchdruckers, welchem Herr Fibel die Taschenpresse abgekauft. – Da ihm nun der Druckerherr gesagt, daß er ein neues treffliches Werk über das Abc unter der Feder habe und noch nicht unter der Presse: so biet' er ihm hiemit seine Dienste an, indem er ein ganzes Semester lange ein Drucker-Faktor gewesen; er zeige deshalb hier als Probebogen einige Druckbogen vor.« – Fibel sah die deutschen, lateinischen, griechischen Druckbogen mitten im hochzeitlichen Rausche nicht oberflächlich, sondern scharf und nüchtern durch und mußte sie ganz genehmigen. Freilich konnte mutmaßlich Pelz die Muster-Bogen bequem aus jedem Buche gerissen haben; aber Fibel sagte sich gleich heimlich beim ersten Erblick: »Daran erkennt man doch den Mann von Wort. Er fängt gleich mit der Tat an; aber wie wollte man sich denn sonst auf einen verlassen?«

»Druckerfirnis« – fügte Pelz unter dem Bogen-Besehen hinzu – »kocht wohl kein Gelehrter so schwarz als ich; aber die Sache hält schwer; und ich will ebensogut eine Glocke in der Glockengrube gießen als Druckerschwärze im Kessel sieden; denn es kommt so viel auf die Luft an, und Gott weiß auf was.«

»Herr Magister Pelz«, – antwortete endlich der Bräutigam – »ich glaube, Sie haben mir bis daher gefehlt, und wir können in Gottes Namen das Werk anfangen, wenn Sie hier bleiben. An Geldern und Manuskripten und Pressen fehlt es uns ja nicht.«

»Ich lasse mirs gefallen«, sagte Pelz. Die Braut aber sah ihn sehr scharf an (er sie auch) und sagte nichts; – sie wollte vielleicht am hohen und Sonn-Tage der Flitterwoche ihrem künftigen Manne noch nicht widersträuben. –

Jetzt legte der Magister den Raufer ab und bat um ein Glas Wein, zufügend: »Es geht zuweilen einem Gelehrten fatal; aber er hilft sich. Ich habe auf der Universität mich für jeden duelliert, ders haben wollte, und bin dabei alt geworden und satt quantum satis. – Glauben Sie mir, Demoiselle«, fuhr er gegen die Braut fort, »es tut nicht wohl, sich drei- oder viermal quer auf die Nase herumhauen zu lassen, besonders auf eine große. Ich gedachte einmal mit einer solchen Nase in den Krieg; aber nirgends gabs vernünftigen; – es hilft auch einem Magister legens nicht genug, wenn er auf Akademien von allerlei Köpfen leben will, es sei nun, daß er manche menschliche hell macht und darin aufräumt als ihr Pfeifenräumer, oder es sei, daß er meerschaumene, wie ich getan, braun raucht und solche gut absetzt an Liebhaber. Ich machte mich daher auf den Weg zu meinem Vetter, dem Buchdrucker, um ihm mit zu helfen, besonders aber mir selber. Buchdrukkerei ist überhaupt etwas erstaunlich Edles, so daß sich ganze Länder um die Ehre ihrer Erfindung gezankt und gerauft; denn der Pariser schreibt sie dem Nicolas Gnason zu – der Römer dem Ulrico Gallo – der Haarlemer dem Lorenz Jansen; so gut auch alle diese Städter wissen könnten, daß der Straßburger Johann Mäntelin sie wahrhaft und zuerst, und sogar der Mainzer Gutenberg sie viel später erfunden hat. Dies war die einzige Ursache, warum ich mir ein hübsches Säckchen mit Spatzenköpfen gefüllet (es ist ordentlich, als sollt' ich immer nur von allerhand Köpfen leben), bloß damit ich mich unterwegs von Dorf zu Dorf beköstigte, indem ich die Köpfe an die Bauern absetzte, welche sie ihrem Amtmann einzuliefern hatten. – Und so bin ich denn glücklich hier angekommen und habe keinen Kopf mehr als meinen eigenen.«

»Der Herr«, sagte die Braut, »mag einen hübschen Sack voll Köpfe bei sich geführt haben, da die Extraposten bei uns so teuer sein.« – »Demoiselle«, versetzte er (und zog ein Baumblatt heraus), »dies ist mein Posthorn; darauf schmettere ich wie ein Postillion. Freilich die Räder und die Pferde fehlen einem dabei.«

Helf war ganz außer sich über die Offenheit des Mannes; er ging unter allen Hochzeitsgästen herum und pries ihn jedem Gaste besonders, am stärksten aber dem Wildmeister. Pelz bat ihn um das Manuskript. Helf brachte vier oder fünf sauber geschriebne Manuskripte des nämlichen Werks aufeinander gelegt; denn gegen die Gefahr des Verlustes (sah er leicht) war es nicht oft genug abzuschreiben. Der Magister las sie alle mit der gespanntesten Aufmerksamkeit durch und trank, ohne es zu wissen, unaufhörlich darein. Dann stand er auf, faßte Fibels Hand, schüttelte sie und sagte nach einiger Pause: »Ausbund von einem habilen Autor! Ich saufe heute einen Kessel Druckerschwärze aus, wenn das Werk nicht eines ist, welches uns bisher noch gefehlt, und dabei so exzellent. Wahrlich die Manuskripte haben mich ordentlich« (hier unterbrach er sich durch einen Trunk) »berauscht.« Fibel wurde blutrot und wollte fast weinen vor Lust. Dieses offne Pelzische Lob, das später Sachsenland, Vogtland und Frankenland bloß kräftiger wiederholten durch Einführung des Werks selber, war freilich für Fibel, da es das erste gehörte war, ein köstlicher, aber betäubender Bisambeutel eines Bisamschweins. Aber ach, wollen wir Autoren alle uns doch der Allmacht des *ersten* Bewunderns, das wir erhielten, erinnern (wiewohl mein eignes Gedächtnis hier so weit nicht zurückreicht), um Fibels balsamische Betäubung zu teilen. Das erste Lob ist oft schon darum das schönste, weil es zuweilen das letzte ist; denn ein himmlisches, besonders aber ein originelles Schreiben gleicht dem Niesen: bei dem ersten verbeugt sich jeder im Zimmer oder ruft gar: Gotthelf! nieset aber ein Mann aus Schnupfen fort und hundertmal hintereinander, so nimmt niemand mehr von dessen Nase Notiz. Daher bleibt jedem Schriftsteller sein erster Lobredner so unvergeßlich, indes er den spätern zwanzigsten, hundertsten millionsten vielleicht (soll ich anders nach mir selber urteilen) kaum ebenso viele Sekunden lange im Kopfe behält.

Pelz blies freilich Fibels Feuer fieberhaft an. Denn er tat, als er die Abcbuchs-Reime auf jedes Tier und Werkzeug in den Manuskripten gelesen, die treffende Frage an den Bräutigam, warum er nicht z. B. über die Zeilen:

Der Affe gar possierlich ist,
Zumal wenn er vom Apfel frißt.

das Tier selber holzschnittmäßig und den Apfel dazu und so überall alles zum Anschauen hinsetzen wolle.

»In Holz schneiden kann ich« (stammelte freudetrunken Fibel) – »hab' ich schon geschnitten – und es war gleich anfangs mein Gedanke«; – aber die Torflügel eines langen Rosengartens hatte Pelz vor ihm aufgerissen.

»Sie könnten dann etwan die lebendigen Sachen ausschneiden; ich würde, da ich mich etwas weniger darauf verstehe, mich auf die toten legen; z. B. Sie machten den Esel, ich die Elle[1] – Sie machten den Frosch, ich den Flegel – Sie die Gans, ich die Gabel – Sie den Hasen, ich den Hammer«, fuhr der Magister entflammend fort.

Fibel bekam Rosenkränze auf und aß Syrup mit Vorleg-Löffeln; »ach nur gar zu herrlich, Herr Magister!« sagt' er.

»Ja« – feuerte der Magister fort – »das Werk wäre zu einem unglaublichen Grade von Importanz zu treiben, wenn man gar nicht nachließe, sondern ein Farbenkästchen anschaffte und daraus jedes Tier und Instrument sehr nett für Kinder anfärbte und illuminierte.«

1 Nämlich zum Reime: Der Esel träget schwere Säck, / Mit Ellen mißt der Krämer weg.
Und so zu den übrigen bekannten Reimen des Abcbuchs.

»Um Gottes willen, Herr Pelz, gut! Ich weiß kaum, was ich sagen soll«, versetzte Fibel; ein Kessel voll Rosenöl war auf ihn ausgeschüttet, und es verdampfte an ihm ein Rosen-Eden.

»Es ist daher auch wohl gescheuter«, versetzte Pelz, »wenn ich einen gewissen Definitiv- und Fundamental-Rat vor der Hand noch verschiebe, das Allerhöchste, womit Sie einmal dermaßen Viktoria schießen können, daß sich Mann nach Mann ordentlich einen Narren an Ihnen frißt aus bloßem Applaus.« – »Ach, du lieber Herre Gott!« rief Helf und fuhr in den Tanz hinein mit der einsamen, zweihändig dastehenden *Fleglerin*, um mit ihr die Tanz-Sonate à quatre mains abzuspielen. Freilich hätt' er lieber mit Pelzen gewalzt. – »Und doch« – sagt' er zu ihm fortfahrend – »steht mir noch der Fundamental-Rat bevor!« – »Aber nur nicht heute«, sagte Pelz. – »Gott! wie herrlich wird *der* erst lauten!« rief Fibel.

Welcher Abend indes! Wie durchströmten die beiden Paradiesesflüsse der Autorschaft und der Heirat sich einander! – Er konnte kaum die Viertelstunde erwarten, wo er der kurz- und dünnstämmigen Mutter und der großgebaueten und ungelenken Ballkönigin (Reine de Bal), seiner Braut, ausführlicher das Glück erzählen durfte, das er in Geldern und Lorbeeren mit beiden so teilen wollte, daß er höchstens das Drittel annahm. –

Endlich nach dem trägen Abfluß aller Gäste erfischte er das Glück, Mutter und Braut allein vor sich zu haben und ihnen zu melden, welche Flitterwochen und Flitterjahre allen dreien bevorständen. Vor beiden allein konnt' er sein Herz ausdrücken. Der Mutter war, da er ihr die gute Nacht anküßte, als ob sie ihre Silberhochzeit feiere;

denn sie glaubte beiden Abc-Machern alles aufs Wort. Die Braut fragte nach dem einen weggegangnen, ihr verdächtigen Abc-Macher so wenig, daß sie sich schon bei dem andern dagebliebnen für selig genug hielt. Mutter und Tochter und Sohn konnten sich kaum von ihren wechselseitigen Küssen sondern.

– Und so waren denn endlich einmal drei Unschuldige vom Schicksal nicht beraubt, sondern beschenkt. – Beinahe möcht' ich meinen Anfang dieses Judas-Kapitels, der die Verlobung über die Hochzeit heben wollte, Lügen strafen; aber man prüfe doch selber!

19. JUDAS-KAPITEL

Flitterwochen

Das rosenfarbige Morgentor der Zukunft war aufgetan, und Fibel ging am Arme Pelzens hindurch.

In wenig Tagen hatte dieser die große Weltdinte, den Buchdruckerfirnis, gekocht – darauf die erste Seite des neuen Werks als geschickter Setzer gesetzt – dann sie als geschickter Drucker abgedruckt – und konnte sie dem Verfasser als geschicktem Korrektor darreichen.

Deine erste Druckseite, mein Fibel? Diesen Konfekt-Teller der Schriftstellerei – diese schönste belle-vue auf Papier – diesen Everdingischen Vorgrund eines langen herrlichen Schreib-Lebens – dieses Lustlager von tausend Hoffnungen bekamst du in die Hand? Und mit welchen Empfindungen? Sprich, angehender Autor des künftigen Werks! – Doch laß es! Wir Autoren selber haben längst diesen Himmel vorempfunden; Lesern aber, die nicht wenigstens ein oder ein paar Trauer-Anzeigen mit Mittrauer-Verboten haben drucken lassen, ist dergleichen doch durch kein Beschreiben zu beschreiben.

Dabei wurde nun noch gar in Holz geschnitten – von Fibeln Menschen und Vieh des Abc's, von Pelzen nur Sachen – die 24 Holzschnitte. Trefflich-ähnlich stiegen vom Holze oder Formbrett, dieser Bruttafel und Pflanzstätte der besten Vorbilder, sogleich der Affe und der Apfel wohlgebildet aufs Papier.

Aber was war doch dies alles, wenn Fibel seine drei einzigen Farben nahm, – rot, gelb und grün, und damit die abgedruckten Holzschnitte langsam und prächtig illuminierte und tätowierte? Wenn er die Farben-Toilette seinen Tieren machte und gleichsam über dem regendunkeln Holzschnitt den farbigen Regenbogen langsam zog? – Wenn er dies alles tat und erlebte, was war, wurde gefragt, alles andere darneben? Aber allerdings gab es noch etwas, welches sich recht gut mit seiner färbenden Freude messen konnte: es war das Zusammenfreuen und Zusammenklingen eines dreistimmigen Seelen-Satzes (Mann und Frau und Mutter); sogar der Kauz Pelz warf auf das Essen den bunten Streuzucker seiner Erzählungen. Seine Mutter ferner hatt' es so gut und wurde von der Schwiegertochter auf den Händen und Lippen getragen, und es fehlte ihr nichts als etwan – Arbeit; Drottas Liebeszeichen sog sie durstig ein, da deren ganzes Kraftwesen ihr ihren wackern Siegwart zurückspiegelte. Nur eine Ähnlichkeit mit diesem wollt' ihr nicht gefallen, daß Drotta mit Weibern ebenso ungern geschwätzig war als der stumme Vogler. – Der Magister tat oft von weitem – so zärtlich verzerrte sich der Universitäts-Goliath und

Schläger –, als ob er Miene habe, die verwittibte Engeltrut gar zu – heiraten; was man dahin und an seinen Ort gestellt sein lassen muß, nämlich in die andere Welt, wo beide nun hausen; denn in dieser kam es zu nichts.

Fibel, obschon ein Ehemann, blieb doch seiner Mutter so untertan, als würd' er gar nicht älter. Drotta aber nahm ihn aus Pflicht für ein Stückchen Vater und Wildmeister; sie befragte seinen Willen in der kleinsten Sache, ob sie gleich wußte, daß er, in seine höhern gelehrten Arbeiten eingesenkt, ihr jeden ihrigen ließ; denn sie sagte: »Ein Ehemann muß sein Recht haben.« Und so stand denn sein Lebensbaum voll bunter Blüten, Früchte und Sangvögel. Unter diese Vögel gehörte besonders der metrische und rhythmische Geist der Gattin, welche – ungleich seiner zuweilen ein wenig chaotischen Mutter – alles zur rechten Zeit, für den rechten Ort, im rechten Maße bestimmte; was die Nachwelt schon daraus schließen kann, daß sie abends alles bereit hinstellte, was man am Morgen brauchte und genoß, Wasser, Milch, Bier und mehr.

Nur eine fast spitzige Feder spitzte sich aus diesem Eiderdunen-Ehebett etwas heraus und konnte stechen; und dieser Kiel war Pelz. Anfangs der Flitterwochen sah die helle Wildmeisterin dem Treiben und Reden des Magisters noch bloß nach und zu, wiewohl es ihr immer am Montage weniger gefiel als am Sonntage, und Mittwochs weniger als Dienstags. Aber mögen nun die schweigende Nachgiebigkeit die Flitterwochen geboren haben, oder überhaupt der neue Übergang aus Vaters-Händen in Gatten-Hände: immer trägt die junge Frau viel töchterliche jungfräuliche Beugsamkeit in die Ehe hinüber als ehefräuliche; ja man könnte behaupten, es werde das unschuldige Kind kaum früher aus elterlicher, mithin ehemännlicher Gewalt frei gelassen (emanzipiert), als bis es selber ein noch unschuldigeres Kind unter dem Herzen trägt, wodurch auf einmal zwei schlagende Herzen sowohl den Mann als dem Manne schlagen.

Obgleich diese Freilassung bei Drotta nicht eintrat, so nahm sie sich doch die Freiheit, ihrem Manne zu sagen, sie wisse nicht recht, was sie von Pelzen zu denken habe; womit sie wahrscheinlich andeuten wollte, er sei ein Windsack; oder er sei ihr im Haus neben Fibel das, was in der heiligen Bundeslade die Aarons-Rute neben dem Manna war. Fibel lächelte sehr im ganzen Gesichte herum und schüttelte seinen Kopf, den er in der Sache aufgesetzt. »Geht denn nicht alles«, sagt' er, »schon herrlich über die Maßen, und hat er mir nicht noch gar seinen Definitiv- und Fundamental-Rat zugesagt, den er mir auf der Stelle gibt, sobald nur *drei* Exemplare abgedruckt sind? – Auf diesen Fundamental-Rat muß jeder harren, wenn er nicht ein unvernünftiger Mann und Autor heißen will.«

Kurz der sonst nachgiebige Mann gab hier nicht nach. So wie es keinen vollendeten Sklaven so wenig als einen vollendeten Alleinherrscher gibt: so saß noch kein Mann im Fußblocke aus weiblichem Pantoffelholz, der nicht wenigstens ein oder das andere Glied sich freibehalten hätte. Ich kannte einen trefflichen Ehemann, welcher nicht aus Schwäche, sondern aus Kraft und Liebe immer mit dem Willen seiner Frau zusammentraf; aber doch mußte diese über einen hartmäuligen Fehler herbe klagen, den er sich nicht abgewöhnen ließ – nämlich am

Morgen aus dem Bette an die Wand zu spucken, anstatt sich bloß umzukehren gegen die Stube. Das Abcmachen war für Fibel dieses Spucken. Er war ein guter Sohn, ein guter Gatte, ein guter Mensch, aber er blieb doch ein Autor. Gleich manchen Luftschiffern warf er sein als Ballast mitgenommenes Geld herunter, um höher und leichter zu steigen. Er war am Tage ebenso warm gebettet, wenn er die Federn hielt, als nachts, wenn sie ihn hielten.

Wenn indes Drotta ihn in seinem Himmels-Brot-Studium öfters durch ihre Zweifel über Pelzen störte: so beherzige doch jeder, der an dieser Sache wahren Anteil nimmt, daß sie nach ihrem magern, im Waldmoos erwachsenen Stande unter dem Küssen in der Ehe das sogenannte Schnäbeln der Tauben verstand, von welchem Bechstein[1] bewiesen, daß es kein Küssen, sondern ein wechselseitiges Ätzen sei. Ich meines Orts, der ich an ihr so viel Arbeit nehme, beherzige dies zuerst; und soll es auch.

Fibel aber hielt sich an die alte Antwort des Magisters fest: »Sind drei Exemplare abgedruckt, so geh' ich mit dem Fundamentalrate heraus, und dann sehen wir.«

Im eben folgenden Kapitel erfahren wir alles so gut wie Fibel.

1 In seiner Naturgeschichte der Vögel.

20. ODER PELZ-KAPITEL

Der Definitiv-
und Fundamental-Rat

Dieses ganze Kapitel wurde in einem Impf- oder Pelzgarten im Grase gefunden und schien zum Verbinden der Pelz-Wunden gedient zu haben, was einer leicht fein-allegorisch deuten könnte, wenn er wollte.

Pelz gab endlich feierlich seinen Definitiv- und Fundamental-Rat her: »Fibel möge nämlich dem Markgrafen das Buch mündlich zueignen und drei Exemplare für die jungen drei Herren Markgräfchen ad usum Delphini sehr submiß, ja submissest überreichen« –

– Es steht nicht in meiner Gewalt, Fibels Erbeben zu malen; ich fahre also sogleich mit dem fortfahrenden Pelze fort:

– »Und dann muß vorzüglich bei Serenissimus angehalten werden um ein rechtes Abc-Edikt oder ein gutes Privilegium, daß das Buch von den Kindern aller Völker seiner Markgrafschaft zum Buchstabieren und Lesen verbraucht werde. Und was brauchen wir dann weiter?« –

Es stände noch weniger als vorhin in meinen Kräften, Fibels Erbeben, und zwar ein süßeres, zu schildern, wenn nicht der Magister sogleich beigesetzt hätte:
»Freilich brauchen wir noch etwas Wichtiges, einen Mann, der unsere drei Abcbücher nett einbindet und außen auf der Schale alles vergoldet, sowohl die Buchstaben als den Deckel und Schnitt – und diesen Mann haben wir schon bei der Hand in der Hauptstadt, Pompier heißt er, ein Réfugié, aber er weiß, was Vergolden ist.«

Denn nach diesen Worten war Fibel in einen warmen leichten Himmel aufgelöset, und seine Hoffnung schwamm als Sonne darin. Er versetzte: »Kriegten wir nur gleich diesen Pompierer her zu uns, o lieber Pelz!«

Er war bald gekriegt. Es kam ein gutes langes gesprenkeltes Männchen unter einer Perücke – den Schmetterlings-Flügeln seines seidnen Anzugs mochte die Hand der Zeit Schmetterlingsstaub abgescheuert haben, aber seine papiernen Manschetten hatten ihre Farbe – es hatte Ehre im Leibe, wenigstens auf dem Leibe – jedes Glied war ein Solotänzer, und der Inhaber voltigierte um jede fremde Seele geschickt. Helf hatte schon viele Höflichkeiten in seinem Leben empfangen; aber so große wurden ihm noch nicht angetan. Damals nannte man einen Franzosen noch kriechend, aber so unrichtig wie im Mittelalter der tapfere Drache ein Wurm genannt wurde.

Pompier gestand, er sei außer sich über die Ehre, Sr. markgräflichen Durchlaucht und Herrn Fibel einige attentions durch seine Chrysographie[1] beweisen zu dürfen. – – »Chrysographie?« Allerdings! Außer Weibern und Titeln liebte der Franzose von jeher nichts so sehr als griechische Wörter. Auch hat ein solcher fremde Wörter ausspielende Grec mehr für sich als wir. Wir können aus der lateinischen Sprache borgen, aber er, der mit ihr in der seinigen schon überflüssig versehen ist, wendet sich lieber an die großmütterliche griechische, aus welcher die lateinische entsprang. Was den französischen Grec aber ganz rechtfertigt, sind die beiden alten Geschichts-Sa-

1 Chrysographen nannte man sonst die Schreiber, welche in Bücher die Anfangsbuchstaben mit Gold einmalten.

gen,[1] daß die Franzosen von übriggebliebenen und entwischten Trojanern abstammten und daß sie schon unter Philipp und Alexander gegen die Griechen gedient hätten; denn in jedem Falle beweiset es doch ihre alte (auch sonst bewährte) Antipathie gegen die Griechen, daß sie so recht aus Hohn und Parodie ihnen ordentlich ihre Wörter nachreden und nachäffen.

Kaum hatte Pompier die ersten Höflichkeiten abgetan – nie die letzten –, so fiel er, wenigstens im Abstich mit sich selber, grob aus; indem er gerade heraus foderte, was ihm für die Arbeit gehöre. Dieses französische Polarisieren des höflichen oder anziehenden Pols mit dem eigennützigen oder abstoßenden kann nur Menschen unerklärlich sein, welche die dazwischenliegende Indifferenz gegen Menschen nicht erraten.

Aber Drottan war der ganze Mann verdrüßlich, nur der Magister noch mehr, weil dieser ihr, wie sie auf dem Kopfkissen klagte, einen Brotfresser nach dem andern einschwärze. Doch Fibel beharrte auf Nachruhm. – In kurzer Zeit hatte der Franzose ohne zögernden Eigennutz Einbinden und Vergolden vollendet und konnte die drei ersten Pracht-Exemplare zum künftigen devoten Überreichen überreichen. Es war für Pompier, der sich mehr an das Große der ganzen Sache heftete, Herzens-Angelegenheit, daß er Fibeln zur Übergabe der Prachtbändchen Fußfall empfahl. Wie gern wär' er selber fürstlichen Füßen zu Fuße gefallen, hätt' er daran kommen können! »Warum bin ich«, sagt' er sich selber ins Ohr, »malheureusement nicht so glücklich wie der Tropf da,

1 Leibniz führt diese Sagen, obwohl widerlegend, an in seinem Essai sur l'origine des François.

daß ich statt seiner den Thron bestiege und auf der vorletzten Thronstufe niederfiele, um mich zu heben? – Wird der Dorfbengel Fibel dem Markgrafen nur halb so viele douceurs zu sagen wissen, als ich vorbrächte? – Darauf bin ich wirklich begierig.«

Der Besuch des Hofes wurde nun Sache des Hauses. Das Kleinste wurde zugenäht, eingekauft, abgebürstet, ausgekämmt und eingesteckt, was der Haus- und Buch-Vater zu seiner Erscheinung am Hofe bedurfte.

Da Helf glaubte, es verstoße gegen den Respekt, zu Fuße und bloß auf dem gemeinen Fußsteige der Landleute zu seinem Landesvater zu marschieren: so lief er tags vorher in die Stadt und bestellte sich eine Schöse (Kutsche), welche ihn samt seinen drei Dedizier-Abc's am Morgen darauf (er traf abends zeitig genug vorher ein) aus dem Dorfe abzufahren hatte.

Sein Triumphzug (die Nachricht davon drang bis an die äußersten Häuser des Nests) bleibe für biographische Pinsel nach mir; genug, unterwegs saß er auf dem Kutschenkissen halb gekrönt und lächelte sehr heraus; sooft es schnell fort- oder jemand vorüberging; und wär' ich dabei gesessen, ich hätte mit ihm zusammen gelächelt. Er müßte nicht bei sich gewesen sein, wenn er unter seinem Kutschenhimmel sich bei solchen Umständen und den drei Abcbüchern nicht für den Prinzenhofmeister, und insofern höchsten Orts einmal deren allgemeine Einführung geboten wurde, den Landesherrn für den Lehrherrn der Markgrafschaft angesehen hätte, für den König Dionysius, der syrakusischer Schulmeister gewesen wie Homer smyrnischer. Allerdings konnte Fibel sich selber mikroskopisch oder vergrößert erblicken, wenn er erwog, daß er, anstatt wie Pestalozzi seine neue Lehrmethode anfangs nur Bettelkindern anzuversuchen, gerade umgekehrt an Fürstenkinder-Probiersteine seine Bücher streichen wollte, indem ein Erziehungsbuch, sobald es sogar hohe Prinzchen aufbessert, die sich ungern an Bücher gewöhnen, noch tausendmal mehr (durft' er schließen) den tiefen breiten Kinder-Pöbel umarbeiten müsse, welchem ja Arbeit zweite Natur ist. Und wenn er sich erinnerte, wie reich sein Vater bei diesem spaßhaften Serenissimus weggekommen war, so sprützte er sich ordentlich mit Couragewasser und Riechspiritus an.

Nur da er die Fenster-Reihen des Schlosses und gar einige Balkons erblickte und rasselnd über den Rubikon der Schloßbrücke und kletternd über die Alpe seiner noch geschloßnen Wagentüre ging: so war ihm außen auf dem Schloßpflaster beim Aussteigen viel von Cäsar und Hannibal entfallen, was er von beiden beim Einsteigen mitgenommen und womit er in der Kutsche so bedeutend aufsaß. – Der Fürst schwoll ihm durch Annähern immer riesenhafter auf und über einen Menschen hinaus; die bedeckten Glieder, wie Schultern, Schienbeine, Nabel, Eingeweide, konnt' er sich bei ihm gar nicht mehr gedenken, nur ein Gesicht mit ein Paar Händen.

Als er vollends im alten Riesenhause, im Schlosse, die in der Mitte hohlgetretnen lang-gestreckten Steinstufen aufstieg, ließ er auf jeder Stufe ein Stückchen Herz fallen, so daß er auf der obersten keines mehr hatte.

Endlich traten gar im langen Korridore alle goldne Familien-Bilder vor ihm so ins Gewehr, daß er seines streckte und nichts weiter blieb als ein schwacher markgräflicher Untertan und Knecht, dessen Gesichts-Oval sich etwa so zum glänzenden Kron-Gesicht verhielt – aber ich halte das Gleichnis nicht für erlaubt – wie zur Sonnenscheibe die Kniescheibe, oder wie ein Christuskopf zu einem Dachrinnenkopf. Die Menschen suchen Gott in der Höhe des Himmels, als ob der Himmel nicht auch in der Tiefe und in seinen waagrechten Enden wäre; Fibel suchte nach derselben verwechselnden Hoheits- und Höhenmessung ebenso seinen Gott-Markgrafen; und stieg so viele Treppen hinan, daß er am Ende einen Dachgelehrten hätte finden und bestürzen können; eine närrische Verwechslung von Höhe mit Hoheit, nach welcher man große Kaiser gar nur auf Babels-Türmen suchen müßte oder auf Cestius-Pyramiden.[1]

Noch dazu tat er fast auf jeder Treppe einen falschen Fußfall und stieg sozusagen, wie andere Hofleute, unter lauter Fallen, weil ihm vier oder fünf Falsch- oder Pseudo-Markgrafen mit ihren goldnen Tressen und Bamlotten aufstießen, ungefähr nach Anzahl der Pseudo-Neronen – wie man sonst annahm; denn später waren die Neronen wieder in guten und aufrichtigen Sorten zu haben –. Er kam sogar in die Gefahr, als er den bordierten Leib-Husaren hinter sich hörte, vor ihm einen Fußfall die ganze Treppe hinunter zu tun. – So trieb er sich irre im weiten Schlosse, weil Vexier-Markgrafen gerade unter der Tafelzeit ganz schmackhaftere Sachen an Ort und Stelle zu bringen hatten als ihn. Niemand litt mehr dabei als sein Hut, den er nach dem Haarkräusler-Zeremoniell gewöhnlich als Fündling vor jede vornehme Türe legte, die er aufmachte. Es war einer der neuesten, trefflichsten, aber engsten Hüte, welcher seine Stirne – da er ihn unterwegs

1 Um welche bekanntlich in Rom die Deutschen begraben werden.

sehr hereingedrückt hatte, weil er ihn weiten wollte, um ihn dadurch leichter abzunehmen – mit einem artigen Heiligenzirkel oder roten Schnitt gerändert hatte. Sie stand ihm erträglich, diese königliche Kopfbinde.

Nach der Tafelzeit gelangte er endlich ausgehungert in das Bibliothekszimmer, worin er einen bejahrten Mann ohne alle Tressen und Bamlotten im Mittags-Schlummer antraf. Statt selber niederzufallen, regte er den Mann an, sich aufzurichten, weil er sich von ihm einige Auskunft über den Fürsten versprach. »Welcher Sackermenter weckt mich da aus meinem besten Schlafe? – Wer Teufel von den Leuten hat denn Ihn hereingelassen?« schrie der Markgraf. So hatte denn Fibel als wahrer Hofmann mehr Nachdruck auf Bediente als auf den Herrn gesetzt, so wie der Tonkünstler auf die Vorschlags-Note mehr Gewicht des Ausdrucks als auf die Hauptnote legt. Hier tat er, doch mehr aus Schrecken als vor Ehrfurcht, seinen sechsten Fußfall und steckte die Hände in die Tasche nach den Abc-Büchern; kniete aber so verblüfft und sprachlos mit seinem Stirn-Ringe fort und war wie ein Schlagflüssiger unvermögend, nur die Hände aus den Taschen, geschweige damit etwas zu heben. Endlich aber, da der Fürst nach dem ersten Knallfidibus des Erwachens den knienden närrischen, an der Stirn wie von einem Postmeister rot adressierten Menschen ansah, sprang er auf und lachte unbändig. Es war ein lustiger alter Herr.

An sich ist das Niederfallen vor Fürsten-Füße nicht lächerlich, sondern gut angebracht, es sei nun, daß man sich hinwirft, wie bei dem Samielwind und dem Blitze, um etwas Ähnlichem zu entgehen, oder wie der Buzephalus, um einem Alexander untertänig und dienstbar zu sein, oder wie die Römer vor dem Papste, um gesegnet zu werden.

Von Erfahrungs-Seelenkundigen kann viel darüber geschrieben werden, daß Fibel vom markgräflichen Gelächter auf einmal etwas gehoben wurde, gleichsam als stelle durch dasselbe der Fürst den Menschen sich näher, wie etwan ein Gott, der lacht. Er trieb es bis zur Anrede und sagte, indem er die drei Bücher herauszog: »Herr Durchleucht!« Um sich noch deutlicher zu erklären, fügt' er noch bei, er wolle diese von ihm selbst geschriebenen und gefärbten Bücher den drei kleinen Herren Durchleuchten Markgräflein hiemit untertänigst dedizieret haben, damit Hoch-Wohl-Dieselben recht bald lesen lernten.

Was später ganze Länder taten, dies tat der Fürst früher um so leichter, weil ihm Fibel gar zu lächerlich vorkam: er genehmigte das ohnehin gute Buch. So fand ers, nachdem er erst *ein* Exemplar davon durchgelesen. Er rief sogleich seine kleinen drei Königlein aus ihrem Morgenlande herzu und gab ihnen die drei Gaben, mit deren Triklinium sie freudig entsprangen.

»Was will Er sich für eine Gnade ausbitten?« sagte der Fürst. Nun gibt es wohl auf alle Fürsten-Fragen keine schwierigere Antwort als auf diese, welche auf einmal alle Spar- und Glückstöpfe und ägyptischen Fleischtöpfe der Wünsche, alle Zuckerdosen und Zuckerinseln der Lust, Silberschränke und Silbergruben des Glanzes in langen Reihen aufgedeckt hinstellt, so daß man eigentlich nichts zu nehmen hätte als seine eigne Hand, um damit alles Geliebteste zu nehmen, wenn man in der Eile nur sogleich wüßte, was. – »Das!« wußte Fibel; denn seine Antwort war mehrere Tage älter als die fürstliche Frage; er versetzte nach Pelzens Rat: er bitte sich die Gnade aus, daß seine Werke in allen Ländern und Staaten Ihro Durchlauchtigkeit dürften einpassieren und gekauft werden, anstatt der ganz alten Abcbücher. Überall rasch, so wie scherzvoll und prunklos, resolvierte der Fürst auf der Stelle, Fibel solle davon so viel drucken, als anginge, er räume ihm drei unbrauchbare Zimmer im alten Schlosse zu Heiligengut dazu ein und werde seinem Konsistorium befehlen, durch einen Umlauf das verbesserte Abc-Buch allen Schulen des Landes vorzuschreiben.

– Beiläufig! Sollte nicht eine Konsistorial-Anstalt, die ein ganzes Land zum Findelhause *eines* vielgebärenden Kopfes auftut, wie z. B. die baireuthische längst für Dr. Seilers Religionsschriften als Muster getan, viel öfter, als geschieht, für geistarme Geistliche, welche schreiben, durch solche Einfuhr-Gebote sorgen, gleichsam wahre gezwungene Leser-Anlehen, welche ja geistarme weit mehr als geist-reiche, die sich selber einführen und bezahlen, bedürfen.

– Fibels Erstaunen darüber war vielleicht das größte nach dem Falle Adams, wenn nicht noch größer als das paradiesische adamitische, denn Er stieg, aber Adam nicht. – Dennoch war sein Stolz auf die Umarbeitung des Staats oder gar der drei Markgrafen nicht so groß, als er hätte sein dürfen; vielleicht war bei letzterem Untertanen-Demut im Spiele, vielleicht auch die Betrachtung, wie ohnehin gewöhnlich es von jeher war, daß die Thronhöhen und Thronbühnen immer von unten her, von den mittlern Ständen, erhellet werden, wie das Theater (oft besetzt von größten Königen) nur durch Lichter von unten herauf erleuchtet oder durch den so tief sitzenden Vorhelfer und Einbläser (Souffleur) belehrt wird.

Aus Behagen an Fibels Luft- oder Äthersprüngen der Entzückung oder an dessen unbeholfenem Eiertanz zwischen den unausgebrüteten Eiern seiner auffliegenden Zukunft behielt ihn der Fürst zum Abendessen bei sich, das er gewöhnlich ohne Damen und Rang nur mit frohen Genossen genoß, unter welche auch der Rektor magnifikus seiner Residenz und Universität gehörte. Übrigens litt es seine jovialische Gutmütigkeit nie, daß ein Gast irgendeine andere mitessende Seele in ein lächerliches Licht setzte als diese sich selber; eben dadurch gewann Fibel die Freiheit, sich selber rein darzustellen und auszusprechen und wie eine unschuldige bescheidne Jungfrau ohne Selbstwissen durch sein ganzes Wesen zu ergötzen; er konnte (er war dazu aufgefodert) sein verlebtes Leben seinem Landesherrn vortragen, ohne zu erraten, in welche lachende Stimmung er damit diesen so wie mehrere Große des Reichs in der Stube versetze.

Aber so viele Freude leidet der Teufel an keinem Menschen; auch hier folgte der Satan seinem alten Naturell, nach welchem er an jeden Wiener Apollosaal der Freude gern ein kleines Zucht- und Totenhaus derselben anlegt, neben jeden Freuden-Tempel eine Begräbnis-Kapelle. Es waren nämlich damals noch die Zeiten, daß Markgrafen, Herzoge und andere Standespersonen Tabak rauchten, so wie Rektores magnifizi; der Landesherr präsentierte daher dem Studenten so gut wie dem Rektor magnifikus den Pfeifenkopf. Fibeln nun konnt' es jetzt keinen Vorschub tun, daß er niemals in seinem Leben geraucht. Denn da er dessenungeachtet den Pfeifenkopf heiter genug ansetzte – weil er es für Majestäts-Verbrechen hielt, seinem Regenten und dessen Beispiele nicht nachzufolgen und nachzurauchen –: so mocht' er kaum zehn bis zwölf Züge getan haben, als fremde Dinge in seinem Kopfe, in seinem Herzen, in seinem Magen vorgingen und aufstanden, welche ich nur sehr matt und unklar darstelle, wenn ich sie mit den bekannten Umwälzungen des berühmten Stein- und Kunstkenners *Stosch* zusammenhalte, welche in diesem Kenner walteten, als ihm in Paris, nachdem er als echter Kunstfreund im großen Kunstkabinett das berühmte Angelos-Petschaft weniger wie ein anderer den Goethe als wie Johannis das Buch verschlungen hatte, nämlich wirklich und ohne Metapher, als diesem Kunstfreunde, sag' ich, ein Brechmittel vom höflichen zarten Aufseher des Kabinetts (weil er nicht zum besten aussehe, sagte der menschen- und petschaftsfreundliche Mann) ordentlich aufgedrungen wurde, welches ihm und seinem Magen nichts kostete und nahm als eben nur das – Petschaft, das so für ihn aus einem geschnittenen Stein zu einem schneidenden wurde; – – und doch vergleich' ich Stoschen nicht mit Fibeln.

Der treffliche Markgraf, ein fertiger Gesichter-Leser, zumal wenn sie, wie feuer-speiende Berge, rauchten, tat nur einfach die Frage an Helf, ob er etwan sich an andern Tabak gewöhnt habe; der Rauch-Schüler beteuerte: er kenne gar keinen bessern als diesen.

Noch einige Zeit sah die Tabagie auf seinem Gesichte das Mienen-Gefecht immer hitziger werden, wodurch er – aber sittlicher als andere – das Seinige zu behalten suchte: als endlich der Fürst dem Leibhusaren einen

Wink gab, den tapfern Gesichts-Fechter in die benachbarte Bibliothek abzuführen. – Fibel gehorchte Fürsten, geschweige fürstlichen Bedienten und folgte sogleich.

In dieser nahen Bibliothek wies ihn der Leibhusar auf den Leibstuhl an, zeigend auf einen der größten Folianten, in welchem jemals ein Blatt war; so sehr maskieren Große nicht nur Batterien, oder sich, oder Schönheiten des Parks, oder durch Tapetentüren Schönheiten des Kabinetts, sondern auch alles. Aber Fibel wurde weder von seinem Magen mit dessen Krebsgängen, noch von seinem Kopfe mit dessen kartesianischen Wirbeln auf die Sprünge des Husaren gebracht, sondern er dachte ganz anders und nahm an: »da ein Foliant vielleicht das Größte ist, was je geschrieben worden – wieviel mehr dieser da, der noch größer ist!« Als er vollends dessen schönen Rückentitel las: »Compendieuse Hand-Bibliothèque und Repertorium gelehrter Sachen«, konnt' er da wohl als ein vernünftiger Mann sich einbilden, daß der Foliant der Feind aller Folianten sei – und die Untiefe so mancher strandenden Unsterblichkeit – der Kassationshof der gelindesten Rezensionen – die papinianische Maschine und das Gebeinhaus sowohl theologischer als philosophischer Skelette – der Judenkirchhof der Akten – die Schneiderhölle von Depeschen – kurz daß der große Foliant und Polyphem nur eine kleinere Allgemeine deutsche Bibliothek und Oberdeutsche Literaturzeitung sei, welche bloß die Gefährten des Ulysses verzehrt? Hieße dies nicht (mußt' er annehmen) den Bock zum Gärtner der umherstehenden Bücher, sogar aller seiner Abcbücher setzen?

Da endlich der Husar sah, daß Fibel die Sache nicht

herausbrachte: so deckte er ihm das, was zum Verständnis des Folianten nötig war, auf und ging, ihn seiner eignen Einsicht überlassend, davon.

Nüchtern, leicht, aber gebleicht, als hab' er unterirdische Erscheinungen gehabt, kam Fibel ins heitere Zimmer zurück und rauchte mit frischen Kräften die Pfeife gar aus. Übrigens spielte er den ganzen Abend den Mann von Lebensart durch, so daß – weil er wußte, wie sehr ein Gast dem Wirte jede Mühe abzunehmen habe – er fleißig die Wachslichter schneuzte. Wenn indes Fibel Abendstunden lange den Mann von Welt in einem solchen Grade vorstellte, daß nichts an ihm auszusetzen war als höchstens der Dorf-Insasse, der einem ledernen Schlauche gleicht, von welchem dem feinsten geistigsten Wein, den man in Spanien darin aufbewahret, einiger Leder-Geschmack nachbleibt, wenn er, sag' ich, sich so poli benahm: so übertreibe man dennoch nicht sein Lob; ihm wurde ja der Mann von Lebensart leichter als andern, die von Fürsten etwas zu suchen haben, denn er hatte schon gefunden; für ihn war der Fürst eine Uhrfeder, die seine schöne Zukunft in Gang erhielt, nicht eine Uhrfeder, womit ein Gefangener sich aus den Ketten sägt.

Als ihm zuletzt der Fürst die Einweisungs-Akte auf die drei Zimmer des alten Schlosses besiegelt und unterschrieben mitgab: so – dies ist Tatsache; denn jedes Pferd war ihm eine Schnecke – rannte er zu Fuße nach Hause. Welche glückliche Inseln und Rosentäler er da ausgepackt, konnte man noch um drei Uhr nachts sehen; so lange blieb das Haus erleuchtet, überall brannten Lichter, sowohl in der Stube als in der Kammer, in jeder eines – Pelz und Pompier tanzten miteinander eine Brautmenuett, und Pelz sagte, morgen sag' er noch etwas – Die Mutter weinte freudig über ihren begrabnen Mann, weil er noch früher den Markgrafen gesehen – und Drotta besah das Siegel des Befehls an den Schloßverwalter. Nur Fibel war bei sich, freilich die einfältigste Stelle oder Person, bei welcher er in solchen Verhältnissen sein konnte.

21. JUDAS-KAPITEL

Die großen Geschäfte

Wer einige Monate nach dem vorigen Kapitel sich auf die Zehen gestellt und durch die Fenster in die drei bewilligten abc-darischen Arbeits-Zimmer des Schlosses hineingesehen hätte: würde vier Menschen in voller Arbeit gefunden haben, Fibel mit dem Farbenpinsel in der Hand, Pelz mit der Feder zum Verschreiben des Druck-Papiers, Pompier mit der Buchbinderpresse und voll Buchbindergolde – und einen vierten, uns noch gar nicht vorgestellten mit der Druckerpresse, namens *Fuhrmann.*

Letztern, einen halb verhungerten und viertels verdursteten Buchdrucker, schlug Pelz, da jetzt die Sache ins Große ging und ganze Länder und Zeiten aus der Raufe oder dem Futtergerüste des Letternkastens zu ernähren waren, zum Haupt-Uhrgewichte des Preßbengels vor. Der bestellte Fuhrmann lief aus der Stadt richtig ein und brachte an seinem Kopfe ein getreues arbeitsames Gesicht mit, worauf geschrieben stand, daß sein Lebensbuch bisher ein langer Geschäftsbrief, oder sein Leben ein verlängerter Werktag gewesen; ein guter Schlag Menschen, dem sogar der müßige Sonntag, besonders drei Festtage hintereinander nicht gelegen kamen. Die erste Sache, wornach er fragte, waren die Drucksachen, und er wünschte, »der Herr Buchdruckerherr (Fibel) ließ' ihn noch nachmittags über die Presse«. –

Anfangs des Kirchenjahrs, wo die Dorfkinder nicht mehr auf die Weide, sondern in die Schule gehen, um statt zu weiden, geweidet zu werden, sollte nach ausdrücklichem markgräflichen Befehl die nötige Anzahl neuester Abc-Bücher ausgefertigt daliegen, um in alle Landes-Schulmeistereien eingewiesen zu werden.

Aber sie waren alle schon drei Sonntage früher fertig, so daß später die Exemplare bedeutend überschossen zum Vorteil für alle ausländischen Eltern, welche zu Weihnachten den Kindern Christkindchen-Geschenke damit zu machen verlangten. Die unparteiische Geschichte setzt nun hierin auf Fuhrmann den Kranz, denn sein Nacharbeiten war so außerordentlich, daß ihn kein Vorarbeiter einholte; er trieb den Korrespondenzer (so nannte er Pelzen) und jeden zum Zuliefern an und fiel fast in Grobfraktur gegen Fibeln aus, wenn dieser mehr fremden als eignen Vorteil beherzigte und Sachen und Leuten den Lauf ließ.

Diese drei Mitarbeiter oder die drei Leiber des Riesen Geryon (Fibel stellte die Seele im Riesen vor) arbeiteten in den drei Schloßzimmern, gleichsam auf einer Insel St. Trinidad; daher auch das untere beseelte Stockwerk im Dorfe allmählich die *Fibelei* hieß, wozu noch Fibelei-Leute, der Fibelei-Hund etc. etc. kamen. Verfasser erinnert sich noch gut, in Jena gehört zu haben, daß man das große Schützische Haus, aus welchem die Literaturzeitung kam, die Literatur genannt und so nach dieser Analogie Literatur-Mägde, Literatur-Knechte, Literatur-Hunde, Literatur-Stall u. s. w. gebildet; unschuldige Ausdrücke an sich, welche man aber von der oberdeutschen Literaturzeitung nicht ohne die Gefahr gebrauchen dürfte, figürlich verstanden zu werden.

Kaum waren viele hunderte Pracht-Abc's im Lande eingeführt, sogar im Geburts-Dorfe selber die nötigen: als die angesehensten Buchbinder in großen baireuthischen, vogtländischen, sächsischen Städten, z. B. in Baireuth, Münchberg, Hof, Plauen, Schleiz, bedeutende Bestellungen machten, so daß man gar nicht schnell genug abdrucken konnte, wenn gar der Drucker Fuhrmann mit einem voll befrachteten Schiebkarren aufbrechen und die Werke in die Korrespondenz-Städte schieben sollte. Der Name *Buchführer* kommt (nach Nicolai) davon her, daß damals und noch später (in Baiern) solche geistige Küchenwagen oder Küchenkarren (der Buchführer oder Buchschieber war seine eigne Hinterspann) wie einräderige Thespis-Wägen voll Kunst im Reiche umliefen und abluden. Auch Armeen wurde oft diese fahrende Habe der Gelehrsamkeit nachgeschoben.

Der Buchführer brachte auf seinem leeren Munitionskarren unermeßliche Schätze zurück, ein halbes Peru, das nicht in die Kreuzer, sondern in die Batzen lief; dies machte zu viel Eindruck aufs ganze Haus, ja auf das Ferney unsers kleinen Voltaire, welcher jetzt weit und breit darin bekannt und gesucht wurde; und der Pfarrer ließ ihn grüßen.

Aber ihm waren die Blätter am aufschießenden Lorbeer-baum zu pflücken lieber als die Früchte am Brotbaum. Einer lebenslänglichen Armut so vergnügt zugewohnt und immer aus dem engen Spalte seiner Selbst-Armenbüchse so langsam-dürftig herausschüttelnd als hineinsteckend, konnt' er gar nicht begreifen, wenn er jetzt von dünnen Lichtern zu dickern aufspringen sollte – von Bindfäden zu Strumpfbändern – oder von hölzernen Löffeln zu blechernen – von einem Korb Lese- zu einer halben Klafter Fuhr-Holz. Es betäubte ihn anfangs die Flut. Aber da seine Mutter als ein Extraweib am Dresdner Hofe gern den alten Glanz ihres vorigen Hofes erneuerte; und da Drotta als Haushälterin lieber im großen als kleinen, z. B. den Kaffee lieber zu einem ganzen Pfunde als zu Loten einkaufte; und vorzüglich da an seinem ganzen Menschen kein Saugäderchen eines Schluck- und Geizhalses oder kein Stäubchen eines Geld- und Aschenziehers war, was ich, um den Perioden leichter zu ründen, noch stärker in der Note[1] beweise; und da er überhaupt die lebendige Gefälligkeit selber war: so trank er leicht bei so viel Glanz und Auffoderung Bier statt Kofents, aß wöchentlich mehr als einmal Fleisch und machte fast ein halb so großes Haus als der Pfarrer. Drang denn nicht der Ruhm seines Reichtums sogar zum Christjuden Judas,

1 Er lebte nämlich von jeher auf geradewohl in den Tag, nämlich in das Abcbuch hinein. Es ist eine Sentenz, wenn ich schreibe: Die meisten Menschen wollen im Sommer ihres Lebens vorsorgend recht viele Eiskeller und Eisgruben füllen für den – Winter desselben; aber das Alter oder Grab ist selber eine Eisgrube. Und im Alter schlagen vielleicht Erinnerungen reichgenoßner Freuden dem ruhigern Busen besser zu als das Dasein jetziger. Denn der Alte lebt rückwärts, wie der Jüngling voraus, und das Stelldichein beider ist immer in einer Welt außer der Gegenwart.

aus dessen Judäa von Kapiteln ich selber dieses einundzwanzigste ziehe? Und holte dieser Neu-Christ nicht selber den Kaufpreis der bekannten vorgeschoßnen Plüschhosen ohne Zinsen, den er bloß nach dem jetzigen Vermögen bestimmte?

Aber was ihm noch mehr den Zunamen des Glücklichen, den Sulla führte, gewährte, war der Ruhm, den er aber nicht wie Sulla durch Abhauen, sondern Aufhellen der Köpfe gewann. Geehrt vom Landesfürsten und dessen Ländern – von vorbeigehenden Abcschützen, deren jeder eine wandelnde Ehrensäule oder ein vorgetragnes römisches Ahnenbild seiner Nachahnen war – vom verworren-gemachten Wildmeister, welcher doch sonst, wie er sagte, wisse, wo der Hase liegt – vom Franzosen, welcher seit der großen Cour beim Fürsten sich kaum zu den Nägeln des Fibelschen Stiefel-Absatzes zu erheben getrauete – und von allen. Pelz setzte gar wie in einer Glashütte seine Pfeife an und ließ aus ihr den flüssigen durchsichtigen Fibel, in der Form eines großen Mannes oder Kolossus geblasen, abfliegen. Wenn er damit Hofleuten glich, welche Fürsten, wie Köchinnen Tauben, aufblasen, um wie diese besser zu rupfen: so unterschied er sich zu seinem Vorteil von den Leichenpredigern mancher verstorbnen Fürsten, welche gleich Ägyptern tote Krokodile einbalsamieren, so daß man die Vormittagsstunde pünktlich weiß, wo im ganzen Lande die größten und ähnlichsten Lügen gesagt werden, z. B. die sonst noch gewöhnlichere theologische, daß die Untertanen den Tod des Fürsten durch ihre Sünden verschuldet hätten, da sie durch diese vielleicht öfters das Leben desselben verdienet hatten. Kurz Pelz blies Helfen möglichst auf, und im ganzen gut genug; nur äußerlich wollte dieser nicht gebläht genug aussehen: sein obwohl längst erwarteter Ruhm machte weniger seine stolze Kälte als seine bescheidne Wärme gegen alle größer, die um ihn waren – es war ihm, als wären alle die Seinigen mit ihm zugleich gestiegen, und als müsse er dem halben Dorfe danken, da er ja in dem ganzen bisher geboren und erzogen worden. Er war der Sanfteste und Bescheidenste gegen die von ihm beglückte Klein- und Großwelt umher, der Versenkte ins Geschäft, der feurigere Liebhaber seiner Mutter und seiner Frau.

Doch innerlich ging es mit dem Blähen erträglicher; er sah tagtäglich ein, wen er vor sich habe, sich nämlich, und wie sehr er von Kindheit an recht gehabt, sich für einen *großen* Mann, den er künftig mit Händen würde greifen können, so wie für einen *langen* zu halten, und wie beides schön zugetroffen. Himmel, wie viel Entschuldigung hat ein Mensch, der auf einmal sehr viel wird! Unvermerkt und dann erstaunt sieht sich der Mensch so ins Große hineingezogen als die Dörfer um London ins London, und er weiß nicht zu unterscheiden, sondern hält sich statt eines vorigen Dorfs für eine geborne Gasse in der Hauptstadt.

Je länger aber Fibel überlegte, daß sein Ruhm fast größer sei als sein Büchelchen, das nur ein Bändchen stark war, und je mehr er sich mit andern Gelehrten verglich, welche einen ähnlichen großen Ruhm kaum durch ein Dutzend schweinlederne Folianten mit Register errangen: um so mehr hielt er es für Pflicht, noch etwas Übriges zu leisten. Er erstand nämlich in Versteigerungen Bücher jedes Bands und Fachs und Idioms, welche auf den

Titelblättern ohne Namen der Verfasser waren; in diese Blätter druckte er nun seinen Namen so geschickt hinein, daß das Werk gut für eines von ihm selber zu nehmen war; und jetzt erst fällt helles Licht rückwärts auf meine Vorrede und auf mein Erstaunen, als ich aus der Bücher-Versteigerung des Christen-Judas die schon darin gedachten Werke erstand, z. B.

Fibels Ruhe des jetztlebenden Europa, dargestellt in Sammlung der neuesten Friedensschlüsse von dem Utrechtschen bis auf 1726, Coburg 1726 – oder

Histoire du Diable par Fibel, Amst. 1729 – Und so weiter; denn ich habe noch viele nicht angeführt, z. B.

Villa Borghese di Fibel, 8. in Roma 1700, oder das seltne Werk Tale of a Tub from Fibel, Lond. 1700, oder Pensées libres sur la Religion de Fibel, à la Haye 1723 – und noch andere Fündlinge von höchst gottlosem und unzüchtigem Inhalt, die er unwissend an Kindes Statt annahm. Die schwersten Werke war er imstande herauszugeben, sobald er sich bei Pelzen erkundigt hatte, in welcher Sprache sie geschrieben waren, damit er das Einzudrukkende *»von Fibel«* der Sprache angemessen ausdrückte, entweder durch di oder durch autore oder durch de oder from etc. Aber mit der menschlichen Schwachheit werd' es zugedeckt, daß er einmal vom Reize, einen Folianten geschrieben zu haben, sich so weit verlocken ließ, daß er seinen Namen als Verfasser auf ein Werk setzte, das einige Jahrzehende vor seiner eigenen Geburt geboren worden, unter dem Titel: »Acta in Sachen zwischen dem teutschen Orden, dann Bürgermeistern und Rath der Reichs-Stadt Nürnberg, das Exercitium religionis zu St. Elisabeth und Jacob betreffend, von Gotthelf Fibel, Nürnberg 1631.«–

Übrigens sagen alle Unparteiischen, daß fast wir alle es nicht so machen wie Fibel, sondern viel schlimmer, weil wir nicht, wie er, nur auf anonyme Gedanken eines Einzelnen, sondern auf die unzähligen vieler Tausende, ganzer Zeitalter und Bibliotheken unsern Namen unter dem Titel »unsere gelehrte Bildung« setzen und sogar bald *dem*, bald *den* Plagiarius selber stehlen.

Indes *einen* lebendigen Feind hatte der milde Mensch in ganz Heiligengut. Lebendiger Feind? Welch ein Wort voll glühender Widerhaken für ein stilles Herz! Nicht aus Haß, nicht aus Schwäche, aber aus Gewohnheit der Liebe wird eine warme Seele schon durch die Vorstellung, noch mehr durch die Gegenwart eines Hassers durchdringend verwundet.

Es hieß dieser Fibels-Feind *Flegler*, der bekannte Schulmeister, der einige Tage nach dem Dekretalbriefe des Konsistoriums, welcher Fibels Abc einzuführen anbefohlen, keine Suppe recht mehr verdauen konnte, und den Dekretalbrief noch weniger.

Es läßt sich schon ohne das 21te Judas-Kapitel denken, daß ein so lange in der Schulstube ansässiger Schulmann ebensogut einen Diamant zerkäuen könne, als die Nuß aufbeißen, daß ihm ein Voglers-Junge Gesetze vorschrieb und den gemalten Fibelhahn, der einen Stock in der Kralle auf dem letzten Blatte des alten Abcbuch hält, daraus verjagte. Allen Papieren zufolge wurd' er darüber *gelb* und legte also an seinem Leibe die Farbe an, welche sonst andere Bankbrüchige (Banqueroutiers) tragen mußten. Er wollte durchaus sein Abc mit dem Hahne behalten, welcher daher als Kampfhahn gegen Fibel oder als Petrushahn noch diese Stunde den Namen Fibelhahn trägt. Zehn Frei- und Pracht-Exemplare wurden von ihm dem schenkenden Verfasser sehr verächtlich zurückgeschickt. Im Kruge macht' er sich öffentlich lustig über das Werk und sagte, der Mensch schreibe nicht einmal orthographisch, sondern Trache, Ygel und Yüdenkirschen; dabei schwank' er so sehr in seiner Rechtschreibung, z. B. zwischen Juden und Yüden. Ja Flegler, nur ein malerischer Laie, griff sogar die Fibelische Bilder-Ausstellung an und fand manches verzeichnet, z. B. den Schwanz des Ochsen zu lang, den des Esels zu dünn; und fragt' er die Bauern nicht, ob jemand wohl je einen grünen Dachs, eine rote Katze anderswo habe stehen sehen als im Abcbuch? Sogar – und dies ist so betrübt – auf den Lehrstuhl seiner Abc-Jugend setzte er diesen harten Richterstuhl und tat Fibeln bei der Schulbank wirklichen Abbruch. Kurz, wie Attila eine Völker-Knute, so war Flegler ein Fibelio-Mastix.

Ich weiß schon so gewiß voraus, als ichs hersetze, daß irgendein trüber Jeremias hier sagt: »So ists denn stets das Schicksal aller großen Autoren und großen Anfänger, daß sie bei dem Eintritt in den Unsterblichkeits-Tempel die Zeremonie sich müssen gefallen lassen, welche alle Hottentotten beim Eintritt in die Volljährigkeit, in die Ehe, in ein Ehrenamt erfahren, daß sie nämlich nach hottentottischer Sitte ein Priester – anpißt?« –

Jawohl, versetz' ich freudig, ists unser sämtlicher Fall; aber werden denn die trefflichen Folgen der Sache von einem von uns durch eine literarische rota romana gerä-derten Riesen berechnet? Oder sind es denn eben nicht jene ungerechten Kritiken, welche uns alle der Bescheidenheit wieder zuführen, um welche wir so leicht durch gerechte kommen? Ist nicht das Schandtäfelchen einer recht Dummen-Teufels-Rezension gerade das Brettchen, welches ein Turmdecker scharf in der Hand und vor das Auge hält, um, darauf hinstarrend, nicht in seiner Höhe zu schwindeln, wegen der zu großen Tiefe der Hunderte unter ihm? – Himmel! wie oft hat selber der Verfasser dieses seinen Dank groben und einfältigen Kunstrichtern auszudrücken gewünscht, welche ihm so viel von seinem gerechten Selbstbewußtsein wegschnitten, daß er bescheiden genug wurde! – Es halte sich doch jeder wahrhaft große Autor für ein Rom (Fibel ist eines), das durchaus eines Karthago bedarf (Flegler ists), damit dasselbe (wie die Scipionen so richtig weissagten) immer an einem Feinde seine außerordentliche Größe übe und erhalte; und jeder Tropf nehme sich für ein Karthago eines Roms.

22. SCHNEIDERS-PAPIERMASZE

Die biographische Akademie

Die kleinen Schneidersjungen selber brachten mir und – was noch mehr ist – der Welt dieses zweiundzwanzigste Kapitel, das ihr Vater mit der Schere aus der großen vierzigbändigen Fibels-Lebensbeschreibung zu einem schönen langen papiernen Maß für einen Mann von fast sechs Fuß zugeschnitten; ordentlich als hätt' er damit dem so langen Fibel selber einen Ehrenrock anmessen wollen. Für mich wie für ihn waren die Papierstreifen Ordensbänder; gleichsam zusammenhaltende Papierstreifen dieser Lebens-Weltkugel. Sie erzählen aber folgendes:

Der Magister Pelz brauchte kein Kirchen- und Staats-Jahr, um einzusehen, daß er durch den Überfluß an Exemplaren zuletzt so überflüssig werden würde, daß er auf kein Geld weiter Aussicht hätte als auf Reisegeld. Freilich hielt ihn die Betrachtung etwas aufrecht, daß Fibel ganz unvermögend war, irgendeinen Menschen, sogar einen Bettler, abzudanken (das jetzige Irr- und Strafgesetz einer Geldstrafe gegen zufälliges Almosengeben hätte ihn selber in die Almosenkasse geworfen); ja ein Schustermeister konnte ihm ein Paar sinesische Stiefel liefern, welche jeden Tag ein neues Hühnerauge aus den Zehen ausbrüteten: er gab sie nicht zurück, sondern trug sie und ihren Druck vergnügt. Ferner liebte er wie alle Heimisch-Selige Ordnung und die Unverrücktheit jedes Dings; ihm nun von seinen drei zugewöhnten Arbeits-Köpfen einen nehmen, hieß ihm wie einem Höllenhunde einen Kopf abhauen.

Aber – und dies war kein Trost für Pelz – Drotta stand da und konnte ihren Arm und daran ihren Finger ausstrecken und Pelzen die Türe zeigen. Die Allmählichkeit der Weiber ist so furchtbar als die Plötzlichkeit der Männer. Daher verfiel er auf etwas. Männer, die wie Fibel bei Ländern und einem Fürsten in Kredit stehen, sind es gewohnt, sich für etwas zu halten; und in der Tat brannte Fibels Name mit 24 rot erleuchteten Buchstaben am Triumphbogen, wie – um das Gleichnis zu Wasser und auf der Achse zu holen – in London Goldsmiths Grabmal[1] mit *Drucklettern*, welche eine benachbarte Feuersbrunst zu *einem* Flusse geschmolzen hatte, glänzend überflossen wurde. Um so leichter konnte Pelz dem lammfrommen Abcschützenmeister auf dessen eigenen Trommelfell seine Viktorien und Tedeums abtrommeln und ihm geradezu zu verstehen geben, er sei ein verdammt großer Mann; obgleich sonst die Schmeichelei mit dem Kandis-Zucker nicht nur die Süßigkeit, sondern auch die Eises-Durchsichtigkeit gemein haben muß.

Es war an dem merkwürdigen Tage, wo bei dem Pfarrer eigner Geburtstag war und so große Cour von Amtsbrüdern oder schwarzen Kirchensklaven, daß der Rauchfang noch zwei Stunden nach der Eßstunde aufrauchte und der Bratendampf die äußersten Häuser ergriff und sich statt in Bratenröcke in Armensuppen-Röcke zog. An diesem Tag wars, wo Pelz und Helf auf einem Berge auf abgetriebnen Baumstöcken saßen und in den Weihrauch des Pfarrhauses hineinsahen und an die Ehre dachten, welche die Menschen auf der Erde haben. »Ich sollte der Pfarrer gewesen sein«, fing Pelz an, »einen Mann wie Sie hätt' ich dazu gebeten.« –»Es sind aber, Herr Magister, Pfarrherrn dabei, welche jeder schon seinen guten Band Leichenpredigten herausgegeben, voran mit seinem kurzen Lebenslauf und mit lateinischen Lobgedichten auf sich.«

Jetzt konnte Pelz seine Schleusen aufziehen: »Ach, das ists ja! Wozu ist man denn ein berühmter Mann in vielen Ländern, wenn man den Ländern oft bis auf die kleinste Kleinigkeit, auf Husten, Schnarchen, Niesen, unbekannt bleibt? Es sollte doch wahrlich (oder ich bin ein Narr)

1 Im Freimütigen vom J. 1802.

von einem großen Manne jeder Schritt und Tritt und jeder Zahn, der in seinem Gebiß und in seinem Friesierkamm fehlt, der Welt so gut bekannt sein als irgendeine Lücke in alten Handschriften, zumal da er selber neue gibt. Siebzehn Predigten wurden anno 1541 gehalten und ediert, bloß damit sie Luthers Lebenslauf vortrügen ... Herr, Sie sollten etwas von sich drucken lassen!«

»Was soll ich denn noch, außer dem Abc?« sagte Fibel.

»Gar nichts« – versetzte Pelz –; »aber wir andern tätens. – Herr Fibel! erwägen Sie, wenn ich nun Ihr Leben von vornen an beschriebe und alles Ihr Wesen, und wir drei Leute es dann wöchentlich abdruckten, bis ein Band nach dem andern daraus würde« – –

»Und das ginge?« fragte Fibel und drehte vor Freude nach seiner Gewohnheit an einem Beinkleiderknopfe. –

»Und wenn« – fuhr Pelz fort – »ich vollends Fuhrmannen und Pompieren anhielte, mir wöchentlich jede biographische Kleinigkeit von Ihnen einzuliefern, und ich selber am stärksten hinter Ihnen her wäre« – –

»Falls Sie drei mich so wegbekämen und ich ganz leibhaftig in Druck herauskäme – und einen schönen Mordspektakel gäb's mir zu Ehren – und Wind sollten Sie von mir von allem bekommen« ... vor Bewegung drehte er sich einen Knopf ab und warf ihn weit den Berg hinunter. –

»Ich meine nämlich vorzüglich«, – fuhr jener fort – »wenn ich den Beispielen der größten Biographen folgte oder auch Paravicini singularia de viris claris zum Stickmuster nähme oder auch den Selbst-Lebensbeschreiber Montaigne oder hundert andere, welche alle von den größten Gelehrten, sie mochten entweder sie selber sein oder nicht, das Kleinste, Exterieur, Leibes-Öffnung (wie Montaigne), Schuhspitzen, Handschrift, Flüche, Schwüre, Spitzbübereien, gedruckt in die Welt schickten« –

»So möchte man aber des Henkers werden, wenn alles so herrlich ginge«, (sagte Helf und warf den zweiten Hosenknopf hinunter) »und meines guten Vaters würde dabei, hoff' ich, sehr nach Verdienst gedacht« – –

»Ach was das? Sogar des Groß- und Urgroßvaters, so weit hinauf Nachrichten zu haben ständen. Nun wenn aber, fahr' ich endlich fort, die Sache sich vollends ins Große triebe und Fuhrmann und Pompier und ich jeden Sonntag gleichsam eine *biographische Akademie* in der Fibelei hielten und Sie bei der Sitzung säßen und ich das Eingesammelte vorläse, bevor es in der Woche gedruckt würde« – –

»O mein zu schönster Magister Pelz!« (sagte Fibel Knopf drehend und werfend) »ich weiß nur jetzt nicht, wo ich bin, und ich bin freilich dabei, bei der Sache ... o du lieber bester Gott!«

»Ich meine nur aber so« – fuhr Pelz fort –: »wenn wir nun dies alles so verständig einfädelten und abdruckten, daß wir gar in unserer biographischen Akademie, eben weil bisher in allen Akademien nur auf tote Mitglieder Reden gehalten wurden, so wie die alten römischen Kaiser nur dem nächst verstorbnen oder die Päpste den nächst verstorbnen katholischen Königen Lobreden wie grüne Erdschollen nachwarfen, wenn wir, wie gesagt, es so machten, daß wir, ich nämlich, Sie als wohlseliges Mitglied, oder richtiger als den verstorbnen Stifter der Akademie ansähen und ansprächen, nur damit ich dann hundert Dinge sagen könnte, welche sonst gegen Ihre Bescheidenheit verstießen« – –

»Natürlich ständ' ich lebendig bei der Sache und hörte ihr zu, nur säh' es nicht so aus; aber es täte nichts« – sagte Helf schon ohne Verstand.

– »Freilich! Wenn ich nun vollends den elenden Flegel von Flegler, welcher uns jeden Sonntag nachmittags im Kruge angreift, in der Fibelei der Welt in seiner lächerlichsten Blöße zeigte, worin er statt seiner ausgefallnen Kritik- und Hundszähne den Simsonschen Zahnkinnbacken vorweisen muß, und es dann am Montag und Dienstag in Druck setzte vor die ganze zivilisierte Welt hin – und ihn fast zu lächerlich machte von hier bis in die Vorstädte von Hof in Vogtland hinein – wiewohl es von der andern Seite gut ist, daß wir einen Feind haben, weil ohne einen uns die in Biographien so nötigen gelehrten Streitigkeiten fehlen würden: – täte man nun dies alles trefflich« – –

– Hier gab Helf vor Lust und Dank Pelzen einen kräftigen Schlag auf den Schenkel und sagte: »Und so würde wahrlich die ganze Schenke zu Verstand gebracht; aber um Gottes willen, herrlicher Magister, Sie wollten was sagen und fingen an: *wenn*« –

»Mehr nicht;« (sagte er) »denn alles wäre eben fertig, nämlich einer der berühmtesten Skribenten, den Sie nur kennen; denn mich sollte der Donner erschlagen, wenn ich nicht jede Woche wöchentliche Nachrichten von Ihnen gäbe, und sollt' ich die schlechtesten haben. Setzen wir beide nun, ich und Sie, Ihr Leben lange genug so miteinander fort: so kann Ihr lebendiges Leben so stark ins Gewicht fallen als Faßmanns Quartanten-Gespräche im Reiche der Toten und Ihre Biographia Fibeliana so vielbändig werden als die Biographia britannica, ob diese gleich aus mehreren Leben besteht.«

»Pelz! Gott!« (versetzte Fibel schwindelnd und hielt ein ausgerauftes Bäumchen in der Hand) »das ist der Ehre gar zu viel für mich Voglers-Sohn in diesem Dorfe; aber wahrlich ich will gern demütig einhergehen und mich in Gottes Augen für einen Madensack halten, wenn Sie die bewußten Bände fertigen und meiner so sehr in Ehren gedenken; und glauben Sie mir, ich würde mir etwas einbilden auf das Lob eines solchen Mannes wie Sie, Wertester!«

Auf dem Heimwege hatte er (dummerweise trug er noch immer das ausgerupfte Bäumchen) viele Mühe, seine drei abgedrehten Kammerherren-Knöpfe von vornen (welche drei das Ganze hielten, weil damals aus Mangel an Luxus die jetzige Mode der Knöpfe nach der Zahl des Cinq-Quaramboles oder der fünf törichten Jungfrauen fehlte, so wie in Otaheiti und in der innern Schweiz aus derselben Abwesenheit des Luxus und des Diebstahls den Hütten die Vorlegschlösser mangeln) – – Fibel hatte Mühe, mit fünf Fingern die abgängige Drei zu decken, bis er das Bäumchen wegwarf und also zehn Finger wie zur Deckung von zehn Geboten aufbieten konnte, um gehalten in das Dorf einzuziehen, wo seine künftige biographische Akademie stand. Es sollte wohl ein lustiger Einfall des Schicksals sein, daß dasselbe ihn darin auf einen wieder erwischten Rekruten stoßen ließ, welchem das Werber-Kommando ähnliche Knöpfe gegen das Entlaufen abgeschnitten; seht, wollt' es sagen, wie zwei Rekruten der Unsterblichkeit in einerlei Haltung ihrer Gewänder vor einander vorüberziehen auf die Bahn der Lorbeern zu.

23. LATERNEN-KAPITEL

Eröffnung der Sitzungen

Den Weibern im Hause leuchtete noch wenig von der Sache ein, als schon am nächsten Sonntage sich sämtlicher lebensbeschreibender Gelehrten-Verein (die biographische Akademie) samt Fibel in die Fibelei zur ersten Sitzung begab. – Bevor wir aber einen Schritt dem Vereine nachtun, muß ich vorausbemerken, daß ich freilich Pelzens akademische Vorlesungen in einem ganz andern, nur damals noch neuen Deutsch vor mir liegen habe, als ich sie hier lesen lasse; aber da mir die Welt zu erwarten schien, daß ich an die Stelle des altfränkischen Stils einen glänzenden klassischen setzte und die steife Chrysaliden-Puppe voriger Sprache zur jetzigen leichten Sommervogels-Gestalt ausbrütete, damit das Ganze mehr Glanz hätte: so wendete ich ihm diesen Glanz zu.

– Sollt' es im folgenden der späten Nachwelt mißfallen, daß man diese selber Fibeln so sehr ins Gesicht weissagt und er schon bei Lebzeiten so viel Lob auszuhalten hat: so frag' ich diese späte Nachwelt, ob nicht noch größere Leute sich dasselbe lebendige Einmauern in ihre Ruhmtempel oder das lebendige Begraben unter ihre Rauchopferaltäre mußten gefallen lassen. Himmel! wieviel Lob müssen nicht die guten Fürsten tragen, sogar die schwächsten! Dennoch ertrugen sie's wacker und wurden nicht ungehalten, daß ganze Korporationen sie so stark ins Gesicht lobten als die orientalischen Fürsten sich selber und sie als Gargantuas auf Thron-Chimborassos aufstellten und an einem Karl dem Kahlen den Haarwuchs und an einem Johann ohne Land die europäischen Besitzungen vorhoben.

Allerdings ist Übertreibung des Lobs da recht gut und angemessen, wo der Fürst bloß schwaches verdient. Die Griechen gaben für den olympischen Kämpfer erst dann zu einer ikonischen Statue, die ihn nach seiner wahren Wirklichkeit darstellte, Erlaubnis, wenn er *drei* Siege davongetragen; hingegen nach *einem* Siege durft' er nur größer und edler, als er war, abgebildet werden. Aber es beweiset eben das schöne griechische Gemüt der Hofleute wie der Zeitungsschreiber, daß sie von einem kleinen Helden-Fürsten, der kaum *einmal* gesiegt, stets bloß hohe, über die Wahrheit hinaus veredelte Darstellungen geben, und der Fürst selber, wenn er griechisch genug denkt, willigt in bloße Verschönerung ein; aber ein Helden-Fürst, der dreimal und öfter gesiegt – es sei im Felde, Kabinette oder sonst –, darf wohl auf eine bloße treue (ikonische) Abbildung seiner Anspruch machen und kann zu seinen übertreibenden Hof- und Zeitungs-Sprechern recht gut im Jähzorn sagen: »Wie? ihr schmeichelt mir ja, als hätt' ich noch nichts getan? Geht, Bestien! Ihr leckt, aber nicht Lazarus-Wunden heil, sondern geifernd Wunden der Wasserscheu an.« – Indes gibts noch immer sanftere gekrönte Heroen, welche, anstatt ihre Ansprüche auf eine ikonische Darstellung geltend zu machen, sich mit kolossalen, über ihre geistige Lebensgröße hinausgehenden begnügen, vertrauend auf die gerechtere Nachwelt, welche die Karten und Masken abzieht. Wie sollte nun unser Fibel, der bei weitem nicht so groß ist als ein Heros, viel daraus machen, daß zu viel aus ihm gemacht wird?

Sonntags nach dem Mittag-Essen verfügte sich nämlich die ganze Akademie in die Fibelei. Der Magister stellte sich vor den Letternkasten (es sollte den Katheder vertreten), die beiden Akademisten Fuhrmann und Pompier saßen ihm gegenüber; das wohlselige Mitglied Fibel setzte sich aus Schicklichkeit so, daß es ihnen den Rücken wies; teils sollte der Rücken in etwas Verstorbnes hineinspielen, teils konnte auf dem gegen die Wand gekehrten Gesichte sich besser die Bescheidenheit erhalten unter so außerordentlichem Lobe bei Lebzeiten.

Verehrlicher Gelehrten-Verein!

Der Zweck unserer Gesellschaft ist, das Leben unsers seligen Präsidenten und Mitgliedes allmählich zusammenzutragen, um es dann der Welt gedruckt zu schenken. Keine Anekdote aus seinem wöchentlichen Leben soll uns zu schlecht sein, daß wir mit ihr nicht dessen sonntägliche Beschreibung aufstutzten.

Eh' wir aber zum Leben selber schreiten, wird es gut sein, den Seligen vorher flüchtig im allgemeinen zu loben, weil wir sonst Toren wären, wenn wir ein Leben lieferten, woran nichts wäre. Seine jetzige Seligkeit allein gäbe ungeachtet des Sprichworts de mortuis nil nisi bene (von Toten sage nur Gutes) noch keinen Grund zum Lobe ab. Die ganze Geschichte ist ja eine Gegenfüßlerin dieses hohlen Sprichworts und spricht als Teufels-Advokatin gerade nach Jahrhunderten die gelobtesten Fürsten, Helden und Gelehrten zu Unheiligen statt zu Heiligen. Wie lange muß denn einer verstorben sein, damit man anfangen könne, ihn, statt zu loben, so zu tadeln, wie Geschichtsschreiber an so vielen Tausenden tun? Denn der Vorwand, solche strafende Totengerichte darum zu verwerfen, weil die Toten sich nicht mehr verteidigen können, gälte ja noch stärker für ältere als neuere. Nur in folgendem Sinne kann das Sprichwort gelten: »Du, Vertrauter und Zeuge eines Verstorbnen, sage ihm nichts Böses nach, was du allein weißt; denn du bist nur *ein* Zeuge, dem noch dazu das fremde Eingeständnis fehlt.«

Aber wir haben bessere Gründe als den Tod, aus unserem Seligen viel zu machen. Das Knausern mit Lob kommt überhaupt Männern lächerlich vor, welche längst gelesen, daß Lobreden sogar auf die gemeinsten Sachen, auf den Rettich (von Marcianus) – auf das Podagra (von Pirchheimerus) – auf den Kot (von Majoragius) – auf den Hintern (von Coelius Calcagninus) – auf Hölle und Teufel (jenes von Mussa, dieses von Bruno) geschrieben worden. Sogar mündlich hat man es von jeher mit Loben weit getrieben und, wie schriftlich Major die Lüge oder Dornavius den Neid, so mündlich beides an Hofleuten gepriesen und, wenn nicht wie Archippus den Esels-Schatten, doch den Mächtigen, unter dessen Schatten sie standen.

Aber wozu dies? Wir haben hier einen ganz andern Mann vor uns, welcher uns (nicht wir ihm) Ruhm macht, das bekannte Mitglied unserer Akademie; und es wäre bloß dessen eigne Schuld, wenn er nicht einer der größten Männer wäre; aber dafür hat er gesorgt:

Er hat das Abcbuch gemacht.

Wer schon bloß bedenkt, was Buchstaben sind und wie sie einen Kadmus durch ihre Erfindung unsterblich gemacht – und Fibel hat sie bekanntlich forterhalten und gelehrt, Erhaltung aber ist zweite Schöpfung, conservatio altera creatio –; wer nur gelesen, daß unbedeutende Menschen schon dadurch auf die Nachwelt gekommen, daß sie den vorhandnen Buchstaben noch einige hinzuerfanden, z. B. Evander, der den Römern aus dem Griechischen[1] die Buchstaben h r q x y z zuführte, indes unser Fibel auch die übrigen 18 darbringt – wer nur obenhin erwägt, daß über diese Vierundzwanziger kein Gelehrter und keine Sprache hinauszugehen vermag, sondern daß sie die wahre Wissenschaftslehre jeder Wissenschaftslehre sind und die eigentliche, so lange gesuchte und endlich gefundne allgemeine Sprache, aus welcher nicht nur alle wirkliche Sprachen zu verstehen sind, sondern auch noch tausend ganz unbekannte, indem 24 Buchstaben[2] können 1 391 724 288 887 252 999 425 128 493 402 200 mal versetzt werden – und wer sich aus diesem allem sehr leicht erklärt, warum diese vierundzwanziger Union[3] von jeher in solchem Werte gestanden, daß (zufolge dem Talmud) Gott noch Freitag abends kurz vor dem ersten Schabbes sie so wie der bileamschen Eselin Mund, mit welchem sie daher als Koätaneen (Gleichzeitige) immer in besonderer Freundschaft geblieben, nachgeschaffen – wer gar berechnet, daß sogar der Kaufmann, das arithmetische Tier, dem die Zahlen noch mehr gelten als einem Pythagoras, gleichwohl ihnen nicht so viel kreditiert

1 Isidor. l. I. Etym. c. 4.

2 Nach D'Alembert.

3 Anspielung auf die künftige zwanziger Union von Bahrdt.

als den Buchstaben, sondern hinter jede Zahlensumme die buchstäbliche Summe als Assekuranz nachfügt – ein Mann, sag' ich, der nun dies alles überschlüge und addierte, würde schwerlich sich der Frage enthalten: wer ist wohl größer als Fibel?

Und doch kann ich dem darüber außer sich seienden Manne antworten: Fibel selber ist größer. Denn dem Höchsten hat er noch ein oder ein paar Giebel aufzusetzen gewußt, und der Mann ist in demselben Abcbuch ein paar hundert Sachen auf einmal; oder wodurch sonst hätte der Selige sich so viele Ehrensäulen aus Sachsen, Franken, Vogtland abgeholt, als daß er nicht bloß Prosaist ist, sondern Dichter, nicht bloß Dichter, sondern Formschneider und Kolorist und Naturforscher und das übrige?

Der Selige hat, wie große epische Dichter, den poetischen Teil seiner Arbeit in 24 Gesänge oder 24 Reime abgeteilt, wie er es denn schon wegen der Zahl der Buchstaben nicht anders machen konnte.[1] Aber vom Epiker Tryphiodorus, welcher eine Odyssee zwar auch in 24 Büchern machte und jedes Buch nach *einem* der 24 Buchstaben nannte, aber gerade diesen Nenn-Buchstaben darin aus literarischer Seiltänzerei nie gebraucht, z. B. im ersten kein A, im zweiten kein B, – von diesem unterscheidet sich unser Epiker Fibel so sehr zu seinem Vorteil, daß er gerade in jedem Gesang den Buchstaben, wornach er ihn nannte, z. B. im ersten A: Der Affe gar possierlich ist etc. etc., zweimal nicht nur anbrachte, sondern Gott weiß wie oft. Himmel! wie wäre hier ein feiner Humanist (er müßte Kenner sein) ein Mann für uns, der kritisch scharf

1 Siehe Anhang.

die verschiedenen Dichtungsarten absonderte und aushöbe, unter welchen unser Dichter hinüber- und herüberlaufend abwechselt; denn bald dichtet er komisch in X: Xantippe war eine arge Hur', Die X mal X macht hundert nur (der zweite Reim ist ein guter Stich gegen das päpstliche Recht, das in seiner Definition einer H. weit über Hundert hinausgeht) – bald streift er in M ins Didaktische über, z. B.: Zum Beten ist der Münch verpflicht, Mit Messern stich bei Leibe nicht – bald in T ins Elegische: Vorm Trachen uns bewahre Gott, Die Trage uns aus aller Noth – bald in Y ins Lyrische, z. B.: Des Ygels Haut voll Stachel ist, Nach Yüdenkirschen mich gelüst. – Die meisten Gesänge sind jedoch bloß episch. Nirgends besser aber als hier lernt man begreifen, wie die Alten im dickbändigen Homer die Enzyklopädie aller Wissenschaften finden konnten, wenn man in einem so schmalen Werkchen nicht weniger antrifft, indem darin bald Geographie vorkommt, z. B. polnische (Wie grausam ist der wilde Bär, Wenn er vom Honigbaum kommt her) oder arabische (Camele tragen schwere Last) oder italienische in M (Mit Messern stich bei Leibe nicht) – bald Kriegskunst in D (Soldaten macht der Degen kund) – bald Mystizismus in L (Geduldig ist das Lämmelein, Das Licht gibt einen hellen Schein) – bald Teleologie in O (Das Ohr zu hören ist gemacht).

Möchte ich doch mit dem wenigen, was ich aus der Fibelischen Enzyklopädie als dem poetischen Teile des Werks ausgehoben, den Humanisten Beispiel sein, wie überhaupt alle Klassiker, besonders die alten, so behandelt werden können, daß man in ihnen das findet, was man sucht, nämlich alles. Ein guter Humanist sollte wahrlich imstande sein zu sagen: »Gebt mir irgendeine alte elende matte klassische Scharteke her, ganz nahr- und mehllos und nur voll von Wurmmehl, ich will euch zeigen, was darin steckt, wenn nicht ein Vor-Homer, doch ein Nach-Homer, oder ich will nicht Professor der Alten heißen.«

Noch berühr' ich flüchtig das letzte Verdienst unsers Seligen, die Zeichnung und Farbengebung der Abcbilder. Gleich Raffaels Stanzen und Madonnen (ich kann mirs denken) gefallen vielleicht anfangs Fibels Bilder schwach; ja wie bei jenen, so ist es vielleicht bei diesen bloß das Zeichen einer affektierten Kunsthöhe, wenn ein Mann, um für einen Kenner zu gelten, sich schon von deren erstem Anblicke entzückt anstellt. Ein anderes aber ist, wenn er diese Kunstwerke studiert und sie alsdann würdigt und genießt, was mein Fall ist.

Alles, was ich bisher vorgebracht, bitt' ich den lebensbeschreibenden Gelehrten-Verein nur für eine matte Abschattung des großen Deckenstücks von Kopf- und Bruststück zu nehmen, das der Selige oben an das Pantheon seines Ruhm-Tempels, gleichsam aus den Abcbildern musivisch zusammengesetzt, geworfen hat. Freilich sind meine heutigen Worte nur ein paar ausgerupfte Schwanzfedern als Kopfputz, welche nur wenig die ganze Größe des Vogels Strauß aussprechen. Nur von den Beiträgen des ganzen lebensbeschreibenden Gelehrten-Vereins unterstützt, kann ich in den nächsten Sitzungen an die Lebensbeschreibung gehen, soll sie anders mehr als gewöhnliches Interesse erregen.

In den nächsten Sitzungen ist es nun von der höchsten Wichtigkeit so wie Wirkung für uns, in die Fußstapfen der größten Biographen zu treten und alle Fragen genau zu beantworten, welche die Welt an die eines Fibels tut –

über des Helden Geburt und Eltern –

über dessen Briefwechsel –

über dessen Latinität, Gräzität, Hebräizität –

über dessen Lieblings-Menschen und Lieblings-Essen –

über dessen Schriften und Verbesserungen derselben –

über andere Schriften, die ihn bloß zitieren –

über andere Gelehrte, die er gekannt, wovon Scioppius eine vollständige Liste der seinigen in einer Handschrift in der königlichen Bibliothek zu Neapel hinterlassen –

über seine gelehrten Streitigkeiten, Ehrenbezeugungen, Lächerlichkeiten und übriges –

über seinen Todestag, der gar noch nicht auszumachen ist.

– – Auf diese Weise würde vielleicht der Selige mit Wohlgefallen aus dem Schoße Abrahams herunter auf unsere biographische Fibelei sehen und droben für uns wirken.

Darauf hob sich die Sitzung einmütig auf, und der selige Fibel kehrte sich um und kehrte, wie Herkules aus dem Orkus, so nach Hause, daß er hienieden abends aß.

24. PATRONEN-KAPITEL

Sitzungs-Fortsatz

Ich kann mich hier sehr leicht lächerlich machen, wenn ich nicht verständig verfahre. Setz' ich nämlich die Pelzischen Sitzungen her, so bring' ich das aus ihnen ausgehobne Leben zum zweiten Male und fange mitten im Buche wieder beim Anfange des Lebens an. Merz' ich die Sitzungen aus, so fehlt gerade der Teil des Fibelischen Lebens, der in die Vorlesungen hineinfällt, und es wird das ganze Werk ein Wrack.

Um also die papiernen *Patronen* dieses Kapitels, die aus Flintenläufen zurückgeblieben, zu Land- und Schiff-Patronen für mein Buch zu machen, ist es notwendig, daß ich zwar in Sitzungen über Fibels jetziges Leben eine Weinlese, aber in Sitzungen über dessen früheres nur eine Ährenlese halte, und so werden, hoff' ich, alle so befriedigt, daß man weder pfeift noch keift.

In der zweiten Sitzung mußte die Lebensbeschreibung mit Fibels Theogonie oder dessen Ahnen-Vortrab angefangen werden; aber Pelz klagte sehr darin, daß man zwar in Lebensbeschreibungen glücklich einen Sprung bis zu dem Urahnen Adam, aber den Rückweg nicht herab durch die spätern Vorahnen eines Helden machen könne, was doch so verdrüßlich sei. Schon der gewöhnlichste Biograph schickt seinem Helden ein Leben dessen Vaters, dessen Großvaters, Urgroßvaters abgekürzt voraus; aber viel weiter rückwärts hinauf ringt der höhere Lebensbeschreiber, dessen Ziel wäre, womöglich gleich nach der Sündflut anzufangen und Noahs Kasten zum treibenden Lohkasten des Stammbaums seines Helden oder zum Mumienkasten von dessen Vorfahren zu machen. Könnt' ers, der Mann, es gäbe gewiß ein Werk von mehreren Bänden. – Aber unendlich besser stehen sich Lebensbeschreiber, wenn sie herabwärts gehen von dem Helden zu dessen Enkeln; hier ist das Notizen-Flöz unerschöpflich, und die Gesippschaft ist ein Wurmstock von frischen Biographien, den man nur auszubrüten braucht. Mich wundert daher, daß Biographen eines berühmten Mannes ihn nur bis zu seinem Tode verfolgen, und selten durch Enkel und Urenkel hindurch. Eigentlich nimmt ja keine Biographie ein Ende, denn die darin aufgeführten Kinder des Helden zeugen neue, und so fort, und alles ist dem Helden verwandt. Leider kann nur der Lebensbeschreiber nicht die durch ganze Jahrhunderte fortfließende biographische Nachkommenschaft erleben, sondern legt die Feder schon beim Enkel nieder. Desto unerwarteter wars mir und uns allen, daß Richardson und andere englische Romanschreiber dem Leben ihrer romantischen Personen hinten nur dürftige Nachrichen von deren am Ende des Romans gebornen Kindern u. s. w. anheften und uns mit einem kurzen Robespierres-Schweif abspeisen, da es bei ihnen als Dichtern so sehr in ihrer Macht stand, dem gedichteten Leben wie einem Wechsel voll Indossi ein Allonge nach dem andern anzukleben und romantische Prozessionsraupen von Urenkeln so ausgedehnt nachziehen zu lassen, daß die ganze Wesen-Kette nicht eher abreißen konnte als mit dem Lebens-Faden des Dichters selber. Von dem an sich unbedeutenden englischen Dichter Dyer erzählt Johnson[1] – so sehr vergißt der Brite seine kleinen Dichter später als der

1 Lives of the English Poets, Dyer.

Deutsche seine großen –, daß er sich gerühmt, eine Frau geheiratet zu haben, deren Großmutter eine wirkliche Shakespeare von einem Bruder Shakespeares war. Dyer lieferte dadurch wenigstens einen guten Beitrag zu Shakespeares Nach-Lebens-Beschreibung bis zu seiner Zeit.

Nun komme die Welt wieder auf Fibeln und Pelzen und die zweite Sitzung. Letzterer tat viel, nämlich das Seinige, und suchte trotz den notdürftigsten Nachrichten Fibeln so weit herzuleiten, als wäre dieser eine Makulatur, welche eine lange Ahnenreihe von Lumpen, weißer Wäsche, Garn, Flachs- und Leindotter aufweist. Die von Pelz aufgeführten Ahnen Fibels stehen auch im 1. B. Mos. K. 10. V. 26 bis 29: »Und Jaketan zeugte Almodad, Saleph, Hazarmaveth, Jarah, V. 27. Hadoram, Usal, Dikela, V. 28. Obal, Abimael, Seba, V. 29. Ophir, Hevilah und Jobab. Das sind alle Kinder von Jaketan.« Die fiblischen heißen zwar anders als die biblischen, aber der Leser denkt sich in der Tat bei den einen so viel als bei den andern, da die Stammbäume eine Differential- und Integral-Rechnung sind, welche nach Euler und Schulz[1] eine Rechnung nicht mit Größen, sondern mit Nullen ist; wie man denn diese Nullen am Stammbaum in Kupfer gestochen hängen sieht.

Fibels Enkel und Urenkel berührte Pelz nicht sehr, erstlich weil diese Stuben-Nachzügler eines genialen Feld-Herren darum unbedeutender sind als der Ahnen-Vortrab, insofern öfter ein Köpfchen einen Kopf erzeugt, ein Prosaiker einen Dichter (wie die ungeflügelte Blatt-

1 Dessen Sehr leichte und kurze Entwicklung der wichtigsten mathematischen Theorien. 1803.

laus eine geflügelte), ein figürlicher Neptunist einen Vulkanisten als umgekehrt ein Kopf seinesgleichen.[1] Zweitens ging er auch darum leicht über Fibels Enkel etc. etc. weg, weil dieser nicht einmal Kinder hatte.

Große Lebensbeschreiber – sah Pelz – wetteifern gemeiniglich in Versuchen, schon aus der Kindheit oder Zwiebelwurzel des Helden die ganze künftige Tulpe vorzuschälen, aus der kindlichen Typologie den Messias, so daß die nachherigen männlichen Krönungskleider nichts sind als die vorherigen kindischen Windeln, und daß die Kartenhäuser desselben schon die Modellzimmer seiner künftigen Lehrgebäude, Krönungssäle und babylonischen Türme u. s. f. vorstellen. Es zeigt Studium der großen Biographen, daß Pelzen kein Zug aus Fibels Kindheit elend genug vorkam, mit welchem er nicht dessen jetzige Größe zu beschreiben hoffte. Aus der Laus, welche, wie wir alle gelesen, der Rektor magnifikus ihm zu mikroskopischen Belustigungen vom Kopfe abgehoben, zog Pelz viel und legte sie gleichsam, so wie jener Floh ein Kunstwägelchen zog, als Vorspann Fibels Siegswagen vor. Pelz hatte nämlich recht, da er dartat, daß die Hand eines Prorektors voll akademischer Inskriptionen, welche eine Laus von einem jugendlichen Kopfe hebt, zugleich einen Floh ins Ohr setzt; mit bessern Worten: kann ein junger Mensch gleichgültig dabei bleiben, wenn der Finger eines berühmten Mannes ihn berührt und wie ein Zitteraal elektrisch durchschlägt? – – Ich für meine Person

1 Nur adeliges ritterliches Blut zeugt wieder dasselbe; daher nach denselben Grundsätzen nach den Eskimos sogar ein Schiffskapitän wieder einen zeugt, und sie führen einem solchen ihre Weiber zu, um Kapitäne zu bekommen.

versichere aufrichtig, daß es, wenn ich in jüngeren Tagen das Glück gehabt hätte, mit Goethe im Billardzimmer zu sein und zufällig bei dem Weggehen seinen runden Hut für meinen anzusehen und mitzunehmen, ich versichere, daß es für meinen Kopf, hätt' ich den Hut nur einige Tage auf ihm herumgetragen (im Hutfutter müßt' ich seinen Namen erfahren haben), daß es von Folgen gewesen und ich etwas geworden wäre.

Fast das halbe Abc-Buch nun wußte Pelz aus den Knospen der Kinderjahre herauszuziehen.

Es ist bekannt, daß ich im Judas-Kapitel die ungleichartige Zusammenstellung des 18ten Gesangs:

Die Sau im Koth sich wälzet sehr,
Das Scepter bringet Ruhm und Ehr.

auf eine leichte Weise aus einer fürstlichen Saujagd-Partie zu erklären suchte, welche eben durch das Dorf ritt, als Fibel episch beim S saß und sang; worin auch dessen Preiserteilung an die Sau statt an das Schwein für mich spricht. Aber mein gelehrter Amtsbruder Pelz will hier anderer Meinung sein und glaubt (in der 10ten Sitzung) den ersten Keim des achtzehnten Gesangs (nach seinem Entwicklungssystem) auf dem Wirtshaus-Tische zu finden, allwo der kleine Fibel unter dem Spielen der deutschen Karten so oft gesehen habe, daß die Sau regelmäßig den König steche oder besiege; wobei Pelz noch die Frage tut (ich muß sie halb für Spaß halten), ob nicht Fibel damit einige französische, von ihren Mätressen besiegte Könige, z. B. den damaligen Louis XIV, von weitem ansteche, besonders da der Szepter (im Bilde) sich gegen das Tier wie gegen eine Esther neige, ja da es bei dem S das Hauptbild vorstelle. »Hätt' er nicht ebensogut einen *Schach-* oder S-chützen- oder S-chlangenkönig zum S auswählen können und einen S-auspieß statt S-zepters zum Seitenstück?« fragt Pelz und will die Nachwelt entscheiden lassen. Zu dieser gehör' ich zwar und kann als solche entscheiden; aber ich überlasse wieder meiner noch späteren Nachwelt die Entscheidung.

Mein verehrter Mit-Plutarch Pelz hatte noch andere Sitzungen über die Jugend-Geschichte, aus welcher er, um den jetzigen großen Mann schon im Kinde zu zeigen, alle Züge eines Einfalts-Pinsels aufzutreiben suchte, welche (als Vorläufer eines raffaelischen Götter-Pinsels) ihn in die Reihe der großen Männer stellen konnten, die mit ähnlichen Zügen debütierten. Es ist derselbe Gedanke, auf welchen nachher Jean Jaques im Emil verfallen, daß sich das Genie in der Kindheit oft durch Stupidität ansage, so wie (füg' ich und die Erfahrung bei) die vorzeitigen Geistes-Reifen den Bäumen gleichen, welche, je weniger Früchte, desto mehr Blüten tragen. Daher brachte Pelz bei, daß Fibel noch im 14ten Jahre immer einige Bedenkzeit haben mußte, wenn er die rechte Seite von der linken gut unterscheiden sollte (im Spiegel konnt' ers nicht einmal) – daß er mehrmals auf die Zähne eines Heurechens aufgefußt, mit dessen Stiel er sich dadurch an die Stirne geschlagen – und daß er lange fortgeglaubt, zwei angezündete Lichter zugleich müßten langsamer verbrennen als eines allein, da jedes dem andern beim Leuchten helfe. Ja stellte der Lebensbeschreiber nicht die Mutter als Zeugen auf bei der Tatsache, daß der Selige einmal im Regen mit einem neuesten Hute neben einem Spießgesellen gegangen, der einen der verschossensten auf hatte, und daß er ihn gebeten, den verschossenen ihm (er wollte seinen neuen schonen) zum Aufsetzen zu leihen und dafür den feinen zu tragen? – Aus solchen erwiesenen Beispielen, wo Fibel den Kopf verloren, bat Pelz jeden, selber zu schließen, welch' ein großer er sei.

Meng' ich meine Meinung herein, so bin ich sehr der seinigen. Die Sache ist in der Gelehrtengeschichte noch stärker erwiesen und die Einfalt in ein höheres Alter hinaufgeführt. Es ist noch wenig, daß man den scharfspaltenden Thomas von Aquino bloß in seiner Kindheit Ochs genannt, wie den Brutus etwas später brutus; war nicht in viel spätern Jahren Leibniz so unvermögend, in Leipzig, als Swift in Oxford, Magister zu werden? Und wie viele Jahre lange hatte wohl der Mathematiker Schmidt keinen Ansatz zu allen Wissenschaften, sogar zu seinen, den mathematischen? Gerade bis in sein vierzigstes; – überhaupt ein besonderes Jahr, gleichsam die vierzigtägige Genie-Fasten (Quadragesimä), nach welchem erst auch Rousseau,[1] Cromwell,[2] Muhammed[3] aufflogen und sich ganz zeigten.

Aber die Gelehrten sollten berechnen, daß in diesem Satze noch weit mehr steckt. Liegt es uns dadurch denn nicht ganz nahe, daß es vielleicht hienieden Genies geben könne, welche bis ins 80te Jahr (die doppelte Quadragesimä) und also bis in den Tod so einfältig und vernagelt bleiben als andere bis ins 40te, so daß sie erst in spätern Jahren, also *nach* dem Tode ihre Blütenknöpfe wie die Aloe nach ihrem dreißigjährigen Wetterkriege aufspren-

1 Confessions.

2 Hume.

3 Gibbon.

gen und prangend auseinanderfahren und so der Welt – aber der zweiten – zeigen, was an ihnen ist?

Ich will dem Satze nicht länger nachsinnen, weil ich ihn sonst immer weiter treibe. Denn da nach der bewährten Umkehrung der vorigen Erfahrung folglich vorzeitig-kluge Kinder im Alter wenig werden, und da unser achtzigjähriges Erden-Sein nur eine bloße düstere Kinderstube zum Ewigkeits-Sonnentempel ist: so steht mir leider niemand dafür, daß nicht irdische Genies dieser Welt, wie Herder und Goethe, als vorzeitig-kluge für die zweite (gleichsam Baratiers des Himmels) vielleicht in der zweiten, dritten, vierten Welt, wo gerade der aufgeblühte Jüngling sich zeigen soll, die auf der Erde gegebenen Hoffnungen nur schlecht erfüllen, indes dagegen ihnen dort viele ihrer hiesigen Rezensenten desto weiter vorspringen, je weniger diese zu ihrem Glücke hier etwas von dem gezeigt, was man Verstand nennt. Sogar ich Unbedeutender bin nicht sicher, daß ich nicht im Himmel auf den Sand gesetzt werde und vor den Seligen das Schaf mache. –

Fibel nahm alle diese fast befremdenden Gesichts- und Feld-Züge Pelzens ganz gut auf, da keiner davon auf sein Abc-Wesen losging. Nur die Wildmeisterin, welche einige Sitzungen mißtrauisch belauscht hatte, wollte gar Mäuse merken und mutmaßen, Pelz habe ihren Mann zum Narren und wolle von ihm profitieren. Aber die Schwiegermutter dachte weiter und gab ihr durch ihre gelehrten Anverwandten in Dresden Licht, deren Verstand man auch, sagte sie, selten habe verstehen können.

Die Leser wissen schon seit mehrern Bogen, daß der Magister Pelz alle Pflichten guter Lebensbeschreiber in den Sessionen erfüllt und des Helden Vergangenheit ausführlich abgehandelt – denn woher sollt' ich die vorigen Kapitel sonst darüber nehmen, falls ich sie nicht geradezu erfabeln wollte? – Und jedes Mitglied hatte Pelzen biographische Subsidien und dons-gratuits nach eigner Weise geliefert, z.B. Pompier viel von der Heirat und von des alten Siegwarts Cour bei dem Markgrafen – Fuhrmann hingegen mehr solide Artikel, z.B. Siegwarts Tod – Pelz sich selber manches mehr Komische.

– Ich habe nur schlechte Freude am vorigen Absatze; denn ich sehe ja, daß ich immer mehr den Lebensbeschreiber der Lebensbeschreiber mache und ganz unvermerkt durch die Sitzungen mich in die schon erzählten Kapitel zurückwerfe. Es muß aber doch fortgefahren werden.

Andere versprochne lebensbeschreiberische Artikel tat Pelz kürzer ab; nämlich bei dem Artikel »Latinität, Gräzität, Hebräizität, Arabizität des seligen Mannes« führte er dessen Kenntnis und Schreibung der lateinischen, griechischen, hebräischen Alphabete und die ähnlichen Vaterunser an, wie ich aber ja auch beim Henker in weit frühern Kapiteln erzählt.

Der versprochne Artikel: »Fürstliche Gnadenbezeugungen gegen den Helden« ist leider auch schon da gewesen.

Der versprochne Artikel: »Hauptwerk, welches der Gelehrte geschrieben.« Natürlicherweise meint Pelz das Abcbuch; aber, lieber Gott, ist denn dies etwas den armen Lesern noch Unbekanntes?

Der versprochne Artikel: »Andere Werke, welche des Seligen Namen tragen«, bekanntlich die anonymen, auf deren Titelblatt Fibel elendiglich seinen Namen einschwärzte, und welche Pelz sämtlich in Folio, in Quarto, in Sedezimo in den Sitzungs-Saal einschleppen ließ, um den dummdreisten Pompier und den dummscheuen Fuhrmann, welche freilich aus Unkenntnis namhafter Autoren namenlose schlecht kannten, durch das Titelblatt, das sie lesen konnten, auf die Gedanken zu bringen, daß Fibel sie gemacht. – – Aber ihr Heiligen alle, und selber euch Leser ruf' ich zu Zeugen an, ob ich nicht dies alles schon längst gemeldet, sowohl in der Vorrede vieles davon, als im 21. Judas-Kapitel den Rest! – Und doch soll ich Unschuldiger noch immer zurückschreiben? Aber Gott wird neue Kapitel senden.

25. UND 26. JUDAS-KAPITEL

Gelehrte Streitigkeiten – oder antikritische Sitzungen

Und da sind sie, zwei auf einmal! Die verdammte biographische Vergangenheit ist fort, und man fängt ordentlich zu leben an. Künftig kann nun nichts mehr kommen, was ich öfter zu erzählen hätte als *einmal* in dem dazu anberaumten Kapitel, und alles, was nur vorfällt, ist den guten Lesern noch nicht erzählt, sondern wahre Neuigkeit. Vorfallen aber muß noch viel in den künftigen Kapiteln, da ja Fibel, Mutter, Frau und alles noch lebt, was erst künftige Kapitel begraben.

Dadurch entkomm' ich unschuldiger Verfasser dieses Werkes dem Vorwurf, dem Jupiter, dem größten Planeten, zu gleichen, als biographisch *rückgängiger* Stern; daß mein Ruhm darin besteht, dieser größten Welt unsers Systems darin zu ähnlichen, daß ich wie er nach der scheinbaren Rückläufigkeit den schönen Bogen des Fortgangs rein beschreibe.

Ohne die geistige und sauere Gärung gelehrter Streitigkeiten hätten wir schwerlich jene köstlichen Felsenkeller und Essigkammern voll März- und Oktober-Bier oder Oster- und Michaelismeßbücher, welche wir Bibliotheken nennen und aus welchen wir so schöpfen. Der Janustempel ist der Heidenvorhof zum Ehrentempel. Ich habe mehrmals den Ausdruck gelehrte *Raufereien* dadurch verfochten, daß ich gute schwarze polemische Dinte das echte eau épilatoire nannte, womit man in Paris jedes schönheitswidrige *Haar* ausbeizt und durch welches oft ein Kritiker einen ganzen Weisheitsbart abnimmt. Und ich möchte auch wissen, was denn sonst anders als dieses Bespritzen und Beflecken mit polemischer Dinte uns von jeher zu jenen Streitschriften und Antikritiken aufgemuntert hat, worin wir Feuer speien und eben wie Vesuvius durch Speien und Auswerfen uns immer höher aufmachen. – Schon bloß was ich allein durch schreibende Feinde an Bescheidenheit auf der einen, und an Selbstachtung und Gelehrsamkeit auf der andern Seite gewonnen, ist kaum zu berechnen. So manchem Rezensenten, der gleich den türkischen Schreibern mit dem Schreibzeug den Dolch trug, klopft' ich stark auf die Achsel und sagte: »Schreib und stich, Männlein, du stichst mich in Kupfer, und dein Dinten-Ätzwasser ist mein Salböl.«

Wie schön hätte daher neuerdings *Arndt* in seinen *»Briefen an Freunde«* durch die Frechheit seines Urteils über mich auf mich einfließen können, wenn er dem

Mangel an Verstand und Wahrheit, woran das gute Urteil leidet, durch ein reiches Werk, worein ers gesteckt hätte, in etwas abgeholfen hätte. Aber er wollt' es nicht recht, sondern schrieb ein leeres Buch, worin freilich sein Urteil, und wär' es noch zehnmal frecher gewesen, für keine zwei Pfennige werte Besserung auf mich wirken konnte. Den Schaden hab' ich allein, weil dadurch meine Verstockung wächst. Sonst ist das Werk als eine generatio aequivoca der frühern Schlegelschen Dinten-Infusion gut genug und der Zeit angemessen, in welcher man höhern Orts Kraft ungern sieht. Es tat sich nämlich eine Gesellschaft schwächlicher Egoisten oder guter Maul-Riesen (nach Art der Maul-Christen) auf dem Druckpapier zusammen, welche die Tränen der Empfindsamkeit auszurotten suchte, und welche sagte, man solle mehr von Kraft reden. Es kann aber allen Ministern nicht oft genug bewiesen werden, daß diese scheinbar verdächtigen Kraft-Menschen ihren Namen so wie die Butterblumen führen, aus welchen niemals Butter wird (denn die Kühe fressen sie nicht), und die man nur der gelben Farbe wegen so tauft; es sind gute tatenreine Seelen, welche, so wie man nach Martial, Lipsius und Bayle[1] sehr wohl unzüchtig schreiben kann, ohne im geringsten so zu leben, mit ähnlicher Unschuld die Kraft-Sprache ohne schädlichen Einfluß ins Leben reden, wie Briten die französische ohne französische Gesinnung. Freilich sieht sich zuletzt mancher für ein Donnerpferd an, der nur ein Donneresel ist. Auch der gute Arndt findet beinahe alles um sich her klein und gemein, wenn er es mit seinem großen Leben vergleicht; dieses besteht, seinem Buche zufolge,

1 Dictionnaire, Art. Virgile.

jetzt darin, daß er sich seiner Jugendzeiten erinnert, in welchen er sich großer Ritter- und Römer-Zeiten erinnerte, wenn er die halbe Nacht in den Rheingegenden und in Italien mit guten Freunden spazieren gegangen und getrunken. – –

Um zu Fibeln zurückzukommen, so gibt es sogar unter den Literaturzeitungen jetzt nur wenige, welche durch unschuldige Bosheit und Einfalt Schriftsteller zu guten Streitschriften spornten; und es tut mir leid, daß ich dem Universität-Tetrarchat von literarischen ökumenischen Konzilien, Heidelberg, Halle, Jena, Leipzig, jenes Lob nicht geben kann (höchstens ist ihre Dinte zuweilen offizineller Vier-Räuber-Essig); aber von der fünften Literaturzeitung (ein schönes fünftes Rad, das erträglich rädert), von der *Ober*-Deutschen, behaupten sogar Feinde, daß sie mit ihren Wassern jene erhabne Pisse-Vache für die unten stehenden Köpfe *Nieder*-Deutschlands sei und, recht als *Tropf*bad unterwegs verstäubend, so wenig *auffalle*.

– Es ist Zeit, endlich der Pelzischen Antikritik-Sitzung beizuwohnen. Der Schulmeister Flegler war im Wirtshaus die gelehrte kritische Anstalt jeden Sonntag nach der Abendkirche und nach der Sitzungszeit. Er durfte freilich ein langes Gesicht dabei machen, daß er, so lange berühmter Schullehrer mit dem Wappenschild des Abc-hahns, der einen Prügel hält, und der selber Fibeln unterrichtet und geprügelt hatte, nun von seinem jungen Jünger sich Schulbücher mußte in die Hand geben lassen; sein Hahnengeschrei im Wirtshause sollte den verleugnenden Petrus wenigstens ins Bereuen hineinkrähen. Da Pelz mit dessen Rügen und Hahnenkämpfen mehr als eine Sitzung bestreiten konnte: so trank er gerne nach dem Gottesdienst im Wirtshause sein Glas und holte vermittelst des Widersprechungs-Geistes gleichsam wie mit einem Stechheber aus dem Schulmanne alles Sauere gegen Fibel heraus, was er in der nächsten Sitzung aufzutischen und abzusüßen hatte.

Ich glaube nicht, daß ich dem Schulmeister Abbruch tue, wenn ich seine gelehrten Angriffe Fibels in die gefällige Form einer Rezension, mit Auslassung seiner Sprache, zusammenziehe und nur so viele pöbelhafte Ausdrücke aufnehme, als sich mit einer gesitteten Rezension vertragen.

Oberdeutsche Literaturzeitung
No. 0000001
Pädagogik

A A a b c d e f g h u.s.w. (von Herrn Gotthelf Fibel) ohne Druckort. (In Heiligengut bei dem Verfasser.) (Einen Oktavbogen stark.)

Es war uns vor Ekel unmöglich, den abscheulich-langen Titel abzuschreiben. Der Verfasser dieses sein sollenden Schulbuchs (es scheint ein junger Mensch zu sein) gehe doch ja vorher in eine Schule, aber nicht als Lehrer, sondern als Schüler, damit er wenigstens Rechtschreibung lerne. Peil statt Beil, Trache statt Drache (das wir von draco ableiten), Yüdenkirschen statt Judenkirschen, Appfel statt Apfel sind wahrlich, zumal in einem Schulbuche, Schnitzer gegen den Priscian-Adelung, die wir wenigstens in unserem Hör- und Lehrsaale nicht einmal Abcschützen verzeihen würden, die noch nicht schreiben können. Der Schulbakel gehört weniger *in* als *auf* die Hand des Herrn Verfassers. Das Machwerk selber (bei dem wir uns nicht aufhalten) ist aus den allerbekanntesten abgedroschensten Sachen zusammengeflickt, aus dem Abc und den Diphthongen (wobei der Verfasser sich ewig oben auf der Zeile jedes Blattes wiederholt[1]) – aus den bekannten Syllaben – aus dem Vaterunser, das der Plagiarius aus der Bibel wörtlich abgeschrieben, so wie die 10 Gebote, sogar das 7te – aus dem christlichen Glauben, der schon zu Luthers Zeiten im Katechismus gestanden.

Jetzt kommt aber der originelle Teil des Buchs, der uns eine Gemälde-Ausstellung mit einer (scilicet!) poetischen versio interlinearis auftischt. Wir wollen nun ein wenig beleuchten, was Herr Fibel im Fache der Kunst geleistet. Was erstlich das Kolorit, so wie auch die Farbengebung anlangt, so gestehen wir gerne, daß uns das schlechteste Stück von Vecelli Titian (aus Friaul, gestorben 1576) tausendmal besser mundet als das beste in Herrn Fibels Galerie; denn unser große Kolorist fertigt alles mit 3 Farben ab, mit Gelb, Grün und Rot. In dieser dreifarbigen Kokarde ist besonders Rot seine Leibfarbe, es sei nun seine Schminke oder seine sonst nicht unnötige Schamröte, *wiewohl auch Zorn und Trunk rot machen*. Genug unser Rotgießer und Rotgerber treibt uns einen roten Bären, roten Wolf und eine rote Katze vor; auch anderem Vieh, dem Kamel, Esel, Lamm u. s. w., legt er hinten und vorn immer etwas Rot auf. Ob nun aber durch diese türkische Garnfärberei die Jugend wahre Begriffe von dem Kolorite auch nur des gemeinsten Viehs einsauge, entscheide der Leser.

Was die Zeichnung anlangt, so schiebt dieser kleine

1 Siehe Anhang.

Guckkasten zwanzig Tierstücke und nur fünf Menschenstücke vor. Doch das sei; der Kunstkenner hält sich nicht an Stoff, sondern an Form, und ein guter Ochs ist Rezensenten lieber als ein schlechter Evangelist Lukas, darneben er steht. Aber leider müssen wir, wenn wir nicht ganz unsere niederländische Schule und niederländische Reise vergessen wollen, in diesem gemalten Viehstalle die Fragen aufwerfen: wo ist hier ein David Tenier (Vater und Sohn, jener 1649 gestorben, dieser 1674) – ein Potter – ein Stubb – ein Jacob Ruysdal (aus Haarlem, gestorben 1681) – ? Freilich ein Lamm ist da, aber man vergleich' es mit dem Nicolaus Berghem (aus Amsterdam, gestorben 1683); freilich ein Gaul ist da, aber man vergleich' ihn mit einem Philipp Wouvermann (aus Haarlem, gestorben 1668)! Und so könnten wir die ganze herrliche Maler-Reihe durchgehen, aber immer vergeblich fragen: ist der und der da? – Wollte der junge Mann in der Blumenmalerei etwa einen Huysum erreichen oder gar übertreffen (wie es bei den blumistischen Zeilen scheint: »Das Cränzlein ziert den Hochzeitgast; Vom Rettig man den Koth schabt ab; Nach Yüdenkirschen mich gelüst«): so soll uns jeder für einen Verleumder und Verkenner echter Malerei erklären, wenn wir je sagen, daß dieses herbarium vivomortuum nur von weitem an eines unsterblichen Huysums herbarium perenne reiche.

Noch sind, wie gesagt, 5 Menschenstücke darin: 1) Ein Mönch, gegen welchen ein Messer gerichtet ist; soll das bedeuten, daß Mönche Könige erstachen, oder daß Mönche zu erstechen? 2) Eine Nonne; wer aber die Nonne della sedia von Urbino Raffael gesehen (gestorben 1520), der entscheide zwischen beiden Bildern. – Das dritte Menschenstück ist ein *Jude*, ja Judas mit Beutel, worunter die versio interlinearis steht: Der Jüde (Jude) schindet arme Leut. An sich mag der Jude mit dem Hute, und mit der Rechten am Magen, mit der Linken im Beutel, ganz gut und vielleicht das Beste in der ganzen Galerie sein; aber ob gegen die Zeichnung, Stellung und die versio: »er schinde« nicht die ganze Judenschaft eine Injurienklage anstellen, ob nicht jetzt, wo die Christen immer jüdischer werden, gerade eine Annäherung und Gemeinschaft von Tempel und Kirche, gleichsam der Einband des alten Testaments ins neue, mehr dadurch gehindert als befödert werde, muß laut gefraget werden. Auch in den Jüdenkirschen kommt wider unser Vermuten später der Jude wieder vor, und der Verfasser gelüstet nach ihnen; was soll man davon denken? Der Verfasser ist gewiß zu rechtschaffen, um sich an Juden (zumal da er auf keiner Universität war und da borgen mußte) durch Aufhetzung der Jugend zu rächen. Es ist aus dem Buche nicht anzunehmen, daß er sonst andere widrige Familienverhältnisse mit Juden[1] gehabt; um so mehr fällt der Ausfall auf.

Das vierte Menschenstück ist ein Vogelsteller. Wir sagen nichts darüber; ein Sohn kann seinem Vater doch nicht so viel Unsterblichkeit zurückgeben, als er von ihm vorher erhalten, indem er vom Vater für die ganze Ewigkeit gezeugt worden.

Das fünfte Menschenstück ist die Xantippe. Ihr Zu-

1 Der Rezensent spielt vielleicht auf des Judas Verschlucken des Edelsteins und dessen Wechselgeschäft mit dem Fibelschen Hause an; aber Fibels gutmütige Seele war keines rachsüchtigen Einfalls auf ein Einzelwesen fähig und zwickte aus Weichheit so wenig als ein Krebs mit seinen weichen Scheren in der Mauße.

rückflughaar und Vorwärtsschritt wird keinen Kenner, der nur *einmal* des Peter, sogenannten Höllen-Breughels (gestorben 1642) Furienbilder zu sehen bekommen, täuschen und bestechen, daß er diese Xantippe so wie auch den Trachen (im Buchstaben T des Abc) für etwas Gelungenes und Wahrhaftes hielte.

Schlüßlich bedauert Rezensent jeden Leser so wie sich, der sich durch dieses Machwerk durcharbeiten mußte. Aber wie soll man erst einen armen Schulmann genug beklagen, welcher gar ein solches unhaltbares Flocken-Gewebe zum Leitfaden im Labyrinthe des Schulgebäudes täglich in die Hand zu nehmen und daran Kinder zu führen hat? O Dii immortales! R. F.

Unter diese Rezension setzte die Redaktion folgende Note:

Zu unserer und gewiß auch des Lesers Freude ist noch eine zweite Rezension von einem großen Ästhetiker und Historiker eingelaufen, von welcher wir nur das Ende hier zum besten geben:

– Aber eine ganz besondere Aufmerksamkeit zieht der Herr Verfasser durch die Art auf sich, wie er ausländische Formen behandelt und der Jugend darstellt; und diese sind q, x, y, z. Der Herr Verfasser schreibt so:

Q q Kuh – Q q Quarkkäs.

Was Wunder? die sehr rothe Kuh,
Giebt weiße Milch, Quarkkäs dazu.

Andere mögen den Jambus Quark-Käs rügen (offenbar ein Spondäus); wir bemerken für Schullehrer nur, daß nicht Q q, sondern Qu qu stehen muß, wenn der Schüler nicht Quark lesen soll wie Kuark. Gleichwohl kommt nach Qu(ark) doch ein K(äse), wobei noch zu fragen, ob es denn in allen Käsekammern einen andern Quark gebe als einen käsigen (etwas anders ist freilich figürlicher). – Übrigens dauert es einen Verehrer des berühmten Verfassers, daß er sich in dieser Strophe durch die Ausdrücke »die *sehr* rothe Kuh«, ferner »gibt weiße (?) Milch, Quarkkäs dazu« (als ob sie auch den Käse aus dem Euter gäbe) schlechte Krittler auf den Hals hetzt. Auch dürfte mancher Verehrer der Fibelschen Dichtkunst den fast gesuchten Gegensatz »sehr rothe Kuh und weiße Milch« wegwünschen, je mehr er sonst dessen von allem antithetischen Witze geläuterten Geschmack so schätzt.

Wir gehen nun weiter, aber leider zu bösartigen Punkten (denn der redliche Kunstrichter fragt nach nichts); und hier finden wir nun folgende Strophe:

X x Xantippe – X mal X.

Xantippe war eine arge Hur (Hur'),
Die zehnmal zehn macht hundert nur.

Dieser Denkvers (versus memorialis) heftet dem jungen deutschen Volke nicht nur den Irrtum auf, das römische Zahlzeichen X sei mit dem deutschen Ix einerlei, sondern er vergiftet dem Volke, wenn es noch im Neste sitzt, den ersten gelehrten Imbiß mit einer Hure. Kann es der Verfasser am jüngsten Gerichte, wenn er mit der Xantippe verklärt aufersteht, bei ihr verantworten, daß er sie mit einem Strohkranz ins Dreh- oder Drillhäuschen öffentlich eingeschoben und gesperrt? Wenn sie, wie einige vermuten, aus höherem Stande gewesen[1] – wogegen wenig vorzubringen ist als höchstens des Sokrates Versicherung,

1 Auch Wieland äußerte später diese Vermutung.

daß sie sehr gut hausgehalten –, so ist das unschickliche Beiwort im Abcbuch eine wahre Injurie und Unmöglichkeit. Ja sogar wenn man annehmen will – was viele tun –, daß Damen umpanzert von höchster Zartheit, Tugend, Prüderie und gegen die kleinsten Verstöße, gerade gegen die größten am unbewehrtesten sind, ordentlich den Haustüren in Aleppo[1] ähnlich, welche gegen Diebe von Eisenblech sind, aber nur hölzerne Schlösser haben; wenn man dies anführen will: so ist doch wieder auf der andern Seite für Xantippens Tugend zu bemerken, daß sie ungemein zänkisch und haushälterisch war und damit sich nahe an Altjungferschaft anschloß. Auch dieses Zanken und ihre Hausdragonaden sind durch die Geschichte längst entschuldigt; denn wie Sokrates ohne sie nicht Sokrates geworden wäre, so Xantippe ohne ihn nicht Xantippe, weil sie, hätt' er mehr gezankt, es selber nicht nötig gehabt hätte. Schweigen bringt die beste Frau auf, die eben im Keifen ist; ja auf einem so stillen Meere wie Sokrates kommt selber die wildeste nicht weit. Wie oft mag die gute Xantippe, wenn der wie ein mit Sporen gestochnes Pferd lautlos bleibende Sokrates ihre Geduld erschöpft hatte, vor ihrer Freundin geklagt haben: »O Gute, wenn du nun alles getan hast gegen einen solchen Ehemann und Pflastertreter, was nur gestattet ist, Vorstellungen, Tischumwerfen, Nachgießen, und er doch immer bleibt, wie er ist: – so sage mir doch – prügeln und totschlagen kannst du ihn nicht –, wie du mit einem solchen Eisblock und Eisbock leben willst! Schon der bloße Gedanke daran macht mich wieder furiös und fuchswild.« – In unsern Zeiten ist freilich eine Xantippe (welcher der unparteii-

1 Russels Beschreibung von Aleppo.

sche Sokrates selber das Lob einer guten Haus- und Kinder-Mutter gegeben und welche in dessen Kerker so sehr um ihn geweint) kein gewöhnliches Geschenk für einen Ehemann, und man sollte den Beinamen Xantippe nicht aus Schmeichelei an so viele Weiber verschwenden, als man tut.

Wir kommen zum Ypsilon.

Y y Ygel – Y y Yüdenkirschen.

Des Igels Haut voll Stachel ist,
Nach Yüdenkirschen mich gelüst.

Der Jude und der Igel müssen sich hier ihren Anfang aus Griechenland holen, ein i grec. Mit dem Juden vornen, der den Beutel hält, ging er weit höflicher und orthographischer um. Überhaupt setzt den Verfasser das Ende mit den drei Auslands-Buchstaben x, y, z in solche Not, daß er damit, wie die Mathematiker mit x, y, z, gesuchte (ihm) unbekannte Größen bezeichnen könnte. Denn auch im Z gehts her, wie folgt:

Z z Ziegenbock – Z z Zählbret.

Die Ziege Käse giebt zwei Schock,
1 2 3 4 5 6 7
Das Zähl-Bret hält der Ziegen-Bock.

Die zweite Zeile enthält die letzten sieben Worte des am Buch-Kreuz hängenden Verfassers; daher man bei einem, der im Ausmachen ist, den sogenannten Verstand so wenig erwartet als findet. Auch im ersten Gnomon will der Sinn fehlen, da ohne Zeit-Bestimmung eine Ziege ebensogut 100 Schock als ein halbes gibt. Lächelnd bemerkt Rezensent, daß Käse dreimal im Werklein vorkommt, hier und im Q (Quark-Käse). Aber ernsthaft rügt Rezensent die Unvorsichtigkeit, die zarte Jugend durch das Fusti und Sporco der Zweideutigkeiten, durch die pontinischen Sümpfe des sechsten Verbots zu ziehen, da man vor Kindern den alten Malern nachschlagen sollte, welche Adam und Eva sogar *vor* dem Falle mit Feigenblättern darstellen. Uns fällt noch einmal bei der Xantippe das Hochzeitkarmen oder der Trauschein zweier Tiere auf, welche ohnehin in keiner Kryptogamie (Geheim-Ehe) leben, sondern von welchen die eine eheliche Hälfte die andere in die Welt gesetzt, den sogenannten Sündenbock der Jugend; – doch wollen wir hiemit nur vor Gefahr und Vergiftung der armen Kindheit zur Vorsicht warnen; denn wir lassen gerne zu, daß der Verfasser nicht sowohl absichtlich als unvorsichtig und ohne Willen mehr gegen als für die Kindheit geschrieben. – –

I. P.

Pelz mag wohl manche Fleglereien selber ausgesonnen haben, um mit fremden Angriffen eigne Siege zu vervielfältigen. Aber was machte Fibel dabei? Das Lamm; er glaubte hundertmal grob und feindselig zu sein, wenn er nichts war als gerecht und still; seine Galle glich der Galle des Fötus, die nur süß ist; daher meinte er eine Rache von Belang zu nehmen an Flegler, wenn er vor dessen Fenstern gar nicht vorbeiging, höchstens nur bei dessen Wegsein, oder im Finstern, weil ers für zu große Beleidigung hielt, sich am Tage nicht umzudrehen und alles am Fenster zu grüßen. Jeder Billige muß eine solche durchlöcherte Gallenblase oder Zornschale eines sonst guten Mannes vor einem antipathetischen Jahrhundert, in dessen Heldengedicht, wie in Voltaires Henriade, die Eris die Maschinengöttin ist – eine literarische wie kriegerische Jahrszeit, worin, wie bei Nordischen, Arabern, Persern die Schwerter Namen trugen, man durch Schwerter einen gewinnen will – jeder Billige muß dergleichen entschuldigt zu sehen wünschen. Aber Fibel kann dadurch entschuldigt werden, daß Flegler im Lesen sein erster Lehrer und – da er selber nichts weiter lernte – sein letzter war. Die Unauslöschlichkeit der ersten Liebe gilt auch für die erste Achtung und Bewunderung gegen Lehrer; ja das Kind bewundert mehr den ersten wissenschaftlichen Lehrer als den ersten moralischen, erstlich weil der moralische, z. B. der Vater, immer zwischen Irrgängen und Rechtgängen wechselt, wozu noch das kindliche Gewissen kommt, das nur *eines* kennt; zweitens weil das Kind Richter über das Herz, aber nicht über das Gehirn ist.

Sind, wie es scheint, die beiden Rezensionen gleichsam Vorlegblätter aller echten Rezensionen: so ist die Antikritik, die Pelz darauf vorlas, ein Muster, wie alle gute Antikritiken abzufassen sind; denn er macht, ohne Fleglers Einwürfe im Geringsten zu berühren und sich durch unnützes Eingehen in die Sache den Streit absichtlich zu erschweren, den Schulmeister bloß lächerlich und verächtlich und hetzt ihn bloß im allgemeinen so gut ab und schickt ihn heim, daß jeder Antikritiker geradezu diese Antikritik wörtlich gegen jeden kritischen Anfall abschreiben und als stehende Antwort für sich selber gebrauchen kann. Er sagte nämlich folgendes in kurzen Sätzen:

Akademist würde den Seligen zu beleidigen glauben, wenn er auf die Rezension nur antwortete – Solcher Anfälle ist ohnehin jeder Schriftsteller gewärtig – Die Zeit wird gewißlich richten – Auch muß jedes Buch sich selber verteidigen – Und ist denn irgendein Menschenwerk vollkommen? Wo aber plura nitent, ego non offendor – Ich würd' es auch schon darum für verlorne Mühe halten, dem Herrn Gegner zu antworten, weil zwar wohl in Kirchen-Geschichten Beispiele vorhanden sind, daß Märterer ihre heidnischen Scharfrichter bekehret haben, aber keines in der Gelehrtenhistorie zu finden ist, daß ein Autor seinen Kunstrichter durch Antikritik herumgebracht hätte – Noch mehr ist dies der Fall, wenn, wie hier, Neid und Alter einstimmig miteinander in *ein* Horn auf der Stirne blasen, das sie für eine Famas Trompete ansehen. Unser Gegner – wir wollen ihn nur den Doktor Abcdarius heißen, wie man der Anfangsbuchstaben wegen den Bilderstürmer Andreas Bodenstein Carlstadt nannte – ist ein Bilderstürmer der neuen Abcbilder, weil sein Fibel-Hahn seitdem nicht allein Hahn im Korbe sein darf. Es tut freilich einem greisen Lehrer nicht wohl, wenn sein Schüler seine Schultern besteigt und, um einen ganzen Mann höher, noch einmal so viel sieht und ihm dabei Schwielen tritt und seinem Kopfe den Hintern zukehrt. Aber in diesen Fall kommen wir alle, und auch ein Fibel kann einst nach Jahrhunderten so übertroffen werden, daß Schüler auf den Schultern thronen. – Indes gewisse grauweiße Köpfe werden wie ungehopfte weiße Biere nie hell; sie glauben, wenn sie sich auf das stellen, was sie ihren Kopf nennen, gefüllten Wein-Flaschen zu ähnlichen, welche, auf den Kopf gestürzt, sich länger erhalten. – Zuweilen hab' ich solche Neider eines Musenpferd-Reiters gern den Hunden verglichen, welche einem Pferde, je schneller es durch die Gassen fliegt, desto heftiger nachfahren und nachbellen. Aber wahrlich ihr

Fehdehandschuh ist kein Hemmschuh; – und jeder Kunstrichter muß wie Herr Abcdarius das Werk, das er angreift, abgreifen und abnützen und dabei denken: »Mein Tadel ist unparteiisch, aber das Buch ist trefflich, und ich streit' ihm auch nur die Unsterblichkeit in der Mitwelt, nicht in der Nachwelt ab.«

Es soll keine Anzüglichkeit obwalten, wenn Akademist hier leicht anfragt, ob Abcdarius ein Werk, das sein eigner Landesherr laut genehmigt und hoch gestellt, ohne ein gelehrtes Majestätsverbrechen tiefer hängen dürfe. Der Abcdarius verdient freilich nicht unsere Schonung und die Auslassung jeder Persönlichkeit, da er selber den Seligen mit dieser jede Minute angreift und als Kampfhahn sich nicht bloß mit Flügel- oder *Schreibfedern* bewaffnet, sondern wie die englischen Streithähne an den Sporen mit *Feder*-messern, nämlich mit Anzüglichkeiten, unter welchen Akademist nur der Vorrückung des dreifachen Käses und des Bocks erwähnt. Ein Mann, der Fibels Leben und Haushalten näher kennt, müßte doch wissen, wie so vieles ist und wie eben ein Biograph die feinsten Züge eines Schriftstellers aus seinem Leben leicht erklärt. Es kann Fibeln unmöglich Schande machen, daß er und seine Vor-Verwandtschaft dem Gott Jupiter geglichen, welcher noch als Dauphin sich von einer Ziege ernährte. Nun ist diese Ziege-Amalthea ein so kurzes Ding, gegen eine lange Kuh gehalten, die in keinen kurzen Viehstall hineingeht, daß von jeher Arme, die von Viehzucht lebten, ihren Viehstand eben auf dieses läppische Springtierchen eingezogen und sich von dieser Franziskaner- und Rumfordischen Milchsuppe erhalten haben. Desto mehr sollten Gelehrte es am edeln Wohlseligen loben, daß er als Sohn seiner

Eltern die gedruckte Ziege auf seinen Gehirnhügeln herumklettern läßt.

Akademist beantwortet alle gelehrten (sic)! Einwendungen des Herrn Doktor Carlstadt bloß mit der einfachen Frage: was wohl für solche gelehrte Kriege zu schließen sei, welche mit Persönlichkeiten, gleichsam mit unmoralischen Scharfschützen angreifen; und woher anders kommen die Persönlichkeiten als aus seiner eignen, da er, bisher von den Eier legenden Zins- oder Rauchhennen seines Fibelhahns beköstigt, sich aus des letzteren Schwanze eine Hahnenfeder ausrupft und sie auf den Hut steckt, mit welcher der Gottseibeiuns von jeher als Kokarde und Schwungfeder auf dem Haupte einhergetreten? Ist schon Erwidern der Persönlichkeiten schlecht: wieviel mehr Anfangen derselben! – Übrigens macht sich Akademist ein Vergnügen daraus, dem Herrn kritischen Abcdarius (eigentlich Anti-Abcdarius) auf Ehre zu versichern, daß gerade x + y + z-Stellen des Abc's, welche der gute Mann anficht, diejenigen sind, welche (vielleicht auch der Anstrengung wegen) bei dem Seligen stets die Preise davongetragen haben. Denn wenn jener Autor[1] recht hat, daß gerade das, was dem Schriftsteller unter dem Niederschreiben am meisten gefallen und zugesagt, auch dem Leser am meisten gefallen werde, indes ein eigner Tadel bedenklich mit fremdem drohe: so dürfte wohl des Seligen Zufriedenheit mit den Endpunkten und Dessert-Weinen des Abc's der stärkste Beweis ihrer Trefflichkeit sein, gegen welchen Kritiken sehr verschwinden.

Wenn Cicero bei allem Lobe und Werte doch gestehen muß: »Ich gefalle allen andern, aber nicht mir selber ge-

1 Auch Garve behauptete später dasselbe.

nug«, so sollten wir wahrlich Schriftsteller höher achten, welche wirklich von sich aussagen, daß sie andern und sich gleich sehr gefallen; ein seltenes Glück und Verdienst, sich nicht nur über fremden, auch über eignen Tadel erhoben zu finden, da doch jeder sich am häufigsten bei sich hat und sich also kennen kann und alle Schwierigkeiten seiner Siege auswendig weiß.

Dies ist indes das wenige, was man den Doktor Abcdarius würdigen wollte, entgegenzusetzen. Eh' er künftig urteilt, rät man ihm, doch selber ein ähnliches oder gleiches Abcbuch zu schreiben. Freilich möchte man unserem Nachbar Endres,[1] da ihm dieser Rat sauer auszuführen fiele, lieber den leichtern erteilen, daß er wie sein Vorfahrer Carlstadt ein ordentlicher Bauer würde, zu Markte führe und wie jener im hiesigen Wirtshaus als der neueste den ältern Bauern Bier einschenkte.

Und so glaubt denn Akademist den Nachbar Endres hinlänglich zurechtgewiesen und ihm die Leerheit seiner Einwürfe bloß durch kaltblütige Gründe ins Licht gestellt zu haben. Das Publikum aber wäge die Gründe beider Seiten ab. In jedem Falle belohnet sich Akademist mit dem Bewußtsein, daß er die Sache statt der Person angegriffen; ein Bewußtsein, wodurch diese Antikritik sich vielleicht nicht zu ihrem Nachteile von andern Antikritiken unterscheidet. Dixi et locutus sum.

Vergnügt und überzeugt erhob sich die Sitzung aus der Fibelei heraus, besonders Fibel, Fuhrmann und Pompier.

1 So hieß der Bilderstürmer Doktor Carlstadt, weil er sich als Doktor in den Bauernstand herabpromoviert hatte und alle Bauerngeschäfte trieb. Bernhards curieuse Historie etc.

27. JUDAS-KAPITEL

Der kleine Plutarch

Obgleich Pelz die Vergangenheit erschöpft hatte, so schlug sich doch aus jeder Woche wieder frische nieder, und sein Ufer wuchs täglich. Er stellte den guten Grundsatz in der Fibelei auf, daß Plutarch das beste Beispiel gegeben, aus den kleinsten Punkten gleichsam in Punktiermanier den Kupferstich eines Mannes zu liefern; daher umschiffte den Helden der biographische Dreidecker die ganze Woche überall, um etwas für den Sonntag aufzufischen und irgendeinen reichen Zug zu ihren historischen Zügen zu tun. So gelang es denn auch Pelzen, in den nächsten Sitzungen den Helden dadurch weiter auszumalen, daß er vermischt bemerken konnte: Fibel gehe gern mit gebognen Knien, so wie man mit ähnlichen reitet – Er sei ein Mann nicht nach der Stadtuhr, sondern nach der Sekundenuhr – Er hänge die Röcke immer zusammengefaltet, die Innenseite auswärts gekehrt, an den Nagel – Er zünde für seine Person jedes Talg-Licht am untern dickern Ende an, ob er gleich seinen Weibern den Nutzen davon nicht beibringen könne, daß das Rinnen des Talgs eben das dünnere Ende schön verdicke – Zu seinem Ordnungs-Zuge gehöre noch die außerordentliche Sorgfalt für Magazine an Federmessern, Federn und an Dinten von allen Farben, so wie sein Eintunk- und Schreib-Reglement und Regulativ, daß er (was leider so viele versäumen) die Feder abwische, nachdem er damit geschrieben, weil sich sonst die Feder-Spalte verklebt, und daß er jedes Dinten-Faß gegen Bestäuben zudecke.

Selber gegenwärtiger Mitarbeiter an der Lebensbeschreibung wurde in dem hohen Begriff, den er sich längst von Fibels Gutmütigkeit gemacht, ungemein durch folgende kleine Pelzische Pinselstriche bestärkt. Der gute Held nahm vor jedem die Jungen ätzenden Vogel den Umweg; er vermied so ängstlich, falsche Erwartungen in seinem Seidenpudelspitz zu erregen, daß er, da derselbe von allem Eßbaren seinen Bröckchen-Fleischzehend erhob, ihn an ungenießbare Sachen, z. B. Obst, das er aß, riechen ließ, damit sich Spitz auf nichts vergeblich spitzte. Trugen hingegen Täuschungen zum Glück des Hundes bei, z. B. dessen Voraussetzungen unter Fibels Ankleiden, mitlaufen zu dürfen: so ließ er dem Hunde das Hoffen und sagte nur beim Abgehen: zurück! und fragte jeden: warum dem Tiere die kurze Lust nicht gönnen? Aus derselben warmen Herzens-Quelle springt auch seine Sitte, Spitzen, der alles Beste ohne rechten Genuß auf einmal durch die Gurgel jagte, dadurch zu einem feinern Lebens-Genuß zu zwingen, daß er z. B. die Fleischstücke, in gebrochne Brüche zerfällt, überall in der Stube umhersäete und ihn so nötigte, nicht nur mehrere kleine Hoffnungen, sondern auch Bissen mit wahrem Geschmacke zu verzehren.

Sogar seiner Frömmigkeit wurde stark gedacht, so sehr diese bei einem gut geschriebnen Werke ein opus supererogationis ist. Gute Werke, die man schreibt, sollten von guten, die man tut und von denen man leichter in *einem* Tage zwanzig vollenden kann als von jenen ein halbes, dispensieren, besonders einen Verfasser von Predigten, Sittenlehren und so weiter. Shakespeare wurde durch das *Schreiben* göttlicher Werke unsterblich, ungeachtet er im *Ausführen* derselben als Schauspieler es nur bis zum Mittelmäßigen und im Hamlet nur zum Geiste gebracht, den er nicht einmal hinter einem Körper, sondern hinter einem Helme und Panzer zu spielen hatte. Ebenso sollte man moralischen Schriftstellern, nachdem sie schon das Ihrige getan und die reinste Sittenlehre auf das Papier gestellt, nicht gar zumuten (was desto mehr ihren Lesern obliegt), dieselbe auch im gemeinen Leben darzustellen.

Für nichts lernt ein Mann sich leichter halten als für einen großen, sobald er die erfoderlichen Leute dazu um sich hat; und Fürsten werfen diese so leichte Täuschung einander billig vor. Man findet sich freilich so unvermerkt in etwas Großes verwandelt, wie etwan um London herum allmählich die Dörfer sich als Hauptstadt-Gassen einschwärzen und anschienen und die Landleute sich unter der Hand in Großstädter umsetzen. Aber obgleich der Student Fibel an seinem biographischen Hofe auch gezwungen war, sich für so groß zu halten, als er lang war (er maß bekanntlich sechs Schuh): so sah er die Verstandes-Größe bloß wie die körperliche für eine Gabe Gottes an, an welcher ihn dies am meisten freuete, daß er durch sie mehr zum frühern Lesen der Bibel (durch sein Abcbuch) und zum schönen Ernähren seiner Mutter und Frau und der väterlichen Tier-Verlassenschaft helfen können.

Ja zuletzt wurde ihm dieses Nachschleichen und Niederschreiben der drei biographischen Staatsinquisitoren so verdrüßlich, daß er, da er nicht niesen konnte, ohne ins Lebensprotokoll hineinzuniesen, und keinen Schritt tun, ohne die drei angeschnallten lebendigen Schrittzähler hinter sich – (sie hätten gern seinen Lutherischen Tisch- und Bettreden aufgepaßt, wären sie nicht von Tisch und

Bett geschieden gewesen) – daß er, sag' ich, sichs als eine besondere Gefälligkeit von der Akademie ausbat, in jedem Monate *eine* Woche ganz frei für sich zu behalten, aus der gar nichts ausgezogen und eingetragen werden sollte, und mit welcher er so frank und frei umspringen könnte, als besäß' er wirklich diese Lebenswoche als Eigentümer – – aber tut er dies denn nicht auch sonst und lebt selber von Woche zu Woche?

Überhaupt ein wunderlicher Heiliger und Seliger! O ein anderer hätte Gott gedankt, daß er drei Evangelisten und, rechnet man mich vollends dazu, vier Evangelisten seines Lebens bekommen, von welchen die drei nie zu nahe (wie schon Kants und Schillers Lebensbeschreiber beweisen) dem Helden anwohnen konnten. Ja nicht einmal bloß unter *einem* Dache sollte der Heldensänger mit seinem Helden sich aufhalten, sondern sogar unter *einer Hirnschale*, wodurch, da nur *einer* darunter Platz hat, natürlich der Held und sein Sänger in *eins* zusammenfallen und miteinander das herausgeben, was man eine Selbstlebensbeschreibung, Autobiographie, Confessions u.s.w. nennt; aber welcher Vorteil, da alsdann der Selbst-Beschreiber allein die geheimsten Ehren- und Schandtaten weiß und sie am zartesten von sich erfährt!

Wahrlich! Fibel hätte das Glück mehr schätzen können, Leute um sich zu haben, die ihren Helden warm aufgreifen und ungemein kenntlich abbosseln in Wachs und ihn so der Nachwelt wie ausgebälgt hinstellen. Louis XIV. ließ seine beiden Geschichtsschreiber, Boileau und Racine, sogar seinen Feldzügen – als den Gegenständen der demokratischen Satire des einen, und der heraklitschen Trauerspiele des andern – nachfahren, damit sie selber das Unsterbliche sähen, was sie zu verewigen hätten, und aus dem Schlachtenblut Weingeist abzögen, um den Monarchen darein konserviert zu hängen. – Traten nicht immer ein oder mehrere Studenten in Wittenberg dem großen Luther auf die Fersen nach und hielten ihre Schreibtafeln unter, um für die Nachwelt alles aufzufangen, was er fallen ließ? – Diese Vorsicht wird aber nur zu oft vergessen, wenn die großen Männer noch am Leben sind. So könnte z. B. – um nur vom allerdünnesten, kürzesten Lichtchen der Welt zu sprechen, von mir – mir überall ein lebensbeschreibender Mensch auf Wegen und Stegen nachsetzen, bis in mein Haus und Schlafzimer hinein, ja der leere Mensch könnte sich als Reitknecht und Abschreiber anbieten und mir in jedes heimliche und öffentliche Gemach nachdringen, bloß damit er etwas zu liefern hätte, wenn ich abgefahren wäre, und könnte wirklich auf diesem Wege (denn er schnappte von mir jeden Laut und Zug und Wisch auf) die meisten Spezereien und Salze sammeln, womit man die Walfische der gelehrten Welt mit einem solchen Glück einmariniert, daß selber der sterbliche Schreiber sich am unsterblichen mit verewigt, z. B. Lord Oxford an Swift; – dies sag' ich, könnte jetzt geschehen bei Lebzeiten; aber noch zeigt sich niemand dazu, und vergeblich bin ich jahrelang am Leben und führe in Baireuth meine Gespräche und den beigefügten Lebenswandel, ohne daß da nur ein Hund die Feder nähme und charakteristische Züge heimlich für solche Mémoires von mir aufgriffe, als ich (aus Mangel eines andern) mich leider künftig selber zusammenzutragen genötigt sehe.

(Sollten wir aber nicht überhaupt, ihr guten Mitgelehrten, in den Zeit-Strom, wie die Pariser Polizei in die Seine, öfters Netze einlegen und ausspreizen, um gelehrte namenlose Schein-Leichen aufzufangen und ihnen so Leben und Namen wiederzugeben? Welche schon halb verfaulte Schein-Tote mögen an den beiden Freimütigen, an der Allgemeinen deutschen Bibliothek und an andern, noch blühenden Anstalten gearbeitet haben, welche, ganz und gar vergessen, doch so leicht auf die Beine und auf den Pranger zu stellen wären, wenn man sie nennte? –)

Wir kehren zu unserem Pelz zurück. Er muß manche Mißwochen aus biographischen Mißjahren erlebt haben, da er den Seligen zu mehreren kleinen Charakterzügen anzuspornen suchte, welche in Sitzungen und unter die Pressen zu gebrauchen wären. So riet er Fibeln zu einigem gelehrten Zerstreuetsein; »die größten Gelehrten«, sagt' er, »lieferten in ihre Lebensgeschichte die größten Beispiele von Zerstreuung – bald hielten sie in London Frauen-Daumen für Tabaks-Stopfer, bald in Paris fremde Wohnungen für ihre eigne – bald hatten sie in Paris die bekanntesten Autoren aus der Bibel nicht gewußt, sondern fragten entzückt, ob man den Baruch gelesen – Könne Er denn nicht ebensogut nicht wissen, was Er gewußt – Könn' Er nicht im Wirtshaus einen Hund einkaufen und unterwegs dessen Namen vergessen und so in der größten Verlegenheit, da Hunde wie Rezensenten niemals ihren Namen sagen, vor einer Wiedertaufe gar nicht mit ihm umzuspringen wissen? – Er, Pelz, könne sich Gelehrte denken, welche an manchen Tagen kaum wüßten, was sie wollten – welche Pferde auf der

Leipziger Roßmesse kauften, die 5/4 zu teuer wären – er gestehe, er selber würde sich zu bedeutenden Zerstreuungen bereit zeigen, falls sie für sein eignes Leben in Druck gefodert würden.«

»O Gott«, rief Pelz in zu großem Feuer aus, »wär' ich nur an Ihrer Stelle, ich wollte wahrlich tausendmal einfältiger erscheinen als Sie oder ein Schaf – ich wollte mir oft gar nicht zu helfen wissen, ich wollte oft so einen kleinen Schuß haben und nicht einmal den Zunamen meines Vaters oder meines Kindes wissen, was sonst nur Personen höhern Standes zu ignorieren vermögen.«

Aber alle Beweggründe brachten Fibel in der Zerstreuung nicht sonderlich vorwärts. Je mehr er sich an die Sachen erinnerte, die er bei Gelegenheit vergessen sollte, desto mehr entsann er sich ihrer.

Als eine erträgliche Zerstreuung könnte man es anschlagen, daß er einige Male in Bücher-Versteigerungen, nachdem er bei dem zweiten Ausruf das zweite überbietende Gebot getan, bei dem dritten, alles ihm zuschlagenden Ruf noch ein drittes höchstes, ihn selber überbietendes nachsandte. Dies war vielleicht etwas.

Noch weniger ging es aber mit ihm fort, als ihm Pelz die Pflicht vorgesagt, großen Gelehrten, welche erbärmlich schreiben (docti male pingunt), dadurch zu ähnlichen, daß er wenigstens eine Hand schriebe, die kaum zu lesen wäre. Unleserlichkeit wurde ihm aber schwer; durch Geschwindschreiberei kam er gerade am weitesten von ihr ab. Aus Verzweiflung fiel er endlich in seine alte süße Schnörkelei und Liebesdienerei mit Zierbuchstaben zurück – und gerade diese waren zum Glücke endlich kaum zu lesen.

Allmählich wurde die Wochensaat für die Sonntags-Lese so dünn gesäet, daß zuletzt in den Sitzungen jedes Wiegenfest im Hause, allerlei Geräte und Lappen des Seligen für die Nachwelt spezifiziert wurden, falls diese nach Überbleibseln und Reliquien Nachfrage hielte. Ja Pelz zeigte dem Vereine Fibels Kinderschreibzeug und Weiberrock der ersten Jahre und anderes Gerümpel vor; und setzte dazu, wie viel er darum gäbe, könnt' er nur einen Schreib- oder Kopf-Knochen des Seligen habhaft werden; ein elender Mangel, da oft von gewöhnlichen Heiligen ganze Arme und Köpfe, noch dazu in Doubletten, ja in vielfachen Auflagen zu haben seien. Ja um nur Sonntags-Perikopen zu haben, machte Pelz sich selber zum Episteltext, über welchen er einiges sagte, was doch wieder mit der Leichenpredigt auf Fibel zusammenhing. Eben da ich auf dem Wege war, diese Verquickung und Gütergemeinschaft des Lebensbeschreibers mit dem Helden etwas ins Lächerliche zu ziehen, fiel mir bei, daß ich biographischer Korreferent auch mich schon in die Vorrede und nachher ins Dorf selbst lebensbeschreibend gesetzt habe; – – mithin gibts hier nichts zu lachen.

In einer Woche aber ging die Dürre und Darre für Pelz so weit, daß ihm Sonntags nichts übrig blieb, als über den Nutzen aller Akademien überhaupt, welchen diese teils brächten, teils zögen, eine kurze Vorlesung zu halten.

28. JUDAS-KAPITEL

Der Nutzen der Akademien

Es war gerade der Brandsonntag des Dorfs, der für den an Materialien abgebrannten Pelz so sehr das *Beschneidungs-Fest* wurde – welches Fest, beiläufig gesagt, wir jüdisch und symbolisch genug zum Evangelium des Neujahrstages unseres Beschneidungs-Jahrhunderts machen –, daß er die Sitzung mit der Bemerkung anhob, er habe nur diesen Tag erwartet, um einmal große Akademien, falls er bisher einer kleinen einige Ehre durch die Praxis gebracht, auch durch die Theorie zu rühmen. Er sagte erstlich den Verächtern der Akademien der Wissenschaften ins Gesicht, ihre abgenutzte Einwendung, als ob von Gesellschaften immer das Kleinste, und nur von Einzelnen immer das Größte geleistet werde, nehm' er gern an, ja er treib' es noch weiter und behaupte, daß, wenn der Staat einzelne geldarme und geistreiche Köpfe zur Unterstützung aussuchte und ferner statt der lebendigen Mitglieder lieber tote Instrumente, physikalische, chemische etc. etc., anhäufte, wir ganz reichere Werke bekommen würden, als die meisten akademischen Vorlesungen sind.

Pelz räumte willig ein, so wie von jeher große Kirchen- oder große Ratsversammlungen wenig geliefert, so sei es auch mit Gelehrten-Konzilien (wie, setz' ich selber hinzu, Lavater bemerkt, daß die Schattenrisse mehrerer Männer, zu *einem* Gesichte zusammen exzerpiert, den Schattenriß eines Narren gäben); – die Dichter oder Philosophen, zusammengetan in *eine* Akademie, brächten ohnehin nicht einen einzigen bessern Dichter oder Philosophen mehr zuwege, weil ja sonst die Anhäufung der Dichter oder Philosophen auch in der Zeit wie im *Raume* so wirken müßte, daß der letzte Dichter der beste aus so vielen würde. – Ja er gestand Gegnern der Akademien freiwillig, es sei ihm recht gut bekannt, wie erbärmlich die Gelehrten verschiedener Klassen, z. B. ein Geschichtschreiber, der eine scheidekünstlerische Vorlesung auszuhalten, ein Scheidekünstler, der eine historische zu besuchen und auszudeuten hätte u. s. w., schon sogleich Ekel mitbrächten und Ekel mitnähmen, wie etwan zu Ciceros Zeit[1] es zum artigen Gast gehörte, vor der Mahlzeit ein Brechmittel zu nehmen und nach derselben wieder eins, womit Pelz gleichnisweise nur sagen wollte, der Akademist behaupte vor und nach der fremdartigen Vorlesung einen gewissen, nichts behaltenden Ekel.

Aber jetzt, nachdem er den feindlichen Taureadoren guter Akademien alles nur Billige eingeräumt zu haben glaubt, stößt er sie ziemlich unsanft mit den bloßen leichten Fragen nieder: wie niedrig sie es denn anschlügen, daß die Akademien große Säle und darin Büsten der größten Männer samt lebendigen wirklichen Mitgliedern und Ehrenmitgliedern der letztern hätten? Ob sie Sekretäre der Akademie, welche überall hinschreiben, ferner die Geburts- und Jubelfeste, die fremden Zuhörer für nichts und für Spaß ansähen? Ob nicht die Akademien jedesmal, wären auch die Vorlesungen sämtlich weniger wichtig ausgefallen, so wichtige Protokolle darüber führen ließen, daß sogar Fremde nicht dabei bleiben dürfen? Ob sie nicht die seltensten schwersten Preisfragen statt gemeiner leichter Antworten gäben und nicht, anstatt

1 Meiners Geschichte des Verfalls der Sitten der Römer.

sich selber krönen zu lassen, andere krönten? – »Man nehme«, sagte Pelz, »die Akademien weg, so sind auf einmal alle Protokolle derselben kaputt und fort und die Säle, die Diener, die Ehrenmitglieder und die verschiedenen Klassifikation der Glieder; oder wäre dies alles nichts? Ja lieset zuweilen (was nicht so unerhört ist) irgendein trefflicher Akademist vollends ein reiches herrliches Werkchen vor: so gibt das Opus noch gar Überschuß des Gewinns, welcher als ein Supernumerar- und Surplus-Opus doch auch sehr mit anzuschlagen ist. So könnt' ich mich noch besonders über die großen akademischen Gebäude und weiten Säle auslassen, insofern, wenn nach Newton der Raum das sensorium der Gottheit ist, diese Räume die sensoria gelehrter Untergötter sind. Ja, ich könnte getrost die Frage aufwerfen, warum man, wenn ein Gellius Vibius am Ende selber wahnwitzig wurde, weil er als Redekunst-Lehrer seinen Schülern Gebärden und Worte von Wahnwitzigen zu oft vorzumachen gesucht, warum man, sag' ich, nicht mit viel mehr Recht verhofft, daß im umgekehrten schönern Falle der Ernst, die Würde, die Wichtigkeit, die Sprache, kurz die ganze Außenseite großer Weisen, welche von allen Akademisten gefodert und gezeigt wird, zuletzt diese selber innen in das umsetzen, was sie außen in Sitzungen vorspielen. – Ein schöner Zug der Akademisten ists noch, daß sie auf jedes Mitglied neidlos eine Lobrede halten, und zwar sogar nach dessen Tod, der es doch der Nachwelt überliefert, bei welcher ein Nach-Ruhm so sehr lange dauert; und noch dazu mit so schönem Verzicht auf sich, da der Lobredner schon weiß, daß er dadurch nicht sein eigner, sondern bald vergessen wird.[1] – – Mehr dergleichen könnte ich noch zum Vorteile akademischer Vorlesungen beibringen; sind indes meine eignen nur von einigem Werte, so läßt sich schon daraus urteilen, von welchem große Vorlesungen größerer Akademien sein müssen.« –

Ich Lebens-Mitbeschreiber finde gleichwohl die wahrste Empfehlung der Akademien von Pelzen ausgelassen, nämlich daß der Staat durch sie vor dem adeligen und dem unadeligen Volke und vor den Geschäftstreibern den sonst in magerer Einsamkeit nachdunkelnden Anbeter der Wissenschaft, also damit die Wissenschaft selber durch diese öffentliche Pflege und Krönung von außen auf einen unsichtbaren Neben-Thron neben sich setzt, auf welchem man leicht alle äußeren Throne nur für Thronstufen zum innern ansieht.

1 Solche kalte, aber doch schmelzbare und riesenhafte Darstellungen von Personen sind schöne Schnee-Lobreden, welche Hofleute und Akademisten täglich machen, so wie jetzt in Paris ein Künstler die alten römischen Kaiser-Brustbilder kolossal in Schnee vorzeigt, oder wie die Armen dem Louis XVI. für Holz-Geschenke im harten Winter 1784 einen Obelisk aus Schnee (siehe Campes Reisebeschreibungen T. 8.) aufrichteten. Und doch schmelzt vielleicht dieser Obeliskus an der Geschichte nicht so schnell als ein steinerner.

NICHT JUDAS-, SONDERN JEAN PAULS-KAPITEL

Lauter Kapitelchen

Verdrüßlich und fast grimmig hab' ich das Kapitel ohne eine Zahl überschrieben; denn seit Wochen lauft nichts mehr von den Dorfjungen ein, und ich sehe mich mitten im Buche und im Dorfe mit leeren Händen festsitzen, ohne einen Ausweg zu einem ordentlichen Ausgang. Treib' ich aber das Ende nicht auf: so ist mein ganzes Buch ein elender Fisch, dem der Schweif, ohne welchen er sich nicht steuern kann, oder ein Pfau, dem der Schwanz abgeschnitten ist, um dessen Glanz-Rad sich doch der ganze Vogel dreht. Es gibt ja keinen Leser in der Welt, der mich nicht anfahren und fragen wird: »Wie gings aber denn zuletzt mit Fibeln, mein Freund?« Und es wird ungern oder nicht angenommen, wenn man sich etwan mit Homer, der den angekündigten Tod des Achilles auch nicht abgesungen, vergleichen und rechtfertigen wollte; denn neuerer Zeit soll man eben (fodern sie) mehr leisten als Homer.

Etwas wohl hab' ich doch getan; und liefere es denn hier. Es muß nämlich tiefern Geschichtsforschern sehr wohl bekannt sein, daß einst die Jesuiten, um des spanischen Königs Philipp II. Staats-Heimlichkeiten auf Papier zu haben, durch Geld und List einen Vertrag über die täglichen Lieferungen des königlichen Nachtstuhls abgeschlossen, weil sie aus dem Stuhle an jedem Ziehungstage manches zerrissene brauchbare Staatspapier desselben zu ziehen hofften, um den Hintergrund der Entwürfe dieses geistigen unsichtbaren Weibs (Femme invisible) zu haben. Sie schlossen ganz recht, der Nachtstuhl kann gut aus einer spanischen Wand der königlichen Pläne unser ordentliches bureau décachetage von D'Argenson werden, oder ein passives Beichtsitzen, oder eine versio interlinearis dieses schwer zu verdeutschenden Königs, kurz der Ambasciadore unsers Jesuitengenerals; denn wenn wir diesem, endigen sie, alles mitteilen, so wird aus dem Nacht- ein Weber- und Seidenstuhl, worauf wir einige Seide spinnen zu guten Geweben.

Diese Anekdote kann viel dazu beigetragen haben, daß ich bei einem *Mangel* an *umlaufendem Papier*, welchen geldlose Staaten gar nicht kennen, auf den Gedanken verfiel, ob nicht die Göttin Gelegenheit (denn *Gelegenheit* nennt man in mehreren deutschen Kreisen einen bekannten Inkognito-Ort; daher vielleicht auch der Ausdruck *Gelegenheits*-Gedichte) mir mehr zubringen könne als alle Jungen des Dorfs. Denn es war vorauszusetzen, daß wenigstens die bedeutenden Personen die von den Franzosen zerrissenen ausgestreueten Nachrichen von Fibel als Drucksachen durch ihre Kinder auflesen ließen und sie dann verwandten, wie sie wollten. Ich stattete daher dem gewöhnlichen Honoratioren-Dreimaster der Dörfer, dem Pfarrer, dem Rektor (so hieß der neueste Schulmeister, wie in Städten wieder der Rektor Professor) und dem Amtmann, die nötigen Besuche ab, welche ohne Unhöflichkeit nicht wohl zu unterlassen waren. Vergnügt und reichlich genoß ich die gute Gesellschaft jedes Honoratiors und führte mit ihm die gehörigen Gespräche, ohne welche ein Besuch ein Bettel ist; und tauschte gern, wie Diskurse fodern, unsere verschiedenen Meinungen über

Kriegs- und Friedensläufe, über neue Bücher und alles um. Darauf nahm ich zufällig – ich sann in einem fort darauf – einen kurzen Abtritt, um bei diesem Abstecher vielleicht etwas zu holen für mein Buch; – ordentlich als wäre jedes Gemach nur das Vorzimmer eines heimlicheren (wie es denn auch politisch so ist), verurteilt' ich mich selber willig auf den Armensünderstuhl der Menschheit (nach König Alexanders Meinung) oder auf Philipps II. Thron-Untersatz, um, wie gesagt, mein Buch mit dem guten Geruche zu schließen, in welchem ich schon als Poet bei der Welt stehe. Nun hab' ich von jeher eine Art von feinerem Sittengesetz darin beobachtet, daß ich an den besagten benannten namenlosen Orten nie etwas anders gelesen als Gedrucktes; aber nichts Geschriebenes, in welches letztere kein Fremder hineinzugucken hat, er sitze hoch oder niedrig. So tat ich wieder; – aber es schien, als sollte seltene Rechtschaffenheit auf der Erde *einmal* belohnt werden, ich fand wirklich Abschnitzel von Fibels gedruckter Lebensbeschreibung und steckte sie zu mir, da ja *Gelegenheit* Diebe macht, aber ohne einen einzigen Gewissensbiß. In der ersten Freude über den dritten Honoratior, bei welchem ich die letzten biographischen Kleeblätter fand, rief ich freilich: es ist halb unerhört, ein solcher zweimaliger Gewinn eines biographischen Paroli: einen Pelz, Pompier, Fuhrmann; dann einen Pfarrer, Rektor und Amtmann; alle sechs arbeiten an einem einzigen Leben, ein lebensbeschreibendes Trabanten-Sextett, das um den Uranus[1] Fibel lauft, wobei ich mich nicht einmal zähle, weil er sonst ein Saturn mit sieben Trabanten wird! Ich weiß nicht, was ich dazu sagen soll, zu diesem biogra-

1 Auch der Uranus am Himmel hat sechs Trabanten, wie Saturn sieben.

phischen Zyklus. – Jetzt aber weiß ichs, daß wenig davon zu sagen, da alles, was ich bei diesen Cour- und Sitz- und Ziehungs-(Nachmit-)Tagen erhob, sich auf so karge Zeilen belief, daß ich mich schämen würde, sie als Ausgangs- oder Abtritts-Kapitelchen abzusetzen und vorzusetzen, wenn es ein besseres Mittel gäbe, die allgemeine, von so vielen Bogen gespannte Neugierde der Welt erträglich zu stillen. Aber es ist nichts anders zu machen als Kapitelchen, wie da folgen.

1. Kapitelchen

Sogleich nach einem Geburtsfeste des Sohnes starb die gute Mutter Engeltrut und phantasierte erhabene Sachen vom Dresdner Hofe und vom Rektor magnifikus und von unserem Herrgott. Ihr berühmter Sohn ließ sie mehrere Tage länger unbegraben liegen, als sich wohl schickte, weil er unter dieser Zeit erst etwas gelassen zu werden hoffte, um als berühmter Gelehrter hinter der Leiche mehr mit erlaubten mäßigen als unmäßigen Tränen nachzufolgen.

*

2. Kapitelchen

Der berühmte französische Biograph Pompier starb allhier mehr aus Überfluß als aus Mangel an Jahren und wurde mit den Lettern seines Namens beigesetzt; wer aber seinen Lebensfaden abgerissen... (hier war dem Kapitelchen das Ende abgerissen).

3. Kapitelchen

Der ehrliche Fuhrmann ließ alles fahren und fuhr selber lebendig ab. Die vortreffliche Gemahlin Herrn Fibels, von welcher so viel Gutes zu sagen wäre, wenn es nicht parteiisch wäre, gab ihm eines und das andere Wort mit, das er als einen guten unentgeltlichen Wanderpaß ansehen konnte.

*

4. Kapitelchen

Gewaltige Änderungen und Durchbrüche in Herrn Studenten Fibels Seele – die ganze Fibelei halb aufgehoben ... (Hier fehlt alles.)

*

5. oder Abtritts- und Abgangs-Kapitel

Eben setzt und druckt ganz allein der letzt übriggebliebene Magister Pelz das letzte Kapitel der Lebensbeschreibung; unser guter Herr Fibel ist, obwohl alternd, doch gesundend. Pelz, bisheriger Redakteur des lebensbeschreibenden Gelehrtenvereins, geht eben auch fort und druckts nur vorher. Niemand bleibt nun mehr im Dorfe zurück, der das Leben des großen Fibels fortsetzen könnte, ausgenommen *er* selber durch Fortleben. Vielleicht in spätern Zeiten treten hohe Biographen auf, welche unsere Spreu zu Weizen sichten. (Ich J. P. Richter gestehe unverhohlen, daß mir diese Abtritts-Stelle eine gute Idee von mir gegeben.) Im Himmel oder wohin man sonst verdammt wird – denn im Himmel ist doch nur der Unendliche allein ganz selig – hoff' ich meinen Lebensbeschriebenen wieder zu treffen. Soli Deo gloria. Vierzigster oder letzter Band.

† † †

Und Sic (setz' ich dazu) transit gloria mundi.

NACH-KAPITEL

Neueste Aussicht

Unerwartet ist vieles, was eben kommt, und ich würd' es selber nicht glauben, wenn ichs nicht selber erzählte. Niemals denkt man mehr an seinen Kopf, als wenn man *in* ihm drinnen etwas sucht (wie ich hier den anständigen Beschluß), oder *auf* ihm oben etwas trägt, wie Fleischer, Mauerer, Wäscherinnen die Gefäße; in jedem solchen Falle gibt man auf den Kopf acht; wer Kronen trägt, ist ein zu seichter Einwand.

Die Sache war nämlich so: nachdem der bisherige Fluß der Fibelschen Geschichte gleichsam als eine perte du Rhône nur unter die Erde hin verschwunden war: so mußt' ich nachsuchen, wo die Geschichte oder der Fluß wieder hervorbräche, und befragte deshalb alle Welt. Diese versetzte: mir könne wohl niemand Auskunft geben als das alte *Herrlein* in *Bienenroda*, ein trefflich steinaltes Männlein von mehr als 125 Jahren, das einige Meilen vom Dorfe abwohne, und das am gewissesten alles wisse, was sich etwa zu dessen Jugend-Zeiten mit Fibeln zugetragen.

– Nicht der Ruhm (man glaube mir), ein Hadrian zu sein, der bei dem Orakel über Homers Lebensumstände nachfragte (nämlich ich bei dem alten Herrlein in Rücksicht des Abc-Stellers), sondern die nahe Aussicht entzückte mich, endlich einmal nach meinem jahrelangen Wunsche einen ältesten Mann der Erde lebendig in die Hände zu bekommen; aber darunter verstand ich weniger einen Methusalem von 969 Jahren als einen Peter Zorten von 185 Jahren aus dem Temeswarer Bannat, weil jetzt unserem Gefühle und Gewohntsein und Gewißsein eigentlich der Ungar älter vorkommt als der Jude. »Eine eigne Empfindung«, sagt' ich, »ja eine neue müßt' es erwecken, ein ganz abgefloßnes Jahrhundert lebendig und kompakt im noch laufenden vor sich zu haben – nämlich einen vorsündflutigen (antediluvianischen) Menschen der Zeit bei der Hand und Haut anzugreifen, über dessen Haupt so manche Jugend-Morgen und Alter-Abende ganzer Zeugungen weggeflogen und vor dem man selber am Ende weder jung noch alt dasteht – einen ausländischen, hinterzeitigen, fast unheimlichen Menschen-Geist zu hören, welcher allein unter den eisgrauen Tausendschläfern und Bekannten seines schon überlebten Greisen-Alters übrigblieb und der nun als Wache vor den alten Toten sehr kalt und befremdet ins närrische Neue des Lebens blickt, in der Gegenwart keine Abkühlung findend für den angebornen Geister-Durst, kein Zauber-Gestern und Zauber-Morgen mehr, nur das Vorgestern der Jugend und das Übermorgen des Todes.« – Und wenn nun folglich der gar zu alte Mann, wie sich denken läßt, immer nur von seiner Vor-Vergangenheit, von dem Früh-Rot spricht, das jetzt am längsten Abende seines längsten Tages ordentlich mit dem Abend-Rot in Mitternacht zusammenrückt: so muß man schon vorher romantisch werden und empfinden, ehe nur der Über-Greis gestorben ist, dem seine Todes-Sonne in später Mitternacht aufgeht.

Dennoch wird auf der andern Seite einer wie ich nicht sonderlich jünger neben einem solchen Stunden-Millionär, wie der besagte Mann in Bienenroda sein soll, und muß weit mehr von Sterblichkeit als von Unsterblichkeit dabei empfinden; ein Greis erinnert stärker als ein Grab, je älter jener, desto mehr spiegelt er Sterben vor, je älter dieses, desto weiter schauet man in zurückliegende, hintereinander abgeblühte Jugenden hinein, und das eingesunkne beherbergt zuweilen eine Jungfrau, aber der veraltete, zusammengefallne Leib nur einen eingedrückten Geist.

– Meine Sehnsucht nach dem alten Herrlein nahm durch die Nachricht, daß er sich bloß den Bienenroder nenne – wobei jedem von selber das Bienrodische Abcbuch einfällt –, dermaßen zu, daß ich die erste Gelegenheit ergriff, die sich im folgenden Nachkapitel zur Reise nach dem Dorfe darbot.

2. NACH-KAPITEL

Meine Ankunft

Die Reise-Gelegenheit war ein markgräflicher Retour-Wagen mit Sechsen, in welchen mich der Leibkutscher, da ich dem Markgrafen und dadurch dem Kutscher vorgestellet war, willig einnahm. – Ich habe meine Ursachen, folgende Anekdote vorher zu erzählen, eh' ich im Dorfe ankomme.

Ein Graf A-a, der sein wichtiges Empfehlungsschreiben dem Minister B-b zu überreichen hatte, suchte aus Umständen noch spät abends zu Fuße dessen Haus, konnte aber weder dieses noch sich selber recht finden, ob er gleich jedes Haus doppelt sah und die Gegenstände um ihn noch stärker umliefen als er selber. Zum Glück legte das Wenige, was er über das Viel zu viel getrunken, ihn in eine Gosse seitwärts hinein. Unten fand er schon Herz und Brust eines andern Herrn, der aus ähnlichen Gründen sich nach den Gesetzen der fallenden Körper gerichtet hatte. Schrecklich fluchte der untere Herr über den ungeschliffenen Menschen, der sich auf ihn heruntergebettet habe; ob er denn nicht wisse, befragte er den Grafen, daß er den Minister B-b vor sich habe. »O entzükkend, hinreißend!« – rief der Graf vor Freude darüber, daß der Minister drunten vorrätig lag – »Ich bin der Graf A-a und suche Ihre Exzellenz schon seit einer Stunde überall.« Hierauf machten beide, ohne sich erst von neuem zu umarmen, da sie ohnehin einander schon an die Brust gedrückt hatten, sich verbindlich, aber mühsam miteinander auf und halfen sich gegenseitig heraus, um, so gut das Gehen gehen wollte, Arm in Arm in das ministerielle Haus zu kommen, wo sie diesen Abend sich den Wechselfall so oft wieder erzählten, als sie forterzählen konnten. –

Ich bitte diese Anekdote so lange zu vergessen, als ich nicht daran erinnere, weil wir auf viel wichtigere Dinge zu merken haben. Noch vor Bienenroda zeigte der Kutscher mit der Peitsche auf ein Obstwäldchen voll Gesang und sagte: »Dort sitzt es, das alte Herrlein, und hat sein kleines Vieh bei sich.« Ich sprang aus dem Fürstenwagen und ging auf den sogenannten Bienenroder zu. Da mich dem alten Herrlein meine sechs markgräflichen Pferde (ich durft' es erwarten) als einen Mann von Rang vorstellen mußten – meiner schlichten einfachen Kleidung nicht einmal zu gedenken, womit sich immer Fürsten und Helden vor ihrem vergoldeten Gefolge auszeichnen –: so nahm es mich ein wenig wunder, daß das Herrlein, ohne dem Pudel das Bellen zu wehren, noch lange mit seinem Hasen fortspielte, bevor es langsam – als wären Markgrafen ihm tägliches Brot – den wachstuchenen Hut von einem Kopf voll Haare abzog. In einem zugeknöpften Überrock – wofür ich seine Weste ansah –, in ein Paar Strumpfhosen von unten herauf – seine ungeheuern Strümpfe warens – und in einem Halstuch (Krawatte), das aber bis auf den Magen herabhing, schien der Greis modisch genug bekleidet. Noch seltsamer war sein überalter Körper zusammengesetzt: der Grund des Auges ganz weiß, der in der Kindheit schwarz ist – mehr seine Länge als seine Jahre schienen ihn zum Bogen zu krümmen – die aufwärts gedrehte Kinnspitze gab seinem Sprechen ein Ansehen von Wiederkäuen; – aber dabei waren seine Züge lebendig, seine Augen hell, die Kinnbacken voll weißer Zähne, der Kopf voll blondes Haar.

Ich fing endlich an: ich hätte bloß seinetwegen Pferde genommen, um einen Mann zu sehen, für welchen es gewiß wenig Neues unter der Sonne gäbe, ob er gleich selber etwas Neues unter ihr sei. Um ihn zu Mitteilungen über Fibel zu gewinnen, fuhr ich fort: »Eigentlich sind Sie als ein Fünfundzwanziger ein Mann in Ihren besten Jahren; denn nach dem Hundert geht eine ganz neue Rechnung an; daher Personen von hohem, wieder von eins an zählenden Alter, z.B. die Frau Verdut[1] oder der Greis

1 Dictionnaire des Merveilles de la nature par Sigaud de la Fond. T. I. – Der 120jährige Greis von Rechingen in der Oberpfalz bekam 4 Jahre vor seinem Tode neue Zähne, die nach sechs Monaten wieder neuen Platz machten, und so fort. Hufelands Makrobiotik. Und so noch viele Verjüngungen der Veraltung.

von Rechingen, Zähne und Haare und jede Verjüngung wieder bekommen, wie ich ja an Ihrem eignen Haar und Gebiß errate. Ein anderes ist ein Mann in Achtzigern wie Peter Zorten, der Ungar, welcher freilich in seinem fünfundachtzigsten Jahre nach dem Weltlaufe (zumal da er schon vorher 100 Jahre zurückgelegt) nichts anders erwarten konnte, als was darin eintraf, der Tod. Ich weiß übrigens aus dem erbärmlich philosophierenden Museum des Wundervollen, bei Baumgärtner in Leipzig (B. 7. 5.), recht gut, daß Castegneda versichert, in Bengalen sei ein Mann 370 Jahre alt geworden und habe viermal neues Haar und Gebiß und übrigens 70 Weiber gehabt, und daß mithin ein Mensch, wenn man bei dieser wie bei andern Nachrichten auch nur die Hälfte für wahr annimmt, wenigstens 185 Jahre alt werden kann. Genau genommen, halten Sie sich ohnehin für etwas älter, als Sie wirklich sind, wenn ich nach den Schalttagen rechnen soll; denn da nach jedem vierten Jahre viermal sechs Stunden eingeschaltet werden, dies aber, scharf genommen, falsch ist, weil nach genauester Berechnung jedem Jahre nicht sechs, sondern nur 5 Stunden, 48 Minuten, 45 Sekunden, 30 Terzien fehlen: so bleibt Ihnen, sogar bei Auslassung des Schalttags, wie z. B. anno 1800 geschah, doch noch ein Vorschuß von Zeit übrig, den Sie nachzuleben haben.«

Ich hatte mich so verwickelt – weil sich mir die astronomische Schmeichelei unter den Händen dünner ausspann –, daß freilich der Bienenroder kaum wissen konnte, was er dazu sagen sollte; und daher sagt' er auch nichts.

»Ich meines Orts gestehe gern«, knüpft' ich wieder an, »wär' ich einmal über das Jahrhunderts-Ziel oder die Kirchhofmauer von 100 Jahren hinüber, ich würde dann gar nicht wissen, wie alt ich würde, oder ob ichs wäre, sondern frisch und frei, wie ja die Weltgeschichte öfters getan mitten in Jahrtausenden, wieder von anno Eins zu zählen anfangen. Warum soll denn ein Mensch nicht so alt werden können als mancher indische Riesenbaum, der noch steht? Übrigens sollte man ordentlich protokollarisch alle Über-Greise vernehmen über die Mittel, wodurch sie ihr Leben ohne den Geheimrat Hufeland in Berlin so sehr zu verlängern wußten, als der Geheimrat selber nicht kann, da er sich nur zu achtzig bis neunzig anheischig macht. Wie stellten Sie es eigentlich an, teueres altes Herrlein? Aus einer langen Nase allein ist schwer, dünkt mich«, (beschloß ich in einigem Ärger über das Schweigen des Herrleins) »ein langes Leben zu drehen, wiewohl ein Franzose[1] die Sache behauptet.«

»Einige meinen wohl«, – versetzte das Herrlein sanft – »weil ich immer froh gewesen und das symbolum gebraucht: nunquam lustig, semper traurig;[2] aber ich schreib' es gänzlich unserem lieben Herrgott zu; die Tiere da um uns her sind ja auch nunquam lustig, wenigstens meistens lustig, leben aber doch nicht so weit über ihr Ziel hinaus als der Mensch, weil dieser das Ebenbild des ewigen Gottes auch in der langen Dauer

1 Irgendwo habe ich in der Tat von einem Franzosen diese Bemerkung gehört oder gelesen, für welche sich indes manche physiologische Begründung finden ließe.

2 Er wollte bloß das Umgekehrte sagen.

vorstellt.« Der Mann schwieg. Solche Worte von Gott haben auf einer hundertundfünfundzwanzigjährigen Zunge viel Gewicht und Trost; – und ich wurde anfangs sehr schön angezogen; aber bei Erwähnung der Tiere fiel der Bienenroder wieder auf seine Tiere und fing – als sei er gleichgültig gegen einen mit Sechsen gekommenen Mann – wieder mit seinem Viehstande zu spielen an, mit dem Hasen, Pudel, Seidenspitze, Stare, ein paar Turteltauben auf seinem Schoße; auch ein lustiger Bienenstand im Obstwäldchen gehörte, da er die Bienen mit einem Pfiffe heraus-, mit einem andern hereinrief, zum Viehhofe, der ihn wie ein Hofzirkel umschrieb. Zu erklären war das Ganze nicht anders als durch meinen Gedanken: alte Menschen und alte Bäume haben eine rauhe kratzende Borke an, junge aber eine sehr glatte weiche.

Er sagte endlich: »Es soll sich aber niemand wundern, daß ein gar alter Mann, der ja alles vergessen und den auch niemand kennt und gern hat als der liebe Gott, sich bloß mit dem lieben Vieh abgibt. Wem kann ein altes Herrlein viel dienen? Ich gehe in den Dörfern da herum wie in lauter blutfremden Städten; seh' ich Kinder, so kommen sie mir wie meine grauen Kinderjahre vor; seh' ich Greise, so sehen sie wie meine vergangnen Greisenjahre aus. Ich weiß nicht recht, wohin ich jetzt gehöre, und hänge zwischen Himmel und Erde; doch Gott siehet mich immer hell und liebreich an, mit seinen zwei Augen, mit der Sonne und mit dem Mond. Und die Tiere leiten zu keiner Sünde an, sondern zur Andacht; und mir ist ordentlich, als säh' ich Gott selber vieles tun, wenn meine Turteltauben ihre Jungen so wärmen und ätzen; denn von ihm erhielten sie doch ihre Liebe und Kunst gegen die Jungen geschenkt.« –

Auf einmal schwieg der Greis lange und sah ordentlich wie wehmütig vor sich hin; das Kindtaufsglöckchen in Bienenroda schallte ins Gartenwäldchen herein. Endlich weint' er ein wenig; ich weiß aber nicht, wie ich nach seinen vorigen schönen Worten zu der Einfalt kam, die Tropfen bloß für Zeichen altkranker Augen zu halten. »Mir ist immer«, sagt' er, »da ich wegen meines Alters nicht gut höre, als wenn das Kindertaufglöckchen aus dem fernen *Heiligengut* schwach herüberklinge; hundertjährige Kinderjahre steigen aus alten tiefen Zeiten auf und sehen mich verwundert an, und ich und sie wissen nicht, ob wir weinen oder lächeln sollen. Oh! Oh!« – Darauf setzte er hinzu: »Hieher, mein Alertchen!« Er meinte seinen Seidenpudelspitz.

Jetzt hatt' er mich selber auf die Bahn zu meinem Reise-Ziel gebracht. »Bester Herr Bienenroder«, hob ich an, »in diesem *Heiligengut*, das Sie also kennen, hab' ich eben das Leben des seligen Herrn Gotthelf Fibel, der das berühmte Abcbuch gemacht, verfertigt und beendigt, und mir geht nur noch dessen Abgang mit Tod ab.« (Hier lächelte das Herrlein und nickte sehr tief.) »Niemand kann wohl seinen Tod besser wissen als Sie, und überhaupt sind Sie der einzige, der mir seltene Züge aus seiner Kindheit zuschanzen und bescheren könnte, zumal da jede ins kindliche Gehirn geschriebne Geschichte, wie eingeschnittene Namen in einem Kürbis, mit den Jahren größer bis zur Fraktur anwächst, indes spätere Einritzungen bald verquellen. Sagen Sie mir um des Himmels willen alles, was Sie vom seligen Manne wissen; denn in der Michaelis-Messe 1811 muß sein Leben in Nürnberg bei Schrag heraus.«

Er antwortete: »Exzellentes Genie – Literator – Man of Genius – homme de lettres – autor clariss...« Da ich vermutete, der Greis ziele auf mich: so wollt' ich abwehren; er ließ sich aber nicht halten, denn er hatte sich selbst gemeint. »Wie gesagt«, (fuhr er fort) »für alles dieses und für mehrere prächtige Titel, die ich alle deshalb auswendig gelernt, hab' ich mich zwar sonst gehalten, als ich noch jener verblendete eitle Fibel war, der das gedachte, fast mittelmäßige Abcbuch gemacht und drucken lassen.«.........

Das alte Herrlein ist der selige Fibel! – – Hundertundfünfundzwanzig, ja eintausendachthundertundelf Ausrufungszeichen, hintereinander gesetzt, malen nur schwach mein Verwundern darüber vor, wenn man das stärkere dagegen hält, in welchem jetzt auf diesem Blatte ganze kalte ernste Lager von Literatoren wie Körke aus lange versperrten Flaschen in die Höhe fahren und sich die Hände reiben vor unermeßlicher Freude, daß die Sache so ist. – Beinahe hätt' ich in der ersten Dummheit des Jubel-Sturms große Freude über sein jetziges Deutsch gezeigt und mich verwundert, daß ein Mann wie Fibel, von dessen bearbeitetem Leben ich eben herkäme, so gut spreche. Aber ich kehrte mich bald zur Besinnung und zum Lobe Fibels um. »So weiß ich denn nicht«, versetzt' ich, »was mir in diesem Jahrhundert Froheres und Vorteilhafteres hätte aufstoßen können als gerade der lebendige Held selber einer Lebensbeschreibung, in welche noch eilig so manches nachzutragen ist, da sie Herr Schrag schon in diesem

Herbste verlegt. Glauben Sie mir, mehr als einen Irrtum über Sie reut' ich nun leicht in meinem Werkchen aus, z. B. den seit jetzt erst erklärlichsten, daß ein gewisser Konrektor Bien-*Rod* in Wernige-*Rode* Ihr Werk solle geschrieben haben.«

»So müßte ich auch davon wissen« (versetzte das Herrlein) – »Aber meinen guten lateinischen Namen Fibel, so schön er sich auch mit Bibel reimt, tauscht' ich willig gegen den deutschen eines ganzen Dorfs weg und hieß mich nur den Bienenroder, um dem Hoffartsteufel in mir ein und das andere Horn und Bein zu brechen, weil leider alle Welt, den vorigen Fibel zu sehen, gefahren kam und mich mitten in jeder Demut störte. Diese Übersetzung eines lateinischen Namen in einen deutschen ist, hoff' ich ja, die entgegengesetzte Übersetzung eines deutschen in einen lateinischen, z. B. Schwarzerde in Melanchthon, welche so oft von der Eitelkeit gemacht wurde.« –

»So ganz aus ähnlicher Eitelkeit« – bracht' ich selber aus meiner kleinen Kenntnis bei – »übersetzte sich ja Neumann in Neander – Schmidt in Faber – Horn in Ceratinus – Herbst in Oporinus – und eine Menge, die ich recht gut kenne, wie ich mich denn selber,[1] aber freilich als angehender Autor und also aus Demut, ins Französische verdeutscht habe. – *Sie* übrigens sind freilich überhaupt stark berühmt, und die größten Städte in Vogtland und Reußen bildeten sich Ihrem Werke nach – Nachfolger, nämlich Nachschreiber Ihres Abc's haben Sie längst unglaublich viele gehabt – Sogar Ihr Bilder-Abc bekam an einem Herrn Bertuch (ein Legations-Rat

1 Verfasser dieses heißt ursprünglich Johann Paul Friedrich Richter.

wie ich) einen Nacharbeiter, dessen Sie sich gar nicht zu schämen brauchen, da er Ihr Werk in seinem Bilderbuch, wiewohl ohne alle Dichtkunst, in Ihrem Geiste fortsetzt, wenn auch viel kostspieliger und dickbändiger, doch minder fühlbar bei bloßer heftweiser Lieferung. – Und das Leben eines so wichtigen Mannes habe ich aus 40 Bänden der Pelzischen Vierziger ausgezogen, so viel mir nämlich der letzte Krieg noch Bruchreste davon gönnen wollen.«

»Es war der siebenjährige«, sagte der Greis, welcher ganz wie der alte schwache Pütter den letzten französischen mit jenem verwechselte.

»Ungefähr« – versetzt' ich –; »aber desto größer ist mir der kleinste Nachtrag von den Lippen des Helden selber; und besonders sind mir mehrere alte späte Jahre nötig, um gehörig in der Michaelismesse zu schließen. O Gott, wie viele Autoren oft einem einzigen Buch zum Großsäugen unentbehrlich sind, zumal einem großen, nicht etwan wie dem Jupiter Ziegen, Bienen, Bärinnen als Ammen, oder etwan wie mir ein Pelz, Pompier und Fuhrmann, kurz wie viele Autoren oft einem Autor nötig sind, davon weiß ein Autor ein Wort zu sagen.«

»Fast« – fing Fibel, aber mit unbeschreiblicher Milde, an – »sollt' ich Sie, Herr Legations-Rat, für Pelz den zweiten halten, so lieblich Sie auch aussehen und aussprechen; aber nur der erste bestach mich stark mit Loben. Es mag denn sein! Es ist mir jetzo vieles auf der Erde gleichgültig, ausgenommen der Himmel darüber; und ich sehe jetzunder nur gar zu deutlich ein, wie eitel ich sonst von meinen Gaben gedacht. Wer der Erde abstarb – nicht der Welt, denn dazu gehören mehrere Leben, wenn nicht gar eine ganze Ewigkeit; ja der Ewige selber ist ja nicht dem All abgestorben, vielleicht weil er ihm ewig-ur-vorgeboren ist... Ach mein alter Kopf wollte etwas anderes sagen –«

Nach diesen letzten Worten wurd' ich noch neubegieriger auf die Erklärung der Metallverwandlung oder Brotverwandlung des vorigen unscheinbaren Fibels in dieses glänzende Herrlein, und ich bat ihn, mir seinen Übertritt in diesen neuen Charakter zu erklären und zu motivieren. Ihm freilich konnte das Motivieren seines Charakters gleichgültig sein, da er ihn schon hatte, aber nicht dem Leser, der es von mir wissen will. Fibel versetzte: nachher recht gern, aber jetzt sei es schon spät.

Er ging in sein Gartenhäuslein – ich ihm nach –; und er tat einen Pfiff; sogleich kam sein schwarzes Eichhörnchen von einem Baume, worauf es mehr zur Lust als zur Kost war – mehrere Vögel, Nachtigallen, Drosseln, Staren (die Vogel-Pudel), flogen von ihren Gipfeln in die offnen Fenster zurück – ein von Alter aus Rot- zu Schwarzwildpret angelaufner Gimpel trabte im Stübchen einher, närrische Laute von sich gebend, die er selber nicht erklären konnte – der Hase trommelte auf Hinterfüßen den Abend aus mit Vorderfüßen – es gab kein Hündchen im Häuschen, das nicht in froher, menschenliebender Laune hineingesprungen kam, und ich hebe statt aller nur das Alertchen aus; doch am frohesten trat wohl der Pudel an, welcher schon wußte, was die Glocke geschlagen, daß er nämlich jetzt eine blecherne Büchse mit Schieber an den Hals bekomme, worin der Speise-Zettel des Abendbrotes liege, das er aus dem Bienenroder Wirtshause zu holen habe. Er war Fibels Küchen-Geschäftsträger oder Küchenwagen – dessen Vertumnus und Feldpost – und Ambassadeur in Bienenroda und Introducteur des Ambassadeurs im Wäldchen (durch Anbellen meiner als Legationsrat). – Fibels übrige dienende Brüder und Schwestern waren nur Kinder, die ab- und zuliefen.

Erst nachdem er angemerkt: »man sollte auch den engen Tieren so weit bildend nachhelfen, als man kann, da man gewissermaßen ihr Herrgott ist, und man solle sie zu guten Sitten abrichten, da sie wohl nach dem Tode fortleben könnten; Gott und Vieh sei immer gut, aber der Mensch nicht« – da ließ er sich auf mein Erinnern zu seinem bringen. Greise geben, wie alles Körperliche, so auch das Geistige mit zitternder Hand, die die Hälfte verschüttet; dennoch bekam ich folgendes unverschüttet: Er mochte etwan erst hundert Jahre alt sein, als er in einer sein Leben wiedergebärenden Nacht von neuem zahnte und unter Schmerzen wilde Entwicklungs-Träume durchlebte. Vor Mitternacht erschien seine verstorbne Frau und sagte ihm, sie sei seinetwegen von Toten auferstanden, um ihn auszuschelten und zu benachrichtigen, daß Pelz ein Spottvogel gewesen und er selber ein Gimpel. Dann träumte er nach Mitternacht: er halte ein breites Sieb in Händen und müsse durchaus dessen Geflecht auseinanderziehen; das fest geflochtne Sieb und der Holz-Rand ängstigten ihn unsäglich, und nichts konnt' er zerreißen als träumend sich selber, bis er endlich plötzlich statt des Siebes die ganze große lichte Sonne in seinen Händen hielt, welche ihm blendend ins Gesicht schien. – Er erwachte neugeboren und entschlief wie auf wogenden Tulpen wieder. Da träumte er, er sei *ein* Jahr alt nach dem Hundert – und sterbe als ein schuldloses einjähriges

Kind ohne Erden-Weh und Erden-Schuld und finde droben seine Eltern, welche ihm einen ganzen Zug von seinen Kindern entgegenführten, die ihm auf der Erde unsichtbar geblieben, weil sie bloß wie helle Engel ausgesehen.

Er stieg aus dem Bette nicht nur mit nahen neuen Zähnen, sondern mit neuen Ideen. Der alte Fibel war abgebrannt, und der rechte Phönix stand da und sonnte die Farben-Schwingen. Er war verklärt auferstanden aus keinem andern Grabe als aus dem Körper selber. Die Welt wich zurück; der Himmel sank heran.

Als er mir die Sachen erzählet hatte: sagte er mir, ohne auf den diensthabenden Pudel zu warten, ohne weiteres gute Nacht und zeigte mir mit den zum Beten gefalteten Händen den Weg. Ich ging ab, zog aber lange im Obstwäldlein umher, das bloß aus Kernen gewachsen, die er eingesteckt. Er aß nämlich selten eine Kirsche, ohne den Kern – oft zum Verdrusse der Bauern, welche auf ihren Rainen nichts Hohes haben wollten – einzuschwärzen und in die Erde zum Verklären zu begraben. »Ich kann«, sagte er, »keinen Kern umbringen; reißt auch nachher der Bauer das Bäumchen heraus, nun so hatt' es doch ein bißchen gelebt und war als Kind gestorben.«

Im Wäldchen hört' ich ein Abendlied orgeln und singen; – und ich brauchte nur zurück an Fibels Fensterchen zu treten, um zu sehen, daß er darin eine Drehorgel langsam umdrehte, welche er durch seine Singstimme mit einem sanften Abendlied begleitete. In der eintönigen Einsamkeit und bei seinem Abschnitzel von Stimme reichte diese noch mehr als eine Voglersche simplifizierte Orgel schon zu seiner Haus-Andacht zu; und ich ging nachsingend nach Hause.

3. NACH-KAPITEL
Zweiter Tag

Schon unterwegs, als ich am Morgen wieder kam, wußt' ichs ein wenig voraus, er würde mich halb vergessen haben. Im Nachtfroste des Alters, das (beinahe ohne Gegenwart) nur von Vergangenheit und Zukunft lebt, ist dergleichen natürlich; in der alten Lebens-Sanduhr höhlet sich oben alles immer mehr aus, und unten steigt der Hügel höher, den ihr Grab oder Vergangenheit nennen könnt. – Ich hätte allerdings erwarten können, er werde sich um einen Mann von einiger Importanz, welcher ja sein fiblisches Leben unter der Feder hatte, angelegentlicher bekümmern – vorzüglich werde er nachforschen, was der Mann in Sprachen und Wissenschaften getan – ob er in der Poesie ein lebendiges goldnes Alter und tausendjähriges Reich im kleinen sei – und ob es noch unentdeckte Inseln gebe, die von ihm nichts wissen –; von allen diesen Fragen über mich, deren Beantwortung ja immer zu seinem Ruhme ausfallen mußte, tat er keine einzige, wenn ich die matte ausnehme: ob ich denn wohl in der Schrift, was er so inniglich von Herzen hoffe, seiner lieben Eltern recht mit Ehren gedächte. Er setzte dazu: »Ach sie sind doch zu wenig bekannt, sowohl auswärts als in Heiligengut, und sogar ihr Sohn ist viel bekannter.« Ich tat zwei Schwüre, daß ich das Schönste von beiden gesagt; ich holte aber vielerlei von diesem Schönsten noch aus dem frommen Sohne heraus und schob es ein.

Schön war der Morgen im Obstwäldlein. Der Alters-Reif schien geschmolzen und beweglich nur als Morgentau in Fibels Spätflor zu schimmern. Selber die Liebe seiner Tiere gegen ihn, die wie Kinder den zu erraten scheinen, der sie lieb hat, machte den Morgen in einem Obstwäldchen schöner, wovon jedes Bäumchen eine von ihm genoßne Frucht zur Mutter hatte. Das Tierreich war Erbschaft von seinen Eltern, nur natürlicherweise waren es die Urenkel und Ur-Ur-Enkel etc. etc. des elterlichen. Das ganze Wäldchen beherbergte singende und brütende Vögel, aber er konnte mit wenigem Pfeifen sämtliche zahme Nachfahrer der väterlichen Singschule von ihren Gipfeln auf die Schultern locken. Es anzuschauen, wie er geschwind zärtlich umflattert wurde, erquickte das Herz. Überall, wo die Sonne anglänzen konnte, hatte er ordentlich mit dem kindischen Wohlgefallen eines Greis-Kindes bunte Glaskugeln auf Stäbe gesteckt oder in Bäumchen gehangen, und in dieses Farbenklavier von Silberblicken, Goldblicken, Juwelenblicken blickte er unbeschreiblich vergnügt hinein. Ich gab ihm ungemein recht, es waren verglasete Tulpenbeete, diese bunten Sonnenkugeln, welche mit mehr als zehn Farbenfeuern das Grün ansteckten – ja manche rote taten in den Zweigen, als wären sie reife Äpfel-Fruchtstücke. – Aber am meisten erquickte sich der alte Mann an den nachschillernden Landschaften auf diesen Welt-Kügelchen, gleichsam der nachfärbende Verkleinerungs-Spiegel der beweglichen Aussichten. »Ach«, sagte er, »wenn ich so recht in die Farben hineinschaue, die Gott der dunkeln Welt gegeben und zu welchen er immer seine Sonne gebraucht: so ist mir, als sei ich gestorben und schon bei

Gott; aber da er in uns ist, so ist man ja immer bei Gott.«

Hier brach ich endlich mit der lange gehegten Frage heraus, wie er denn bei seinen Jahren zu einem so guten Deutsch komme, als kaum die neuesten Schreiber sprächen. »Er wäre etwan zwei Jahre wieder alt gewesen«, versetzte er (seine 100 Jahre vorher verstanden sich von selber), »als er mehrere Jahrszeiten hindurch jeden Sonntag einen heiligen geistigen Geistlichen zu hören fand, welcher sein Deutsch mit einer solchen Engelszunge sprach, daß er sogar, wenn er einmal auf der Kanzel versterbe, im Himmel keine bessere brauche.« – Den Prediger so wie die Stadt konnt' er mir nicht beschreiben, aber wohl sein Kanzel-Wesen, wie er ohne Überfluß der Worte und der Mienen und der Bewegungen sprach – wie er das Schönste und Stärkste mit milden Tönen sagte – wie der Mann gleich einem Johannes, der, nahe am Himmel ruhend, zur Welt spricht, seine Hände ruhig auf das Kanzelpult oder in die Kanzel-Ärmel legte – wie jeder Ton ein Herz und jeder Blick ein Segen war – wie dieser Christusjünger Kraft in Liebe verhüllte, so wie der feste Diamant[1] im weichen Gold gefunden wird, das ihn auch später am Menschen einfaßt – wie die Kanzel ein Tabor für ihn wurde, worauf er sich und Zuhörer verklärte – und wie er unter allen Geistlichen am besten das Schwerste vermochte, würdig zu beten …

Mehr als einmal wollt' ich glauben, er habe jenen großen Geistlichen gehört, dessen Namen ich nie ohne die Erinnerung des höchsten Glücks und des höchsten Verlustes ausspreche und über dessen Grab seine Kirche sich

1 Nämlich der mazedonische.

als Denkmal wölbt. Aber nicht alle Umstände wollten den frohen Glauben bestätigen.

Immer wärmer wurd' ich dem uralten Manne zugetan und foderte von ihm so wenig als von einem Kinde volle Liebes-Erwiderung. Zuletzt mahnt' ich mich selber zum Scheiden an, um den Frieden seiner Abendtage mit nichts Weltlichem zu stören. Er sollte jene erhabne Alters-Stellung ungetrübt behalten, wo der Mensch gleichsam wie auf dem Pole lebt, kein Stern geht da unter, keiner auf, der ganze Himmel steht und blinkt, und der Polarstern der zweiten Welt schimmert unverrückt gerade über dem Haupte. – Ich sagte ihm daher, ich würde abends wiederkommen und Abschied nehmen. Er versetzte zu meinem Erstaunen, da er vielleicht abends selber einen nehme von der ganzen Welt, so möcht' er sich nicht gern im Sterben gestört sehen; diesen Abend les' er die Offenbarung Johannis hinaus, und da könn' es leicht um ihn geschehen sein. – Ich hätte nämlich früher erzählen sollen, daß er nichts tat und nichts las als die Bibel von vornen an bis zu Ende und dabei des festen Glaubens war – daher er die letzten Bücher schneller las –, er werde bei dem 20ten und 21ten Verse des 22ten Kapitels der Offenbarung Johannis: »Es spricht, der solches zeuget: Ja, ich komme bald. Amen. – Ja komm, Herr Jesu. Die Gnade unsers Herrn Jesu Christi sei mit euch allen. Amen!« verscheiden.

So wenig ich an dieses schnelle Verwelken seines so langen Nachblühens glaubte, so vollzog ich doch seinen eingebildeten letzten Willen – wiewohl wir bei jedem guten Willen eines Menschen bedenken könnten, ob es nicht sein letzter sei – und nahm mit der Bitte Abschied, mir Aufträge in Rücksicht seiner Verlassenschaft ans Dorf mitzugeben. Er sagte, längst sei alles besorgt und die Kinder wüßtens. Er schnitt einen Zweig von einem aufbewahrten Christbaum seiner Kindheit ab und verehrte mir ihn als Vergißmeinnicht.

Gleichwohl bracht' ich trotz der Unfehlbarkeit meines Unglaubens die Abendzeit in Bienenroda mit einigen Ängsten zu. Abends holte sein Wirtschaftspudel das Abendessen, begleitet von dem Seidenspitz Alert. Ordentlich als wollt' ich ihn um einen Hund beerben, behielt ich den Spitz, ein Mustertier von Haar und Herz, bei mir, um nur etwas vom alten Herrlein zu haben. Doch hing ich dem Pudel in einem Selbst-Steckbrief die Nachricht des Tier-Plagiats an. Sehr und schön wedelte der Gestohlne um mich; – als ein Simultaneum von Spitz und Pudel, also von Schlange und Taube, war er in seiner Gattung so klassisch, als er sein konnte.

In der schönen Sommernacht konnt' ichs zuletzt nicht lassen, in das Obstwäldlein dem Häuschen nahzuschleichen, um gewiß zu sein, daß mein gutes Herrlein nicht Bibel und Leben zugleich beschlossen. Unterwegs fand ich einen schwarzgesiegelten zerrissenen Briefumschlag, und über mir traten die weißen Störche schon den Rückflug in warme Länder an; es war aber dabei auf vielerlei zu verfallen. Ich wurde nicht sehr gestärkt, als ich aus seinem Wäldchen alle Vögel singen hörte, welches deren Vorfahren ja auch bei dem Tode seines Vaters getan. Vor meinen kurzsichtigen Augen streckte sich ein aufrechtes Gewölke voll spätes Abendrot als eine liegende, lang hinblühende fremde Landschaft aus, und ich begriff gar nicht, wie ich bisher das fremde rotschimmernde Land übersehen können; desto leichter konnte mir einfallen: es ist *sein* Morgenland, wohin Gott den müden Menschen zieht. Ja mir war alles so verworren, daß ich ordentlich für ein herabgefallnes abendrotes Wolken-Stück eine rote Bohnen-Blüte ansah. – Endlich hört' ich im Wäldchen einen Menschen singen und eine Orgel gehen; kurz der alte Mann drehte ungestorben das Abendlied: »Herr, es ist von meinem Leben abermal ein Tag dahin.« Daher und zu seinem Singen kam das der Vögel in der Stube und auf fernen Zweigen. Sogar das Summen der Bienen, die in lauer Sommernacht in die Lindenkelche sich vertieften, wehte die Flamme meiner Freude höher auf. –

Er lebte. – Doch störte ich seinen heiligen Abend nicht; er bleibe bei dem, sagt' ich, der ihn mit seinen Gaben und mit Jahren umringt, und denke an keinen Menschen hier unten besonders.

Nachdem ich sein Lied bis zum letzten Verse ausgehört, um noch gewisser seines Selbst-Überlebens zu sein: schlich ich langsam fort und fand zur Freude in der ewig jungen Natur noch schöne Beziehungen auf seine veralterte, von der Wiesenquelle an, dieser ewigen Woge, bis zu einem Nachschwarm von Bienen, der sich (wahrscheinlich vormittags vor 2 Uhr) an ein Lindenbäumchen angesetzt, ordentlich als sollt' er durch ihr Beherbergen ihr Bienen-Vater werden und lange leben; – und jeder Stern winkte mir eine Hoffnung zu.

Gleichwohl töteten und begruben ihn in meinem Bette die Träume bald so, bald so, doch immer schön genug. Einmal starb mir darin der Greis in einer Frühlingsnacht – einmal wieder an einem Neujahrstage – zuweilen saß er an ein väterliches Obstbäumchen angelehnt, und der

Blitz fuhr bloß vom Himmel herab, um ihn in diesen hinaufzutragen – einmal trugen seine Bahre hohe Riesenkinder her und wurden unter dem Tragen kleine rotblühende bekränzte Greise. – In einem andern Traume drückt' er sich sterbend selber die Augen zu und sagte: »Ich will nichts mehr sehen, es steht Jesus Christus neben mir.« – In einem andern Traume bückte er sich schmerzhaft bis ans Grab seiner Mutter nieder und bog nur dessen Blumen an sein Gesicht und brach keine; auf einmal fuhr die Mutter aus dem Grabe und fuhr mit ihm über die Wolken in den nächsten Stern. – In verschiedenen Träumen hörte ich nur die Anfangszeilen unbekannter Sterbelieder, z. B.: An der Ewigkeit zerrinnt die längste Zeit – längres Leben, kürzre Ewigkeit – Nichtiges hat Gott nicht aus Nichts gemacht – Totenstaub wird Blütenstaub, und die Seele trägt Seelen. So spielt das Schlafen mit dem Menschen, wie der Mensch mit dem Wachen.

4. NACH-KAPITEL

Letzter Tag

Da ich zum letzten Male zum Helden dieser Geschichte ging, dacht' ich schon unterwegs an die Stelle, die ich hier schreiben werde: daß nämlich nach diesen Nachkapiteln ganze Brigaden von Literatoren, die nun daraus erfahren, wo Fibel lebendig zu haben ist, aufsitzen oder einsitzen werden (manche machen sich gar nur auf die Beine), um das alte Herrlein zu besichtigen; – und so hätt' ich denn dem armen Schul-Weisel in seinen alten Tagen einen ganzen Bienen-Schwarmsack über seinem grauen Kopfe ausgeschüttet. – Literatoren, Literatoren, seid ihr nicht durch die Figur der Epizeuxis oder auch Anaphora, welche dasselbe Wort am Anfange zweimal nachdrücklich wiederholt, von euern gelehrten Reisen zu ihm abzubringen? Und wenn ich gar mich der Epiphora bediene, welche dasselbe Wort am Ende wiederholt, und ich rufe: lasset doch einem Manne kurz vor der letzten Ruhe die vorletzte Ruhe! – bleibt ihr dann noch des Teufels lebendig?

Ich hatte nachts seinen Alert bei mir behalten, welcher, seltsam genug, so gern bei mir blieb und mit mir ging, ordentlich als ob der Seidenspitz mich als den Lobredner des Post-Spitzes in den *Hundsposttagen* kennte und schätzte, was doch bei seiner Kälte gegen Lektüre nicht denklich ist. Ich will sogleich auf der Stelle die Nachricht geben – die ich wahrscheinlich nachher vergäße –, daß der Bienenroder, als er die Anhänglichkeit dieses Superlativ-Viehs sah, mir mit demselben ein ansehnliches Geschenk gemacht, das bekanntlich noch lebt. Der Hund Alert sollte wahrscheinlich ein Ehrensold sein, ein Ehrenhund oder ein Medaillon – oder ein evangelistisches Wappentier (wie denn Lukas hinter sich seinen Ochsen hat, Matthäus seinen Engel) – oder ein prophetisches Wappentier (da bekanntlich die Propheten Bileam und Muhammed jeder einen Esel hat) – oder überhaupt nur eine Andeutung teils meiner persischen Reinlichkeit, teils meiner persischen Abkunft (da wir Deutsche von den Persern abstammen, diesen größten Freunden sowohl der Reinheit als der Hunde) – oder wollte das Herrlein die Sache bloß aus Liebe tun: genug ich habe den Hund, und dato kratzt er sich lebendig auf meinem Schreib-Kanapée; auch soll er gern jedem Leser, der sich davon mehr zu überzeugen wünscht, wenn er mir die Ehre eines Besuchs erweist, ins Bein fahren. Verreckt er einstens für eine bessere Welt, als diese ist – worin er nichts Heiliges hat als bloß das heilige Bein, das er verlängert als Schwanz nach dem Himmel kehrt und bewegt –, so stopf' ich ihn aus mit dem Vegetabilischen, das er jetzt haßt und das ihm dann bei dem Mangel an Magen so lieb sein kann wie einem Brahminen.

Doch zurück – All mein Trauer-Träumen hatte mir kein Trauer-Wachen mitgegeben, sondern jedes genommen: wie hätt' ich sonst so froh auf den nächsten Seiten von Alert sprechen können? – Ich ging recht früh ins Wäldchen, um den Greis noch im Schlafe zu sehen, in diesem alten Vorspiel des Todes, in diesem warmen Traume des kalten Todes. Aber er hatte sich schon in der großgedruckten Bibel bei Hülfe eines flammigen Morgenrots weit über die Sündflut hinausgelesen, wie ich aus den Kupferstichen ersah.

Da ichs für meine Pflicht hielt, seine Einsamkeit nicht lange zu stören, so sagt' ich zu ihm, ich schiede und gäbe ihm bloß ein leichtes Abschiedsbriefchen statt Abschiedswörtchen – ein Blättchen, das wohl niemand zu lesen bekommen soll –; da heftete er so warme Augen darauf, daß ich reine Freude über den Eindruck, den das erste kleine Manuskript von mir auf ihn machte, empfand, bis er mich freundlich fragte, ob ich nicht mehr von diesem himmlischen – Streusand hätte. Es hatt' ihn nämlich besonders der *blaue* Streusand ergriffen, in dessen Äther ich die gestirnten Gedanken meines Blättchens gestreuet hatte. Er bat mich geradezu um meine Sandbüchse; »denn es kann sein«, sagt' er, »daß ich noch an jemand schreibe, vielleicht an Gott selber.« Dabei erzählte er mir einmal recht redselig, daß das Wort Blau ihn überall besonders gerührt – z. B. die blauen Berge in amerikanischen Reisebeschreibungen bis zur Sehnsucht –; und so hab' er die Flachsblüte und die Kornblumen und blaue große Glasschalen von jeher geschätzt. »Und meine selige Mutter hatte noch im Sarge lebendige blaue Augen«, setzt' er dazu.

Ich schied, sehr bewegt, doch verschlossen; es war nicht die Rührung eines Abschiedes, den man von einem Freunde, einem Jünglinge, einem Greise nimmt, sondern die des Abschieds von einem fremdartigen entfernten Wesen, das uns nur kaum von seinen hohen kalten Wolken, die es zwischen Erde und Sonne halten, nachblickt. Es gibt eine Seelen-Stille, ähnlich der Körper-Stille im Eismeer und auf hohen Gebirgen; jeder Sprech-Laut unterbricht, wie einer in einem zartesten Adagio, zu prosaisch hart. Auch das Wort »zum letzten Male« hatte der Greis schon längst hinter sich.

Außer dem Hunde schenkte oder vermachte er mir noch eilig meine in Duft und Farbe romantische Lieblingsblume, eine *blaue* spanische Wicke in einem Ton-Töpfchen; desto lieblicher, da dieser Schmetterling von Blume sich so leicht verhaucht und seinen Düften nachstirbt. Er bat mich, es nur nicht übelzunehmen, da er sein gewöhnliches Morgenlied, nach überlebtem Sterbe-Abende, noch nicht angestimmt, wenn er mich gar nicht begleite oder mir nicht einmal nachschaue, und er könne ohnehin nicht sehr sehen. Darauf sagte er fast wie gerührt: »O recht wohl zu leben, Freund! Auf Wiedersehen, wo meine seligen Anverwandten auch dabei sein werden und der große Prediger, dessen Namen ich vergessen habe. Auf Wiedersehen!«

Sogleich trat er ganz ruhig an seine Drehorgel. Ich lösete mich von ihm wie von einem Leben los. Wiewohl er seine Orgel unter den Bäumen spielte und sein Gesicht mir nachgerichtet hatte: so wußt' ich doch, daß ich seinen blöden Augen bald zum unbeweglichen Nebel werden mußte, und blieb daher stehen, als er das Morgenlied (vom alten Neander) anfing:

Noch läßt der Herr mich leben!
Mit fröhlichem Gemüt
Eil' ich, ihn zu erheben;
Er hört mein frühes Lied.

Unter dem Singen flogen um ihn seine Vögel; auch die Hunde schienen der Musik gewöhnt und schwiegen, und den Bienenschwarm wehte diese gar in sein Häuschen hinein. So entfernt er mir war und so sehr von den Jahren gegen das Grab gebückt: so sah er doch von weitem wegen seiner so langen Gestalt noch aufgerichtet genug aus.

Eben bauete in Abend, wohin mein Weg zuführte, die Morgensonne einen Regenbogen mit allen Farben in den frühen Tag hinein, und der Morgen glühte noch mit seiner einzigen roten nach; und Morgen und Abend, Anfang und Ende, die Farbentore der Zeit und der Ewigkeit standen gegeneinander aufgetan, und beide führten nur aus Himmel in Himmel. Ich blieb so lange stehen, bis der Greis den letzten (den zwölften) Vers seines Morgenliedes ausgesungen:

Bereit, den Lauf zu schließen
Auf deinen Wink, o Gott!
Und lauter im Gewissen:
So finde mich der Tod. –

Dann zog ich meine Straße langsam weiter.

ANHANG

a b c d e f ff g h i k ck l ll m n o p q r r
s ſ ſſ ß ſt t u v w x y z tz.

A B C D E F G H I K L M N O P Q R S
T U V W X Y Z.

a b c d e f ff g h ch i j k ck l ll m n o p q r
r s ſ ſſ ß ſt t u v w x y z tz.

A B C D E F G H I K L M N O P Q R S
T U V W X Y Z.

Die ſelbſt=lau=ten=den Buch=ſta=ben

a e i o u y.

Die ſtum=men Buch=ſta=ben

b c d f g h k l m n p q r ſ t w x z.

Die dop=pelt ſelbſt=lau=ten=den Buch=ſta=ben

ä	ö	ü	au	eu	ei	ey	ie
Käß	Götz	Thür	Staub	Eul	Pfeil	Bley	Sieg

A a b c d e f ff g h i k ck l ll m n o p q r ꝛ s ſ ſſ ß ſt t u v w x y z tz

Ab	eb	ib	ob	ub
Ba	be	bi	bo	bu
Ca	ce	ci	co	cu
Da	de	di	do	du
Fa	fe	fi	fo	fu
Ga	ge	gi	go	gu
Ha	he	hi	ho	hu
Ja	je	ji	jo	ju
Ka	ke	ki	ko	ku
La	le	li	lo	lu
Ma	me	mi	mo	mu
Na	ne	ni	no	nu
Pa	pe	pi	po	pu
Qua	que	qui	quo	quu
Ra	re	ri	ro	ru
Sa	ſe	ſi	ſo	ſu
Ta	te	ti	to	tu
Va	ve	vi	vo	vu
Wa	we	wi	wo	wu
Xa	xe	xi	xo	xu
Za	ze	zi	zo	zu

*

Du beſter Lehrer Jeſulein,
Mein Lernen laß geſegnet ſeyn,
Daß all mein Thun durch deine Gnad
Erſprieslich werd und wohlgerath, Amen.

*

Das Zäh=len

1. 2. 3. 4. 5. 6. 7. 8. 9. 10. 20. 30. 40. 50. 60. 70. 80. 90. 100.
1000. 10000. 100000.

*

Das hei=li=ge Va=ter Un=ſer

Va=ter Un=ſer, der Du biſt im Him=mel. Ge=hei=li=get wer=de Dein Na=me. Zu uns kom=me Dein Reich. Dein Wil=le ge=ſche=he wie im Him=mel, al=ſo auch auf Er=den. Un=ſer täg=lich Brod gieb uns heut. Und ver=gieb uns un=ſe=re Schuld, als wir ver=ge=ben un=ſern Schul=di=gern. Und füh=re uns nicht in Ver=ſu=chung. Son=dern er=lö=ſe uns vom Ui=bel. Denn Dein iſt das Reich, und die Kraft, und die Herr=lich=keit in E=wig=keit, A=men!

*

Der hei=li=ge Chriſt=li=che Glau=be

Ich glau=be an GOTT den Va=ter, All=mäch=ti=gen Schöp=fer Him=mels und der Er=den.

Und an JE=ſum Chri=ſtum, Sei=nen ein=ge=bohr=nen Sohn, un=ſern HErrn, der em=pfan=gen iſt von dem Hei=li=gen Geiſt, ge=boh=ren von der Jung=frau=en Ma=ri=a, ge=lit=ten hat un=ter Pon=ti=o Pi=la=to, ge=creu=tzi=get ge=ſtor=ben und be=gra=ben, nie=der=ge=fah=ren zur Höl=len, am drit=ten Ta=ge wie=der auf=er=ſtan=den von den To=den, auf=ge=fah=ren gen Him=mel, ſit=zet zur Rech=ten GOt=tes, des all=mäch=ti=gen Va=ters. Von dan=nen Er kom=men wird zu rich=ten die Le=ben=di=gen und die To=den.

Ich glau=be an den Hei=li=gen Geiſt, ei=ne hei=li=ge Chriſt=li=che Kir=che, Ge=mein=ſchaft der Hei=li=gen, Ver=ge=bung der Sün=de, Auf=er=ſte=hung des Flei=ſches, und ein e=wi=ges Le=ben, A=men.

A a b c d e f ff g h i k ck l ll m n o p q r ꝛ s ſ ſſ ß ſt t u v w x y z tz

Die hei-li-gen ze-hen Ge-bo-te Got-tes

Das er-ſte Ge-bot

Ich bin der HERR dein GOtt, du ſolt nicht an-de-re Göt-ter ne-ben mir ha-ben.

Das an-de-re Ge-bot

Du ſolt den Na-men des HErrn dei-nes GOt-tes nicht ver-geb-lich füh-ren, denn der HErr wird den nicht un-ſchul-dig hal-ten, der Sei-nen Na-men ver-geb-lich füh-ret.

Das drit-te Ge-bot

Ge-den-ke des Sab-baths, daß du ihn hei-li-geſt.

Das vier-te Ge-bot

Du ſolt dei-nen Va-ter und dei-ne Mut-ter eh-ren, auf daß du lan-ge le-beſt im Lan-de, das dir der HERR dein GOTT ge-ben wird.

Das fünf-te Ge-bot

Du ſolt nicht töd-ten.

Das ſech-ſte Ge-bot

Du ſolt nicht e-he-bre-chen.

Das ſie-ben-de Ge-bot

Du ſolt nicht ſteh-len.

Das ach-te Ge-bot

Du ſolt nicht fal-ſche Zeug-niß ge-ben wi-der dei-nen Näch-ſten.

Das neun-te Ge-bot

Du ſolt nicht be-geh-ren dei-nes Näch-ſten Haus.

Das ze-hen-te Ge-bot

Du ſolt dich nicht laſ-ſen ge-lü-ſten dei-nes Näch-ſten Weibs, noch ſei-nes Knechts, noch ſei-ner Magd, noch ſei-nes Och-ſen, noch ſei-nes E-ſels, noch al-les was dein Näch-ſter hat.

*

Das hei-li-ge Sa-cra-ment der Tau-fe

Der HERR JE-ſus ſprach zu ſei-nen Jün-gern: Ge-het hin in al-le Welt, und leh-ret al-le Völ-ker, und tau-fet ſie, im Na-men des Va-ters, und des Soh-nes, und des Hei-li-gen Gei-ſtes. Wer da gläu-bet, und ge-tau-fet wird, der wird ſe-lig. Wer a-ber nicht glau-bet, der wird ver-dam-met.

*

Sprüchlein

Chriſtum lieb haben, iſt beſſer, denn alles Wiſſen, Amen!

*

Der Mor-gen See-gen

Des Mor-gens, ſo du aus dem Bet-te fäh-reſt, ſolt du dich ſeg-nen mit dem hei-li-gen Creu-tze, und ſa-gen:

Das walt GOtt † Va-ter, † Sohn, und Hei-li-ger † Geiſt, A-men!

Dar-auf denn kni-end o-der ſte-hend den Glau-ben und Va-ter Un-ſer, wilt du, ſo magſt du dieß Ge-bet-lein dar-zu ſpre-chen:

Ich dan-cke dir, mein himm-li-scher Va-ter, durch JE-sum Chri-stum, dei-nen lie-ben Sohn, daß du mich die-se Nacht für al-lem Scha-den und Ge-fahr be-hü-tet hast; und bit-te dich, du wol-lest mich die-sen Tag auch be-hü-ten, für Sün-den und al-lem Ue-bel, daß dir al-le mein Thun und Le-ben ge-fal-le. Denn ich be-feh-le dir mein Leib und See-le, und al-les in dei-ne Hän-de, dein hei-li-ger En-gel sei mit mir, daß der bö-se Feind kei-ne Macht an mir fin-de, Amen.

Und als-denn mit Freu-den an dein Werk ge-gan-gen und et-wa ein Lied ge-sun-gen, als die Ze-hen Ge-bot, o-der was sonst dei-ne An-dacht gie-bet.

*

Der A-bend See-gen

Des A-bends, wenn du zu Bet-te ge-hest, solt du dich seg-nen mit dem hei-li-gen Creu-tze, und sa-gen:

Das walt GOtt † Va-ter, † Sohn, und Hei-li-ger † Geist, A-men.

Dar-auf denn kni-end o-der ste-hend den Glau-ben und Va-ter Un-ser, wilt du, so magst du dies Ge-bet-lein da-zu spre-chen:

Ich dan-cke dir, mein himm-li-scher Va-ter, durch JE-sum Chri-stum dei-nen lie-ben Sohn, daß du mich die-sen Tag gnä-dig-lich be-hü-tet hast, und bit-te dich, du wol-lest mir ver-ge-ben al-le mei-ne Sün-de, wo ich un-recht ge-than ha-be, und mich die-se Nacht auch gnä-dig-lich be-hü-ten. Denn ich be-feh-le dir mein Leib und See-le, und al-les in dei-ne Hän-de, dein hei-li-ger En-gel sei mit mir, daß der bö-se Feind kei-ne Macht an mir fin-de, A-men.

Und als-dann flugs und frö-lich ein-ge-schla-fen.

A a Affe. A a Apffel.

Ein Affe gar possirlich ist,
Zumal wenn er vom Apffel frißt.

B b Bär. B b Baum.

Wie grausam ist der wilde Bär,
Wenn er vom Honigbaum kömmt her.

C c Camel. C c Cranz.

Camele tragen große Last,
Das Cränzlein ziert den Hochzeitgast.

D d Dachs. D d Degen.

Der Dachs im Loche beißt den Hund,
Soldaten macht der Degen kund.

E e Esel. E e Elle.

Der Esel träget schwere Säck,
Mit Ellen mißt der Kramer weg.

F f Frosch. F f Flegel.

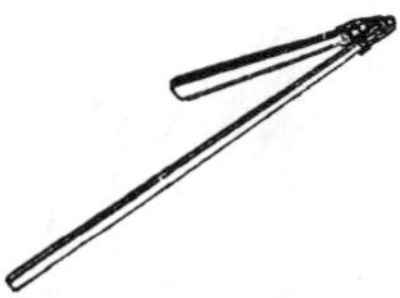

Der Frosch Coax schreit Tag und Nacht,
Der Flegel gar sehr müde macht.

G g Gans. G g Gabel.

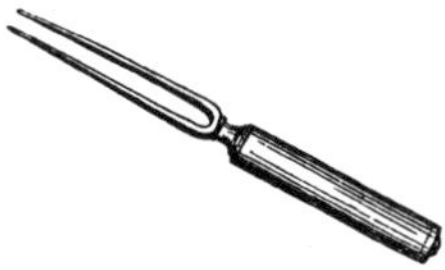

Das Fleisch der Gänse schmecket wohl,
Die Gabel es vorlegen soll.

H h Haase. H h Hammer.

Gebratne Haasen sind nicht bös,
Der Hammer giebt gar harte Stöß.

J i Jüde. J i Jägerhorn.

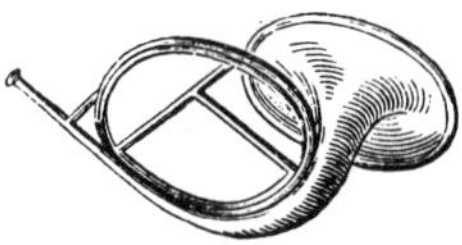

Der Jüde schindet arme Leut,
Das Jägerhorn macht Lust und Freud.

K k Katze. K k Kamm.

Die schlaue Katze frißt die Mäus,
Der Kamm herunter bringt die Läus.

L l Lamm. L l Licht.

Geduldig ist das Lämmelein,
Das Licht giebt einen hellen Schein.

M m Münch. M m Messer.

Zum Beten ist der Münch verpflicht,
Mit Messern stich bei Leibe nicht.

N n Nonne. N n Nagelbohr.

Die Klosternonne will thun Bus,
Ein Nagelbohr man haben muß.

O o Ochs. O o Ohr.

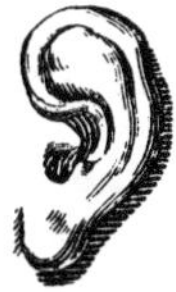

Ein Ochse stösset, daß es kracht,
Das Ohr zu hören ist gemacht.

P p Pferd. P p Peil.

Ein Pferd dem Reuter stehet an,
Das Peil gebraucht der Zimmermann.

Q q Kuh. | Q q Quarkkäs.

Was Wunder? die sehr rothe Kuh,
Giebt weiße Milch, Quarkkäs dazu.

R r Rab. | R r Rettig.

Der Raben Lied ist: Grab, Grab, Grab.
Vom Rettig man den Koth schabt ab.

S s Sau. | S s Scepter.

Die Sau im Koth sich wälzet sehr.
Das Scepter bringet Ruhm und Ehr.

T t Trache. T t Trage.

Vorm Trachen uns bewahre GOtt.
Die Trage uns aus aller Noth.

V v Vogelsteller. U u Uhr.

Der Vogelsteller früh aufsteht,
Er fragt nicht, ob die Uhr recht geht.

W w Wolf. W w Winkelmaas.

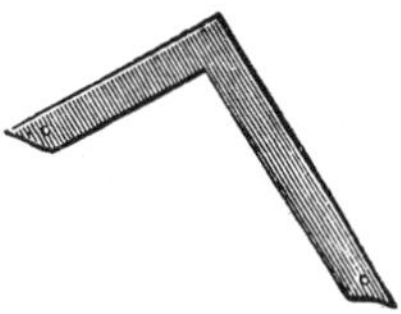

Der Wolf das Schäfgen frißt mit Haß.
Der Tischer braucht sein Winkelmaas.

X x Xanthippa. XXXXXXXXXX.

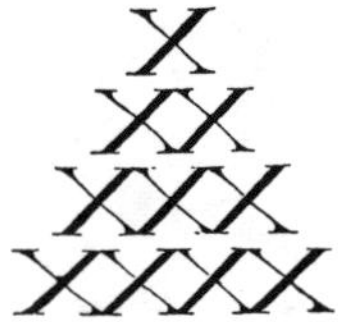

Xanthippa war eine arge Hur,
Die X mal X macht hundert nur.

Y y Ygel. Y y Yüdenkirschen.

Des Ygels Haut voll Stachel ist,
Nach Yüdenkirschen mich gelüst.

Z z Ziege. Z z Zählbret.

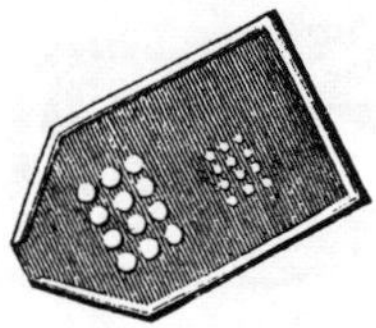

Die Ziege Käse giebt zwey Schock,
Das Zählbret hält der Ziegenbock.

INHALT

Anthologien
im insel taschenbuch

Alt-Prager Geschichten. Gesammelt von Peter Demetz. Mit Illustrationen von Hugo Steiner-Prag. it 613

Alt-Wiener Geschichten. Gesammelt von Joseph Peter Strelka. Mit sechs farbigen Abbildungen. it 784

An den Mond. Ausgewählt von Elisabeth Borchers. it 956

Anthologie der erotischen Literatur aller Zeiten und Völker. 2 Bde. in Kassette. Mit einer Einleitung von Franz Blei. Herausgegeben von Karl Riha. it 1141

Arm und reich. Geschichten und Gedichte. Ausgewählt von Ralf Borchers. it 1031

Bäume. Das Insel-Buch der Bäume. Gedichte und Prosa. Ausgewählt und herausgegeben von Gottfried Honnefelder. Mit sechzehn Farbtafeln. it 1041

Ludwig Bechstein: Hexengeschichten. Mit farbigen Illustrationen von Monika Wurmdobler. it 865

Berlin im Gedicht. Herausgegeben von Barbara und Walter Laufenberg. it 851

Besuch bei Toten. Ein imaginärer Friedhof angelegt von Peter Maigler. it 871

Blätter aus Prevorst. Eine Auswahl von Berichten über Magnetismus, Hellsehen, Geistererscheinungen aus dem Kreise Justinus Kerners. Herausgegeben von Hermann Hesse. it 1019

Briefe an den Vater. Zeugnisse aus drei Jahrhunderten. Ausgewählt von Jens Haustein. it 1045

Das Brunnenbuch. Gedichte und Prosa. Herausgegeben von Hans-Joachim Simm. it 933

Das Buch der Liebe. Gedichte und Lieder ausgewählt von Elisabeth Borchers. it 82

Capri. Ein Lesebuch. Hans Bender und Hans Georg Schwark. it 1077

Deutsche Criminalgeschichten. Von Schiller, Goethe, Kleist, E. T. A. Hoffmann und anderen. Mit einem Nachwort von Volker Ladenthin. it 773

Deutsche Denker über China. Herausgegeben von Adrian Hsia. it 852

Einladung zum Essen. Ein Buch für Gäste. Vorgelegt von Claudia Schmölders. it 1161

Die Eisenbahn. Gedichte. Prosa. Bilder. Herausgegeben von Wolfgang Minaty. it 676

Ermutigungen. Das Insel-Buch der Tröstungen. Gedichte und Prosa. Ausgewählt von Rainer Malkowski. it 1053

Faust-Parodien. Eine Auswahl satirischer Kontrafakturen. Herausgegeben von Karl Riha. it 1147

163/1/7.88

Anthologien
im insel taschenbuch

Feiern und Feste. Ein Lesebuch. Herausgegeben von Hans-Joachim Simm. it 738

Das Ferienbuch. Literarische Souvenirs, aufgelesen von Vera Pagin und Hans-Joachim Simm. it 1082

Flucht und Exil. Geschichten und Berichte aus zwei Jahrhunderten. Herausgegeben von Joseph Peter Strelka. it 1070

Das Fohlen und andere Tiergeschichten. Mit Illustrationen von Josef Hegenbarth. it 993

Frauenbriefe der Romantik. Herausgegeben und mit einem Nachwort von Katja Behrens. Mit zeitgenössischen Porträts. it 545

Das Frühlingsbuch. Gedichte und Prosa. Herausgegeben von Hans Bender und Nikolaus Wolters. it 914

Geschichten vom Buch. Eine Sammlung von Klaus Schöffling. it 722

Der Golem. Geschichten um eine Legende. Herausgegeben von Franz-Heinrich Hackel. it 1036

Griechisches Lesebuch. Herausgegeben von Hellmuth Flashar. it 995

Bret Harte: Goldgräbergeschichten. Aus dem Amerikanischen von Wilhelm Lange. Mit zeitgenössischen Fotografien. it 803

Heidelberg-Lesebuch. Stadt-Bilder von 1800 bis heute. Herausgegeben von Michael Buselmeier. it 913

Das Herbstbuch. Gedichte und Prosa. Herausgegeben von Hans Bender. it 657

Das Hundebuch. Geschichten und Gedichte von Hunden und ihren Herren. Gesammelt von Gottfried Honnefelder. it 785

Jugend. Eine literarische Spurensuche. Herausgegeben von Gottfried Honnefelder. Mit farbigen Abbildungen. it 1129

Gerhard Kaiser: Augenblicke deutscher Lyrik. Von Martin Luther bis Paul Celan. it 978

Das Kalte Herz. Und andere Texte der Romantik. Mit einem Essay von Manfred Frank. it 330

Das Katzenbuch. Von Katzen und ihren Freunden. Geschichten, Gedichte, Bilder. Gesammelt von Hans Bender und Hans Georg Schwark. it 567

Kennst du das Land, wo die Zitronen blühn. Italien im deutschen Gedicht. Herausgegeben von Peter Hamm. it 927

Lesebuch der Jahrhundertwende. Prosa aus den Jahren 1889 bis 1908. Ausgewählt von Klaus Schöffling. it 997

Liebe Mutter. Eine Sammlung von Elisabeth Borchers. it 230

Lieber Vater. Eine Sammlung von Gottfried Honnefelder. it 231

Liebe und Tod in Wien. Geschichten aus einer Stadt. Herausgegeben von Jean Gyory. it 815

163/2/7.88

Anthologien
im insel taschenbuch

Liebesgeschichten. Ausgewählt von Elisabeth Borchers. it 789

Loreley. Gedichte, Prosa, Bilder. Ein Lesebuch von Wolfgang Minaty. Mit zahlreichen Abbildungen. it 1065

Der neue Pitaval. Eine Sammlung der interessantesten Kriminalgeschichten. Herausgegeben von Julius Eduard Hitzig und Wilhelm Häring. it 819

Friedrich Nietzsche: »Wie man wird, was man ist.« Ermutigungen zum kritischen Denken. Herausgegeben von Ursula Michels-Wenz. it 1096

Das Poesiealbum. Verse zum Auf- und Abschreiben. Mit Bildern und Vignetten. Ausgewählt und zusammengestellt von Elisabeth Borchers. it 414

Poetische Grabschriften. Mit zehn Radierungen von Christoph Mekkel. Herausgegeben von Wulf Segebrecht. it 951

Der Rhein. Seine poetische Geschichte in Texten und Bildern. Herausgegeben von Helmut J. Schneider. it 624

Römisches Lesebuch. Herausgegeben von Manfred Fuhrmann. it 996

Schwestern berühmter Männer. Zwölf biographische Porträts. Herausgegeben von Luise F. Pusch. Redaktionelle Mitarbeit: Jutta Wasels. it 796

Das Sommerbuch. Gedichte und Prosa. Herausgegeben von Hans Bender. it 847

Spuk- und Hexengeschichten. Aus dem »Rheinischen Antiquarius« herausgegeben von Hermann Hesse. it 908

Über die Liebe. Gedichte und Interpretationen aus der ›Frankfurter Anthologie‹ Herausgegeben von Marcel Reich-Ranicki. it 794

Der versiegelte Engel. Erzählungen zu Ikonen. Mit farbigen Abbildungen. Ausgewählt und mit einem Nachwort versehen von Angela Martini-Wonde. it 1132

Vom Abschied. Eine Gedichtsammlung. Herausgegeben von Margot Litten. Originalausgabe. it 694

Vom Tod. Ein Lesebuch für Jedermann. Herausgegeben von Werner Koch. it 1037

Weihnachten. Erzählungen aus alter und neuer Zeit. Ausgewählt von Gottfried Natalis. it 946

Das Weihnachtsbuch. Mit alten und neuen Geschichten, Gedichten und Liedern. Ausgewählt von Elisabeth Borchers. it 46

Das Weihnachtsbuch der Lieder. Mit alten und neuen Liedern zum Singen und Spielen. Ausgewählt von Gottfried Natalis. Mit einem Nachwort von Ernst Klusen. it 157

163/3/7.88

Anthologien
im insel taschenbuch

Das Winterbuch. Gedichte und Prosa. Herausgegeben von Hans Bender und Hans Georg Schwark. it 728

163/4/7.88

Kulturgeschichte
im insel taschenbuch

Alt-Kräuterbüchlein. Von der Kraft und Wirkung der Kräuter. Nach dem »New-Kreüterbüchlein« des Leonhart Fuchs (1543). Herausgegeben von Alexander von Bernus. Mit einem biographischen Text zu Leonhart Fuchs von Hans Franke und einem Nachwort von Elmar Mittler und Holzschnitten. it 456

Jost Amman: Frauentrachtenbuch. Mit kolorierten Holzschnitten der Erstausgabe von 1586 und einem Nachwort von Manfred Lemmer. it 717

Egon Caesar Conte Corti: Geschichte des Rauchens. »Die trockene Trunkenheit«. Ursprung, Kampf und Triumph des Rauchens. Mit zahlreichen Abbildungen. it 904

Feiern und Feste. Ein Lesebuch. Herausgegeben von Hans-Joachim Simm. it 738

Christian Garve: Über die Moden. Herausgegeben von Thomas Pitroff. Mit farbigen Illustrationen. it 989

Detlef Hoffmann: Gemalte Spielkarten. Ihre Geschichte an handgemalten Beispielen von Detlef Hoffmann. it 912

Christoph Wilhelm Hufeland: Makrobiotik oder die Kunst, das menschliche Leben zu verlängern. Mit einem Brief Immanuel Kants an den Autor sowie einem Nachwort von Rolf Brück. it 770

Adolph von Knigge: Über den Umgang mit Menschen. Herausgegeben von Gert Ueding mit Illustrationen von Chodowiecki und anderen. it 273

Dagmar Müller-Staats: Klagen über Dienstboten. Eine Untersuchung über Dienstboten und ihre Herrschaften. Mit zahlreichen Abbildungen. it 683

George Ordish: Geschichte eines Gartens. Vom 16. Jahrhundert bis zur Gegenwart. Aus dem Englischen von Matthias Müller. Mit Zeichnungen von Alison Claire Darke. it 1143

Ewald Gerhard Seeliger: Handbuch des Schwindels. Mit einem Vorwort von Jürgen Lodemann und einem Nachwort von Max Heigl. it 919

Urgroßmutters Hausmittel. Aus dem Hausbuch der Frau Rath Schlosser. Herausgegeben von Alexander von Bernus. Mit einem Nachwort von Elmar Mittler und alten Illustrationen. it 561

Wie ein Mann ein fromm Weib soll machen. Mittelalterliche Lehren über Ehe und Haushalt. Herausgegeben, ins Neuhochdeutsche übertragen und mit einem Nachwort versehen von Michael Dallapiazza. it 745

Gabrielle Wittkop-Ménardeau: Unsere Kleidung. Aus der Geschichte der Moden bis zum Jahr 1939. Mit zahlreichen Abbildungen. it 774

166/1/7.88